经济增长动能转换
引致系统性金融风险研究

崔惠颖　著

国家社会科学基金青年项目"经济增长动能转换引致
系统性金融风险机制研究"（18CJL010）
国家社会科学基金一般项目"低碳转型目标下搁浅
资产风险传导与最优监管机制研究"（23BJL023）　　资助出版

科学出版社

北　京

内 容 简 介

本书立足于我国经济增长动能转换的现实背景，探析系统性金融风险的生成演化及其防范化解机制。一方面从传统渠道、新兴渠道和综合渠道等多个视角深入分析经济增长动能转换引致系统性金融风险的具体机制，另一方面从经济周期、流动性等视角说明实体经济与系统性金融风险的联动。然后，进一步从区域角度剖析两者的差异化关系。在上述理论机制分析之后，本书基于系统重要性机构视角检验系统性金融风险与经济"脱实向虚"的多维联系，并比较了国外实体经济转型与系统性金融风险的典型案例和国际经验。最后，给出促进金融服务实体经济和防范化解系统性金融风险的相关政策建议。

本书可以作为普通高等学校金融学、金融风险管理等相关专业高年级本科生与研究生的课程学习资料，也可作为相关方向高校教师与科研工作者的参考书。

图书在版编目（CIP）数据

经济增长动能转换引致系统性金融风险研究 / 崔惠颖著.
北京 ： 科学出版社，2025.6. —— ISBN 978-7-03-081963-5

Ⅰ．F832.1

中国国家版本馆 CIP 数据核字第 2025GM1276 号

责任编辑：邓　娴 / 责任校对：贾娜娜
责任印制：张　伟 / 封面设计：有道文化

科　学　出　版　社 出版
北京东黄城根北街 16 号
邮政编码：100717
http://www.sciencep.com

涿州市般润文化传播有限公司 印刷
科学出版社发行　各地新华书店经销

*

2025 年 6 月第 一 版　开本：720×1000　B5
2025 年 6 月第一次印刷　印张：12 1/4
字数：250 000
定价：138.00 元
（如有印装质量问题，我社负责调换）

前　言

自 2008 年次贷危机以来,系统性金融风险广受关注。在国际金融危机带来外部风险持续输入的同时,我国经济转型又加剧了结构性和周期性问题,促使我国经济与金融体系风险不断聚集。防范系统性金融风险,守住风险底线,成为党的十九大以来指导金融工作的核心要务。与发达国家不同的是,我国防范化解重大金融风险要立足于我国经济已由高速增长阶段转向高质量发展阶段的现实基础。

随着中国经济进入新旧增长动能转换的关键时期,经济"脱实向虚"成为转型升级面临的严峻问题。一方面,旧增长动能逐渐消退,新动能尚未形成,在"破而未立"的新旧动能转换过程中,快速调整的金融体系与缓慢转型的实体经济之间会出现各种不协调;另一方面,国际贸易摩擦、传统行业产能过剩等诸多问题导致内外需不足,使得实体经济投资回报率下降。宏观层面的"脱实向虚"可能会导致诸多经济后果,如各经济部门杠杆率高企、微观企业金融化、地方政府债务风险加重、经济政策环境不确定性增大、金融风险传染渠道多元化以及金融生态失衡等。可见,对我国系统性金融风险的生成演化、测量和防范化解等一系列问题的分析,都不能与实体经济相脱节。

鉴于此,本书基于我国经济增长动能转换的现实背景,探析系统性金融风险的生成演化及其防范化解机制。在系统梳理经济增长动能转换与系统性金融风险关系的相关文献和演变阶段的基础上,从传统渠道、新兴渠道和综合渠道等多个视角深入分析经济增长动能转换引致系统性金融风险的具体机制。同时,基于经济周期、流动性等视角进一步阐述实体经济与系统性金融风险的联动性,并从区域角度剖析两者的差异化关系。在明晰经济增长动能转换引致系统性金融风险的理论机制之后,本书将金融化企业视为系统重要性机构,从企业金融化引发的市场作用出发,检验了系统性金融风险与经济"脱实向虚"的多维联系。此外,比较了国外实体经济转型与系统性金融风险的典型案例和国际经验。根据研究结果,提出一系列促进金融服务实体经济和防范化解系统性金融风险的对策建议。

第一章在介绍研究背景与研究意义的基础上,详细说明了本书的研究对象、思路与基本框架,并对研究内容、研究方法和创新与不足之处进行了阐述。

第二章和第三章旨在明晰经济增长动能转换引致系统性金融风险的文献基础和现实基础。第二章梳理经济增长动能转换与系统性金融风险的相关理论。首先,阐述了经济增长动能转换的含义、基本特征及其测量。其次，概述了系统性金融风险的内涵与成因、传导和扩散途径，以及系统性金融风险的测量。

第三章归纳了近年来我国经济增长动能转换背景下系统性金融风险的发展阶段。首先，回顾了我国经济增长动能转换的发展阶段和各阶段我国经济增长动能转换的发展变化，以及目前我国经济增长动能转换面临的主要问题与挑战。其次，概括了我国金融结构及系统性金融风险的演变。最后，重点阐述了改革开放以来系统性金融风险的防控实践。

第四章从传导渠道角度分析了经济增长动能转换引致系统性金融风险的作用机制。首先，分别从四个部分论述了我国近年来经济增长动能转换引发各类金融风险的传统渠道。其次，重点分析了经济增长动能转换通过金融科技、互联网金融、影子银行以及其他金融市场积累金融风险的新兴渠道。最后，在综合渠道中，研究实体经济转型给金融系统带来的内外部冲击进而引发金融风险的逻辑机制，也为后文的动态机制阐释做了铺垫。

第五章从经济周期和流动性视角分析了经济增长动能转换引致系统性金融风险的作用机制。首先，分别考察了经济周期对我国银行部门、保险市场、股票市场以及宏观系统性金融风险的影响。其次，进一步研究了我国商业银行流动性、金融市场流动性以及跨境资本流动对系统性金融风险的作用机制。最后，专门讨论了经济周期视域下，绿色经济和数字经济所蕴含的金融风险。

第六章从部门层面和省级层面分析了经济增长动能转换引致系统性金融风险的作用机制。首先，明确了区域经济增长动能转换和区域系统性金融风险的基本内涵。其次，分别从省级、部门和区域视角分析了实体经济引致金融风险积聚、加剧金融风险溢出的逻辑机制和经验数据，并给出了区域层面金融风险防控的措施启示。

第七章检验了实体经济与系统性金融风险的作用关系。企业金融化是经济"脱实向虚"和积聚金融风险的重要表现。因此，该章从系统重要性机构视角，结合金融资产的期限结构、企业规模和企业间关联性等特征，诠释了企业金融化如何引致金融风险。

第八章是经济增长动能转换引致系统性金融风险的国际比较。首先，阐述了经济增长动能转换引致系统性金融风险的典型案例。其次，选取具有代表性的国家和地区，分析了其应对金融风险的国际经验。最后，结合我国现实情况，归纳总结各国经验对我国防控金融风险的启示。

第九章是政策建议部分。基于前文的理论和实证分析，分别从完善金融体系功能与调节机制、培育经济增长动能、完善金融市场监管、提高金融服务实体经济能力以及完善社会保障制度等重要社会经济环境的角度，给出了防范化解我国系统性金融风险的政策建议。

目　　录

第一章 绪 论

第一节 本书的研究背景与研究意义

一、研究背景

（一）现实背景

在新旧经济增长动能转换的关键时期，系统性金融风险聚集和经济"脱实向虚"可能导致诸多后果，进而对经济转型升级构成挑战。从宏观层面来看，可能出现各经济部门杠杆率高企、金融风险传染渠道多元化以及金融生态失衡等现象。从微观层面来看，企业对金融领域的投资意愿明显高于实体投资，金融服务实体经济的功能减弱，进而积累系统性金融风险。根据作者测算，2007~2020 年沪深两市非金融、非房地产类上市企业平均持有交易性金融资产、投资性房地产净额等"类金融资产"的规模由 45 760 万元上升到 165 000 万元。[①]此外，早在 2016 年，非金融上市企业平均已有超过 20%的利润来自金融渠道（张成思和张步昙，2016）。可见，对我国系统性金融风险的生成演化、测量和防范化解等一系列问题的分析，都不能与实体经济相脱节。鉴于此，本书基于我国经济增长动能转换的现实背景，探析系统性金融风险的生成演化及其防范化解机制。

（二）理论背景

近年来，国内外关于系统性金融风险的学术研究日益丰富，主要包括系统性金融风险的成因、传导和扩散途径及其监测与度量方法等方面。

第一，系统性金融风险的成因。引致系统性金融风险的因素包含内部和外部两大类。从内部因素看，资产价格波动性、金融市场的过度创新及杠杆工具的过度运用、金融机构之间的业务和风险同质化、系统重要性金融机构（systemically important financial institutions，SIFIs）扮演的角色、市场主体的有限理性等因素

---

① 作者根据国泰安数据库，即中国经济金融研究数据库（China Stock Market & Accounting Research Database，CSMAR）的相关数据进行整理计算，上市公司样本范围与后文实证分析相同。

决定了金融系统的内在脆弱性，而系统性金融风险正是源自这种不稳定性。从外部因素看，政策干预和经济周期是两个主要的风险来源。政策干预虽然可以在短期内平滑经济的周期性波动，但从长期来看影响了金融市场的自我调整机制，可能聚集更多的金融风险。

第二，系统性金融风险的传导和扩散途径。系统性金融风险主要通过银行间市场同业往来和金融机构通过支付清算系统形成的相互敞口，以及因持有相同资产或资产结构形成的共同敞口来传导。扩散途径则涉及流动性紧缩渠道、信心和预期渠道与资产价格波动渠道等。

第三，系统性金融风险的监测与度量方法。以 2008 年金融危机为分界，在此之前的监测与度量方法主要有：①FR（Frankel-Rose）概率模型；②STV（Sachs-Tornell-Velasco）模型；③KLR（Kaminsky-Lizondo-Reinhart）信号模型；④DCSD（developing country studies division）模型；⑤主观概率模型；⑥综合指标法；⑦人工神经网络（artificial neural network）模型；⑧马尔可夫状态转换法；⑨简单逻辑（simple logit）回归模型。2008 年金融危机之后的监测度量方法主要有：①基于风险传染性和金融机构关联程度的方法，包括网络分析法、违约强度模型法、困境依赖矩阵法和共同风险模型法；②评估系统性风险损失及损失概率的方法，包括在险价值（value at risk，VaR）法、条件在险价值（conditional value at risk，CoVaR）法、边际期望损失（marginal expected shortfall，MES）法和系统性期望损失（systemic expected shortfall，SES）法，以及或有权益分析（contingent claims analysis，CCA）法；③压力测试法；④由国际组织、各国中央银行和金融监管机构构建的监测预警工具。

目前，国内外研究主要集中于对系统性金融风险的监测与度量。特别是国内研究，基本是利用国外已有方法，对国内数据进行分析。国外已有的测量方法对数据连贯可得性、金融系统完备性有较强的依赖，而我国金融市场属于转轨期的新兴经济体，存在经济社会变量频繁波动、统计口径不统一，以及数据环境不稳定等问题。因此，对于国内学者而言，深入探索系统性金融风险生成和传导的理论基础，进而构建适用于中国的测量指标是该领域的研究重点。

综上可知，从研究领域来看，虽然已有研究涉及实体经济对系统性金融风险的影响，也有国内学者对经济增长动能转换和金融风险之间的关系进行了有益探讨，但学者对问题的全面认识还处于起步阶段，尚未建立起相对完整的分析框架，这也将影响直接借鉴国外方法的研究准确性。从研究对象来看，绝大部分研究依然集中在金融系统本身，对重要的经济、社会变量考虑较少，对系统性金融风险的认识和测量仍然存在脱节。从研究方法来看，已有研究多侧重实证分析，相对深入的理论剖析不足。另外，实证分析又以静态分析居多，难以准确描述我国经济增长动能转换过程中系统性金融风险的演化过程和内在规律性。可见，目前尚未建立全面考察系统性金融风险的理论框架和研究方法体系，仍存在着广阔的知识创新空间，这也为本书提供了充分的研究空间。

因此，本书将在系统梳理经济增长动能转换与系统性金融风险之间传导关系的相关文献和现实背景基础上，基于经济金融共生共荣和顺周期等机制，从理论上探析两者之间的作用路径，并在"全国—省级"和"宏观—中观—微观"多个层次实证检验经济增长动能转换过程中重要的社会经济变量与系统性金融风险的动态、非线性关系，进而对比分析国外经典案例，最终给出针对性的防范化解金融风险的政策建议。

二、研究意义

（一）现实意义

本书的应用价值主要体现在对系统性金融风险研判的前瞻性上，以期为促进我国实体经济和金融系统平稳发展提供一些应用启示。

1. 加深对我国经济转型阶段系统性金融风险的理解

厘清系统性金融风险的生成演化逻辑，有助于金融系统服务供给侧结构性改革，前瞻性地促进其与实体经济的良性关系，更好地帮助金融体系服务于实体经济。

2. 提供更符合经济发展规律的防范化解对策

防范化解系统性金融风险是金融安全调控的重要内容。已有研究对理解金融风险发挥了积极作用，但其成果往往是在宏观经济条件比较单一的情况下给出的，从而导致研究成果的局限性及对现实复杂问题研判的有限性。本书试图在经济增长动能转换的框架下，着重分析系统性金融风险的生成演化及其与重要社会经济变量之间的动态关系，这有利于把握金融风险防范化解的核心逻辑。

（二）理论意义

本书的理论意义体现在对现有研究范式的改进上，主要包括系统性金融风险的生成演化机制、动态变化特征、测量指标以及与重要社会经济变量的动态关系等方面。

1. 构建系统性金融风险的生成演化机制

在已有的研究成果中，系统性金融风险与实体经济的关系及其生成演化、测量和防范化解都是彼此独立的。这不仅反映了对系统性金融风险认识上的脱节，也影响了测量和防范化解措施的准确性。本书试图将原本彼此割裂的问题有机地结合起来。在梳理经济增长动能转换与系统性金融风险关系的文献资料和现实特征基础上，进一步通过经济金融共生共荣和顺周期等机制将实体经济与金融风险置于同一框架内，更清晰地辨析我国系统性金融风险的生成演化逻辑。

2. 关注系统性金融风险的动态变化特征

已有研究多是静态地衡量某一时期的系统性金融风险，而本书更侧重其动态性。一方面，从理论分析上关注经济增长动能转换过程中系统性金融风险的演化路径和变化特点；另一方面，从实证分析上检验实体经济转型过程中重要的社会经济变量与系统性金融风险的动态非线性关系。

3. 多层次探析实体经济与系统性金融风险关系的作用机制

不同于以往立足于某一理论或模型来分析系统性金融风险的研究，本书首先在经济增长动能转换的统一框架下，提出更具针对性的测量指标体系。与此同时，全书兼顾"全国—省级"和"宏观—中观—微观"等多个层次对实体经济、系统性金融风险以及两者关系的作用机制进行了理论和实证分析。

第二节 本书的研究对象、思路与基本框架

一、研究对象

本书的研究对象始终围绕着系统性金融风险，重点分析系统性金融风险在经济增长动能转换过程中的生成演化及其化解机制。特别地，本书中的系统性金融风险包含"全国—省级"和"宏观—中观—微观"等多个层次。

经济增长动能转换是本书的研究和逻辑起点，通过结合我国经济增长动能转换的实际情况，考察符合我国现实情况的系统性金融风险生成、演化、测量和防范化解机制。系统性金融风险是经济发展过程中出现的具有重要影响的金融现象，这种现象并不是简单地在经济增长动能转换状态下一触即发的，而是需要一定的渠道，在一定的外部条件下才会爆发出来。因此，有必要将这种机制揭示出来，以期为更科学的宏观调控提供理论支持，实现更有效地防控和处置系统性金融风险。

因此，本书的主要研究目标是将我国经济增长动能转换作为出发点和现实基

础，为系统性金融风险的前瞻性研判提供思路，给出一个系统性金融风险的成因和防范化解的机制框架。具体包括：①分析经济增长动能转换引致系统性金融风险的机理，为已有研究补充一个动态的、适合发展中国家的理论框架；②构建系统性金融风险的综合测量指标体系，不再局限于金融系统本身，而是关注实体经济等因素对金融风险的影响；③提供针对经济增长动能转换现实背景的防范化解对策。

根据上述研究对象和研究目标，在全书的研究过程中，将重点探讨如下几个问题：①经济增长动能转换引致系统性金融风险分析框架的构建问题；②适应我国经济发展情况的系统性金融风险测量指标体系，特别是具体指标的选择和指标合成的方式；③在实证分析中，选择与系统性金融风险联系紧密的重要社会经济变量，这些变量应尽可能反映近年来我国经济变化的主要特征，并能够兼顾宏观、中观和微观情况；④基于经济增长动能转换，服务于供给侧结构性改革的系统性金融风险防范化解措施。

二、基本思路

本书的基本思路：第一，从文献梳理、现实基础和传导渠道三个方面，分析经济增长动能转换如何引致系统性金融风险；第二，基于顺周期机制和经济金融共生共荣机制具体探析我国系统性金融风险的形成逻辑；第三，将实体经济与金融风险的关系深入到省级层面；第四，基于系统重要性角度实证检验实体经济与金融风险之间的动态、非线性关系；第五，通过比较国外经典案例，进而提出相应的金融风险治理对策。

特别是，本书在内容安排上，着重考虑了以下几点。其一，兼顾文献资料梳理、现实基础阐述、传导渠道剖析等多个维度，系统分析了经济增长动能转换引致系统性金融风险的作用机理。其二，将以往分析实体经济与金融风险的理论视角从静态转向动态，为后续实证检验奠定基础，起到承前启后的作用。其三，在测量和检验宏观金融风险与重要社会经济变量动态关系的基础上，本书还将视野深入到微观层面，探究经济“脱实向虚”的微观表现——企业金融化与金融风险之间的传导关系，为现有研究提供一个可靠的微观解释。

三、研究框架

根据前述的基本思路，本书的研究框架如图1-1所示。

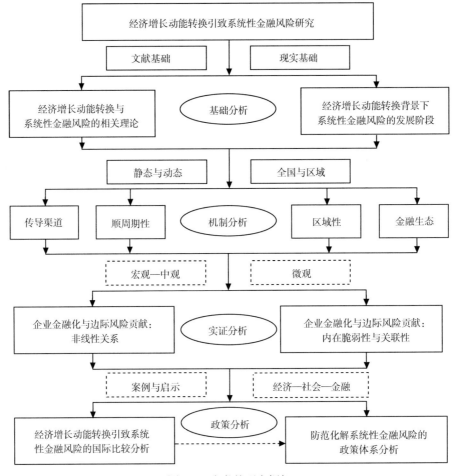

图 1-1　本书的研究框架

第三节　本书的研究内容、方法、创新与不足之处

一、研究内容

本书的研究内容主要包括三个重要方面，即经济增长动能转换与系统性金融风险关系的文献基础和现实基础、经济增长动能转换引致系统性金融风险的动态理论机制框架、实体经济与系统性金融风险的宏微观时变关系。本书的内容共分为九章，具体内容和结构安排如下。

第一章为绪论，主要介绍了本书在现实层面和理论层面的研究背景、研究意义，并概述了研究对象、研究思路与框架、研究内容、研究方法以及创新与不足之处。

第二章至第三章为文献基础和现实基础部分。

第二章梳理了经济增长动能转换与系统性金融风险的相关文献。在实体经济方面，阐述了经济增长动能转换的含义与基本特征、经济增长动能转换的测量等。在金融风险方面，概述了系统性金融风险的内涵与成因、系统性金融风险的传导和扩散途径，以及系统性金融风险的测量。该章意在夯实系统性金融风险及经济增长动能转换背景的文献基础。

第三章归纳了近年来我国经济增长动能转换背景下系统性金融风险的发展演化阶段。首先，回顾了我国经济增长动能转换的发展阶段，特别关注各阶段的关键动能演变，以及目前我国经济转型面临的主要困境。其次，概括了我国金融结构及系统性金融风险的演变。最后，重点阐述了改革开放以来系统性金融风险的防控实践，从历史中总结规律和经验。该章旨在明晰系统性金融风险及经济增长动能转换背景的现实基础。

第四章至第六章为动态理论机制框架分析部分。

第四章从传导渠道角度分析了经济增长动能转换引致系统性金融风险的机制。首先，在传统渠道中，分别从政府部门、金融部门、企业部门和居民部门论述了我国近年来经济增长动能转换引发的各类金融风险。其次，在新兴渠道中，重点分析了经济增长动能转换通过金融科技、互联网金融、影子银行以及其他金融市场积累的金融风险。最后，在综合渠道中，将金融主体和金融环境放在统一框架内，讨论实体经济转型给金融系统带来的内外部冲击，进而引发金融风险的逻辑机制，也为后文的动态阐释做铺垫。

第五章从经济周期和流动性视角分析了经济增长动能转换引致系统性金融风险的作用机制。首先，分别考察了经济周期对我国银行部门、保险市场、股票市场以及宏观系统性金融风险的影响。其次，重点论述了我国金融市场流动性、商业银行流动性以及跨境资本流动对系统性金融风险的作用机制。最后，专门讨论了经济周期视域下，绿色经济和数字经济所蕴含的金融风险。

第六章从部门层面和省级层面分析了经济增长动能转换引致系统性金融风险的作用机制。在明晰区域经济增长动能转换和区域系统性金融风险内涵的基础上，分别从省级、部门和区域视角分析了实体经济引致金融风险积聚、加剧金融风险溢出的逻辑机制，并针对区域层面给出防控金融风险的措施启示。

第七章为实证检验部分。基于系统重要性机构视角实证分析实体经济与系统性金融风险的作用关系。鉴于企业金融化是经济"脱实向虚"的直接微观表现，该章重点分析了企业金融化引致的金融风险。特别地，将金融化企业视为系统重要性机构，结合金融资产的期限结构、企业规模和企业间关联性等特征，对经济"脱实向虚"引致金融风险进行诠释。

第八章是国际比较研究。首先，阐述了经济增长动能转换引致系统性金融危机的典型案例。其次，比较分析了美国、欧元区、日本、东南亚和拉美等具有代表性的国家和地区应对金融风险的国际经验。最后，结合我国现实情况，归纳总结各国经验对我国防控金融风险的启示。

第九章是政策建议部分。基于前文的理论和实证分析，该章分别从完善金融体系功能与调节机制、培育经济增长动能、完善金融市场监管、提高金融服务实体经济能力以及完善社会保障制度等重要社会经济环境的角度，给出了防范化解我国系统性金融风险的政策建议。

二、研究方法

本书采用多种研究方法相结合的方式，以文献梳理为基础，以我国现实情况为根基，从理论分析到实证检验均突出静态视角向动态视角的转变，再辅以比较分析，以期突出重点、层次分明、系统全面地探究经济增长动能转换与系统性金融风险之间的传导关系和作用机制。

（一）文献探讨与现实分析相结合

通过文献探讨和梳理，归纳总结国内外研究成果，明晰已有研究对系统性金融风险形成演化与实体经济之间关系的有益探讨，夯实研究基础，明确研究方向。与此同时，本书也十分关注我国的现实情况，将从经济增长动能转换背景下系统性金融风险的发展阶段、传导机制、顺周期性等多个维度将我国经济金融的现实情况融入研究框架，梳理我国经济增长动能转换和金融系统的现实资料，而不是简单借鉴国外理论。

（二）理论分析与实证分析相结合

一方面，基于传导渠道分析、经济金融共生共荣机制分析、顺周期机制分析等，在理论层面从多个视角构建经济增长动能转换引致系统性金融风险的理论框架。另一方面，综合利用面板模型、机制检验和因果推断等多种计量统计方法，结合 SAS、SPSS、STATA 等多个定量分析软件，对我国现阶段的系统性金融风险做出研判。

（三）动态分析与静态分析相结合

与以往多数研究局限于静态分析不同，本书认为系统性金融风险是一个时变累积概念，与实体经济是一种动态互动、共生演化关系。据此，本书在静态分析的基础上，将经济增长动能转换与系统性金融风险的关系分析转向动态视角。通过经济金融共生演化和稳态变迁逻辑，探析两者的动态互动关系。

（四）辅以比较分析法

本书在比较各种系统性金融风险理论的基础上，构建自己的分析框架；在比较我国各部门、各省份经济金融现实情况之后，给出差异化的分析思路和防控风险措施；通过比较欧美等多个国家在实体经济与金融风险方面的异同，给出对我国防范化解系统性金融风险的有益启示。

三、本书的创新与不足之处

（一）创新

已有研究对系统性金融风险及其与实体经济的关系贡献了诸多有益探讨，也给本书留下广阔的研究空间，本书对已有研究的改进主要体现在以下几个方面。

第一，本书以经济增长动能转换为现实出发点和分析框架，较好地解决了系统性金融风险生成演化、测量、防控与我国经济金融现实相脱节的问题。以往研究大多将系统性金融风险作为单独的研究对象，而本书则是以其与经济增长动能转换过程中的重要经济、社会变量作用关系为框架，对系统性金融风险进行深入探讨。

第二，本书特别关注系统性金融风险的积累过程和动态演化，努力破解目前金融风险相关研究局限于静态分析的僵局，运用经济金融共生共荣等逻辑机制。从动态概念出发，运用演化视角，较为全面、系统地探讨系统性金融风险的时变特征，更符合其内在本质。

第三，通过引入指标赋权、因果推断等方法，完善系统性金融风险的测量和实证分析。在构建系统性金融风险综合指标体系的基础上，系统考察金融风险的内外部影响因素及其演化过程，实现制度、结构与环境的深度匹配。

第四，符合国家守住风险底线的战略安排，为经济社会发展提供更科学的防范化解风险对策。本书是针对我国经济从高速增长转向高质量发展的现实基础，兼顾文献资料梳理、现实基础阐述、传导渠道剖析等多个维度，以及"全国—省级""宏观—中观—微观"等多个层次，而不是简单借鉴国外已有理论模型，因此可以提供符合国家战略的对策机制。

（二）不足之处

由于作者水平有限，本书尚有不足之处，有待后续研究进一步完善。

第一，在分析系统性金融风险与重要社会经济变量动态关系时，限于模型待估参数不宜过多，本书仅依据研究思路选取了部分变量进行分析。对于其他重要变量与金融风险之间的关系检验，还有待在以后的研究工作中继续充实。

第二，从微观视角检验实体经济与系统性金融风险之间作用机制时，限于数据可得性，仅分析了上市企业的相关情况。事实上，我国非上市企业同样存在金融化问题。今后会尝试其他可行的金融化测度方法，将非上市企业纳入研究范围。

第二章　经济增长动能转换与系统性金融风险的相关理论

第一节　经济增长动能转换的含义与基本特征

一、经济增长动能转换的含义

（一）宏观方面

经济增长动能转换在宏观方面体现为拉动国民经济增长的需求转换。国民收入最终会流向消费、净出口与投资，其中净出口是外需，消费与投资是内需，是经济增长的决定性力量。中国经济增长动能转换趋向于从外需转换为内需。李福柱和田爽（2020）指出自改革开放以来，从推动经济增长的程度来看，消费最能推动经济增长，其次是投资，最后是净出口。随着我国经济的发展和各种需求的变化，"三驾马车"的贡献度可能趋于一致，共同推动经济增长。同时，还应密切关注外部经济冲击可能带来的各种状况，以便更好、更平稳地促进经济的增长。

（二）中观方面

经济增长动能转换在中观方面表现为推动国民经济增长的产业转换。国民经济包含三大产业，其中第一产业主要是生产食材和生物材料的产业；第二产业主要指加工制造业；第三产业则为除了以上两大产业之外的其他行业。这三大产业之间相互依存，密不可分。第一产业是第二产业和第三产业原材料的源泉，第二产业又为第一产业和第三产业提供技术以及各种必要的装备，促进新原材料、新技术的开发，第三产业在第一产业和第二产业的基础上又反过来为两者提供服务。产业结构的变化是经济增长动能转换的中观表现。

（三）微观方面

经济增长动能转换在微观方面是指国民经济增长的生产要素转换，核心生产要素主要包括科技创新、劳动力和资源配置机制。其一，科技创新应从政府主导转换为企业主导。科学技术是第一生产力，经济的快速增长离不开新技术、新工具。研发的新材料和新技术不仅在数量上要有所增加，更要能够保障质量。其二，劳动力主要从人口红利转换为人才红利。人口状况一直对我国经济增长具有重要影响。改革开放后，在计划生育政策的影响下，我国出生人口数量呈下降趋势，劳动力人口占比逐步增加。近年来，随着经济水平不断提高，人口老龄化加深，同时人们越发重视教育和职业培训，人才红利逐渐替代人口红利。其三，资源配置机制主要从计划经济转换为市场经济。更快更好地实现高收入的一个重要环节，就是处理好政府与市场的关系。盲目照搬发达国家的体制机制是不可取的，应立足于本国国情来调整政府与市场的关系，促进经济平稳快速发展（李福柱和田爽，2020；李长英等，2021）。

二、经济增长动能转换的基本特征

（一）相对性

相对性是指经济增长动能转换中"新""旧"的相对性。正如裴长洪和倪江飞（2020）所述，没有旧动能的比较也就没有新动能。譬如，当前的旧动能，随着时间和科技的后移，它也可能是曾经的新动能。因此，经济增长动能转换具有明显的相对性，"新""旧"是一组相对概念，而不是绝对概念。

（二）动态性

动态性是经济增长动能转换的本质特征。经济增长新旧动能处于动态变化当中，在这个阶段处于新动能，而在下一个阶段就可能处于旧动能，并非静止地处于旧动能或新动能的某一状态，在这个过程中旧动能与新动能不断转换促进经济蓬勃发展（马海涛和高珂，2018）。新动能的核心在于动，就是动力。正是新动能不断出现，不断创新，才促进了经济社会的快速增长。新时代新动能最显著的特征就是科技不断创新发展，并逐渐发展和深入到其他领域，例如，科技创新对新兴产业快速发展的推动等。

（三）具体性

具体性是经济增长动能转换的又一大特征，是指在不同的国家和地区对动能的定义可能不同。崔俊富和陈金伟（2021）认为某一动能在这个国家或地区是新动能，而在另一个国家或地区则可能为旧动能。新旧动能转换过程中各种要素是具体的，而不是抽象的，如新技术、资本等。

（四）客观性

客观性是指经济增长动能转换中新旧动能是客观存在的，不以人的意志为转移。黄维海和张晓可（2021）指出对于经济增长而言新旧动能是不能附带价值判断的，是在生产活动中实际存在的，如劳动力、资本、技术等。此外，无论新动能还是旧动能，都会不同程度地促进经济的增长（崔俊富和陈金伟，2021）。

第二节　经济增长动能转换的测量

一、全要素生产率

全要素生产率的提高是经济高速增长的主要动力，因此也是测量经济增长动能转换的一个重要指标。它是全部产出与全部要素投入之比，测度了在资本、劳动等要素不变的条件下，产出仍然增加的部分。传统的全要素生产率主要涉及信息技术、管理革新等要素。在如今的信息时代，大数据、云计算以及人工智能高速发展，传统的全要素生产率已无法准确刻画经济增长动能的全面转换，因而需要借助新的全要素生产率。例如，互联网产业、知识和信息，以及文化创意等。包含这些新型要素的全要素生产率是对传统全要素生产率的补充和完善，能够更全面地实现新动能的培育和测量（李福柱和田爽，2020）。

二、第三产业产值与第二产业产值的比值

产业转型升级通常被视为经济增长新旧动能转换的外部表现，一般将第一产业和第二产业视为旧动能，将第三产业视为新动能。基于第一产业、第二产业和第三产业在国民经济中的相对占比，近年来，我国经济增长动能表现出从第一产业、第二产业转向第三产业的趋势。张杰（2019）认为第三产业产值和第二产业产值的比值可以反映经济增长动能在中观层面的转换水平，该比值越大，则经济增长新动能越强。更重要的是，合理的产业结构有助于促进各类创新要素（如新技术、人力资本）的自由流动，使其流向生产力更高的部门，进而激发经济的增长；相反，不合理的产业结构难以发挥恰当的资源配置功能，不利于经济增长，甚至抑制新动能的培育。

三、固定资产投资与教育支出

从需求维度来看，消费拉动、投资效率、对外开放是测度经济增长动能转换的关键指标；从供给维度来看，人力资本、科技创新则是反映经济增长动能转换的重要指标。特别地，相比于固定资产投资等传统动能表现出的短期经济增长效应，人力资本和教育支出对经济增长的长期效果更优。增加教育支出有利于人才储备，能够为经济增长或者潜在增长提供新的人力资本，而人才红利正是新动能

的主要构成要素。

第三节　系统性金融风险的内涵与成因

一、系统性金融风险的内涵

目前，系统性金融风险尚没有明确且统一的定义，学者对系统性金融风险的认识还在不断更新和深入的过程中。国际清算银行（Bank for International Settlements，BIS）最早提出系统性金融风险这一概念。其认为系统性金融风险表现为，金融系统中的某一协议者没有按时履约，使得其他相关参与者发生损失，并通过市场连锁反应，造成金融系统的大规模瘫痪。随着学术界的研究深入，国内外学者对系统性金融风险的认识和界定都在不断更新，主要分为以下几类观点。

第一，从对金融系统和实体经济的影响角度界定。早在 2009 年，国际清算银行、国际货币基金组织（International Monetary Fund，IMF）和金融稳定理事会（Financial Stability Board，FSB）在调查了三十多个国家之后，指出系统性金融风险是金融系统内部甚至全部发生崩溃而最终导致金融服务瘫痪。2016 年，这三个组织联合向二十国集团（G20）各国家财政部部长和央行行长提交的报告《有效宏观审慎政策要素：国际经验与教训》中，将系统性风险定义为"金融体系的部分或全部功能受到破坏所引发的大规模金融服务中断，以及由此对实体经济造成的严重负面冲击"。该报告指出系统性金融风险是指可能给实体经济带来严重负面影响，使金融服务流程受到损害或者中断的风险。可见，系统性金融风险可能会对金融系统和宏观经济都造成重大损失。其根源在于这一金融不稳定性风险会使金融系统变得脆弱，对金融系统中的融资功能造成损害，进一步影响经济的增长（范小云，2002）。

第二，从系统性金融风险传染的角度界定。当金融系统中个别或多个金融机构倒闭，由于金融机构和金融市场存在相关性或者联动性，金融市场崩溃等事件在各个机构间传染，最后波及整个市场，金融体系的损失逐渐增加，最终整个金融系统趋于崩盘。巴曙松等（2013）认为系统性金融风险也可能源于某个或者一系列事件，这些事件影响了公众对整个金融系统的信心，进而通过经济和金融体系的关联性不断扩大，使得整个金融系统瘫痪。

基于系统性金融风险的界定可知，由于金融机构之间的联动性和相关性，金融体系越发复杂。在此背景下，一个金融机构出现资金周转困难或者倒闭，也可能会迅速波及其他金融机构，造成巨大损失，甚至导致金融系统瘫痪。江红莉等（2018）发现系统性金融风险还具有潜在性、负外部性、内生性与顺周期性等特点，并且随着金融机构和金融市场的不断发展而更加隐匿。守住不发生系统性金融风险的底线，着力提升金融服务实体经济能力已经成为我国金融工作的基本准则。因此，探究和梳理系统性金融风险的内涵、成因、传导和扩散途径及其测量方法具有重要意义（韩心灵和韩保江，2017）。

二、系统性金融风险的成因

（一）内部因素

1. 金融系统的脆弱性

金融系统的脆弱性狭义上是指企业在高负债率经营时容易发生破产的特点，而广义上是指金融体系风险的积累。陶玲（2016）认为银行等金融机构的高杠杆性、高负债率，以及资金的期限错配和流动性不足都会使金融系统具有脆弱性。

（1）金融机构的高杠杆性和高负债率。银行等金融机构和实体经济发生信用扩张和过度负债时，一般伴随着高杠杆的存在。高杠杆必然会增强金融机构之间的关联性，反过来又增加了金融机构的高杠杆性，而过度的杠杆作用加快了银行个人业务风险的发生，这导致银行等金融机构容易受到金融风险的冲击。高杠杆操作也会使房地产和股市泡沫迅速积累，同时金融机构的高杠杆率还会导致金融体系出现严重的结构性问题（胡宗义等，2018）。

我国曾规定银行等金融机构存贷比不得高于75%，但这一要求在一定程度上限制了银行等金融机构的发展，随后被取消。金融机构的高负债率也反映出金融机构存在巨大的杠杆效应，在促进经济快速发展，金融规模不断扩大的同时，也积聚了系统性金融风险。在高负债率情况下，如果企业经营出现问题，便容易导致金融机构出现资金损失，进而引发金融机构对债务人的兑付危机。

（2）金融机构的期限错配和流动性不足。近几年，随着利率市场化的推进，我国银行等金融机构对存贷款也更加谨慎，中长期存款利率和短期存款利率差距越来越小，同时中长期贷款利率和短期贷款利率的差距也不断缩小。存款人为了兼顾获利和降低风险而更倾向于短期存款，而企业贷款人由于其发展特点会更倾向于长期贷款。可见，银行等金融机构的资金来源主要是短期资金，资金使用主要是长期资金。虽然金融机构有"借短贷长"的功能，但是从长期来看期限错配会最终导致资金的流动性不足，引发系统性金融风险。

银行资本流动性不足，金融市场的发展受到阻碍，加之投资者对金融市场尾部风险的不重视，在此环境中，可能出现影子银行的回购市场大量挤兑的现象，进而导致资产价格逐渐下降，加剧整个金融系统的风险。此外，金融行业内部经常在资金流动性不足时进行同业拆借，上述情况又将进一步导致其他金融机构出现挤兑，间接引发系统性金融风险。

2. 金融市场的非有效性

金融市场的快速发展及其有效性需要建立在市场信息完备的基础上。然而，在现实运行中往往出现信息不对称乃至信息虚假等问题。这些非有效性可能引发道德风险与逆向选择，随之发生挤兑风险和传染效应。另外，金融市场同质化也加剧了系统性金融风险。譬如，风险偏好、投资理念的趋同都可能造成金融市场的有效性缺失，引发系统性金融风险（张晓朴，2010）。

（1）金融市场的信息不对称。市场参与者拥有完备信息是金融市场具有有效性和正常运行的基础。然而，金融市场往往存在一方不能充分了解对方的信息，使得一方因信息不了解而产生损失，同时另一方也无法在众多选择中筛选错误信息。譬如，贷款人很清楚其向银行申请获得的贷款如何使用，而银行难以完全知情。

随着互联网技术的快速发展，以及国家金融监督管理总局等有关部门规定的完善，保险公司、银行部门、证券公司等金融机构均定期进行信息披露，公众也可以很方便地通过资产负债表来了解上市公司的经营状况。现代技术和日趋完善的制度环境促使金融机构与其他市场参与者的信息对称程度有了极大改善，但也依然存在诸多问题。例如，财务报告的真实性有待进一步考察，特别是财务报告具有滞后性这一特点，很多金融机构已经出现的各类问题并不能在财务报告中得到充分体现。可见，技术的高速发展和监管的日趋完善依旧难以完全解决信息不对称问题。

更重要的是，信息不对称将引发一系列金融风险。以信用风险为例，金融市场的信息不对称可能加剧信用活动中的不确定性而存在使金融机构遭受损失的可能性。从一定程度上来说，信用风险是金融机构的根本性风险。一些贷款人因某些原因不能按照约定的期限还款（如贷款逾期、发生呆账等），金融机构在信息不对称情况下难以有效防控因无法运用资金而形成的风险，这可能严重影响金融机构资产的流动性，进而引发系统性金融风险（Diamond and Dybvig，1983）。

（2）金融市场的关联性和同质化。随着经济的迅速发展，金融市场间相关性不断增强，呈现出一体化的发展趋势，即某一市场的变动会引起其他市场的变动，而金融市场的这种同质化也会增加系统性金融风险。从投资者角度来看，金融市场上存在着风险厌恶型、风险中性型和风险偏好型等各类投资者。而金融市场呈现国际化、风险转移、综合经营等特点，使得大量投资者的投资偏好和投资理念越来越趋同，表现出相似的投资行为，进而加大市场动荡，影响系统性金融风险。

（3）金融资产价格的频繁调整。金融资产价格的相对稳定与金融系统的稳定性密切相关，金融资产价格频繁波动容易引发金融风险，进而影响金融体系的稳定。一方面，金融资产价格下跌会引起企业资产负债表恶化，企业的净资产价值和社会公众的投资信心也会随之下降，借款人的借贷能力与信贷扩张便会减弱。借款人因负债增加而面临可能无法如期还款的压力，加剧了系统性金融风险的不稳定性。另一方面，金融资产的频繁波动还可能加剧信息不对称引起的道德风险和逆向选择，导致信贷紧缩和系统性金融风险。

可见，金融资产价格的频繁调整也易引发信用风险等问题，进而加剧整个金融系统的风险。特别地，股票价格频繁波动会积聚股市风险，而过度信贷扩张和房价的频繁波动也会增加房地产价格泡沫，若这两种风险累积到某种程度，更容易引发系统性金融风险。

3. 金融市场的过度自由化与创新

首先，当前大数据、云计算、人工智能尤为盛行，金融技术、金融工具也不断创新。金融产品变化多样，投资方式也越来越丰富。传统金融业务与创新驱动的紧密融合，既给金融市场带来了活力，也强化了金融机构的混业经营特征，导致各市场金融机构之间的关联性增强，加剧了系统性金融风险。例如，部分学者认为美国次级贷款市场违约风险增加，加之银行间市场流动性不足，使得世界各地的银行被置于过度风险当中，这就是过度金融创新所导致的结果。

其次，目前的金融监管系统趋于零散化，随着金融机构之间的关联程度不断增强，金融风险可能因过度金融创新而扩散。与此同时，金融市场的交易量增速较快，投资者的需求往往很快达到饱和状态，这就削弱了金融体系对冲击的吸收能力，进一步加剧系统性金融风险。

再次，还有部分学者从对冲风险的角度来探究过度金融创新对金融风险的影响。虽然金融创新可以降低银行业务多元化的成本，但也会提高银行业的杠杆率，促使金融资产价格迅速下降甚至骤停，造成金融市场的不稳定，加速系统性金融风险的产生。

最后，金融创新促使影子银行业务迅速发展，相比其他银行，影子银行的业务较为复杂，具有一定的隐蔽性。影子银行业务也使各类金融机构的关联性大大增加，加之金融系统本身的脆弱性，这极大削弱了相关部门对系统性金融风险的防控与监管。从构成角度来看，影子银行以商业银行为主导，而商业银行为影子银行提供了大量的资金支撑，并且影子银行通常不受利率管制和资本约束。作为一种金融创新模式，影子银行可为一些领域提供资金支持，特别是为中小企业拓宽了融资渠道。但是由于缺乏金融监管的约束，当影子银行难以收回资金时，其所引发的风险会直接关联到商业银行，严重时甚至波及整个经济系统（佟孟华等，2021）。

4. 经济"脱实向虚"的现象持续存在

近几年，我国实体经济投资收益率呈现一定的下降趋势，这也是加剧中小企业融资难的重要原因之一。不过，我国金融资产的规模却在不断扩大，尤其表现为房地产市场、股票市场和其他证券市场规模的增加，即经济出现了"脱实向虚"现象。尤其是房地产市场和股票市场吸收了很多金融机构的投资，资金大量投资于虚拟经济。从国际经验来看，经济"脱实向虚"容易形成金融泡沫和经济泡沫，必然增加系统性金融风险，对经济的长期发展十分不利。

5. 金融市场参与者的有限理性

投资者和其他市场参与者在进行金融市场活动时，常常伴随着价格超调、羊群效应等现象，这些现象很难单纯地用经济学理性假设来解释，需要将非理性心理和行为结合起来。特别是，市场参与者在面对经济利益冲击时并非总能保持理性，凯恩斯将这种非理性的心理与行为称为"动物精神"，并且认为这种"动物精神"导致了经济危机和宏观经济的波动。随着金融行业的深化发展，金融业务也越发复杂，每个市场参与者所面临的情况都有其独特性，任何市场政策和制度也难以做到事事监督，所以市场主体的非理性因素可能成为放大系统性金融风险的重要因素（Banerjee，1992；张晓朴，2010）。

6. 利率、汇率与房价的波动

银行同业与金融机构之间竞争激烈,竞相高息揽储的行为使得利率风险加剧。加之国际市场不稳定，汇率也表现出频繁波动的趋势，这将加大对资产价值和金融稳定性的影响。

葛志强等（2011）指出汇率变动最大的风险是人民币汇率把房地产泡沫、通货膨胀以及偿债能力联系起来，金融市场间的关联性和传染性增强，很容易产生金融风险。自2005年汇率改革后，人民币升值幅度较大，使得投资者对于人民币有较高的预期，公众开始增加持有人民币，抛售其他货币，大量外国货币流入中国，间接加剧了通货膨胀和房地产价格泡沫的压力。如果政府宏观调控过度，可能会出现房地产泡沫破灭，银行随之出现大量不良贷款的情况，这将影响金融主体的还款能力和融资质量。

其中，通货膨胀对系统性金融风险的影响也是一个复杂的过程。通货膨胀使得劳动力成本和各种原材料价格上升，由于价格黏性的作用无法转嫁生产成本而直接影响企业收益。一旦企业生存存在困难，银行等部门就会面临贷款收不回来的流动性压力和违约风险。此外，房地产价格泡沫也是引发系统性金融风险的重要因素。比如，我国商业房地产贷款增加的速度高于贷款平均速度，一旦贷款无法按时偿还或者借款人出现信用风险的情况，就可能引发金融风险。与此同时，地方政府融资还款主要来源于地方政府财政收入，而土地是财政收入的主要来源，一旦土地价格下降，融资平台偿债能力必然减弱，同样可能引发金融风险。

（二）外部因素

1. 经济周期波动

经济波动呈现周期性，主要包括繁荣时期、衰退时期、萧条时期、复苏时期，每个时期经济都有不同的特点。经济周期不断变化使得金融系统内部不稳定，金融市场参与者会根据经济周期变化不断改变自己的投融资方式，而金融机构也会根据国内外资金情况做出相应调整，使资金处于动态变化而难以稳定，加剧了系统性金融风险。

当经济处于上升时期，随着企业产出的增加，各种实物资产和金融资产的价格也会上升。此时企业的净财富价值增加，在社会公众心目中的价值和地位也会上升，其进行投融资活动来满足自己的资金需求变得较为容易。企业资金增加就会加大生产，提高其资产价格，以获得更多的利润，从而形成信贷扩张、投资增加与资产价格上涨的积极循环。在这种情况下，银行的信贷会扩张，证券业、金融业的资产增加，从而刺激经济主体向其他实体行业的投资，使得资产价格过度上涨，催生资产泡沫，加速系统性金融风险形成。相反，在经济周期下行时期，资产价格下降，可供抵押的资产价值也下降，造成融资难的局面。信贷规模减小，使得产品产出减少，企业会减少投资来维持生存与发展。企业资产负债表的恶化形成产出减少、信贷紧缩、资产价格下降的反向循环，使得银行风险、证券风险增加。由于金融市场具有关联性，上述循环极易造成系统性金融风险（陶玲，2016）。

2. 宏观政策与市场干预

宏观政策和市场干预对系统性金融风险也有重要影响。因此，宽松的调控政策在缓解某些社会经济压力的同时，也可能造成其他后续效果。另外，市场干预也可能给金融稳定性带来一定压力。例如，从最初的计划经济到改革开放后的市场经济，在这一转变过程中，市场干预发挥了不可估量的作用。不过，对宏观经济的调控难以完全掌控，其可能在短期内是有效的，但从长期来看却可能起到相反的效果。若加之自我调节失灵，就可能加剧金融风险（张晓朴，2010）。

3. 金融监管不足

近几年我国金融创新不断加快，各种金融产品、金融技术层出不穷。如今金融业和互联网不断加深融合，但是我国依旧是分业监管。在 2018 年之前我国实行"一行三会"的监管模式：中国人民银行主要对法定存款准备金和存贷款利率以及货币政策的实施进行监管；中国保险监督管理委员会主要对保险公司相关业务的开展以及投融资进行监管；中国证券监督管理委员会主要对证券公司的相关业务进行监督和管理；中国银行业监督管理委员会主要对银行资金的流动性、资本充足率以及相关业务进行监督和管理。2018 年 3 月，中国银行业监督管理委员会与中国保险监督管理委员会合并为中国银行保险监督管理委员会，其主要对银行的资金运用以及相关业务和保险公司相关业务进行监督与管理，但归根结底还是实行分业管理。这种分业管理的模式有其局限性。当新的金融产品、金融技术、金融工具出现时，往往出现无部门监管的现象。比如，当互联网金融出现时，各监管机构难以迅速界定应由谁负责监督与管理。由于类似监管不足的现象发生，部分金融市场参与者就会做出套利、利用杠杆投融资等操作。一旦某个中间环节出现差错，由于金融机构之间的关联性和传染性，极易形成多米诺骨牌效应，引发系统性金融风险。因此，对各金融机构实行足够的监管可以大大降低系统性金融风险发生的概率（梁永礼和李孟刚，2017）。例如，2023 年，中国银行保险监督管理委员会变更为国家金融监督管理总局，有助于加强对薄弱环节的金融监管。

除上述原因外，在现行金融监管的条件下，中央监管部门一般以防范金融风险为主要目标，而地方政府又需要以促进地方经济增长为主要任务。地方政府在不得不利用投融资来促进经济增长的同时，可能会因为急于完成任务而忽视投融资行为蕴含的系统性金融风险。鉴于两者的监管目标和主要任务不同，政策的制定与实施都可能出现差异。与此同时，金融监管的权力往往集中于中央部门，而大多数情况下发生的金融风险是由地方政府来解决的。然而，中央部门和地方政府还没有健全协调和规范化的工作机制。比如，地方政府在处理一些金融风险时，会对中央部门的政策执行不充分或者理解不彻底，所以金融监管还存在着风险责任不对称等问题（张晓朴，2010）。

4. 风险溢出

与完整的金融体系相比，拥有独立的银行体系可以降低系统性金融风险的传播。相反，金融机构之间相关程度越高，系统性金融风险传播越快，风险溢出就会越明显。此外，不仅国内金融体系互相关联，国际金融体系的融合程度也在不断加深，导致风险溢出渠道增多且日益复杂。随着我国改革开放的进程不断加快，我国作为开放的大型经济体，国际地位显著提高，与国际金融市场的业务往来也更加密切。在开放过程中，我国金融稳定性很容易受到国际金融体系的影响。一旦发生重大金融危机，风险将会迅速溢出至我国金融系统，并很可能产生巨大损失。

第四节　系统性金融风险的传导和扩散途径

一、内部传导和扩散途径

（一）直接传导和扩散

陶玲（2016）指出直接传导和扩散就是通过直接的业务关联来传导和扩散系统性金融风险。金融机构之间经常发生投融资行为，进而形成业务往来，在满足资金需求的同时产生债权债务关系。如果一家金融机构出现资金问题，会直接导致其他与其有较多直接业务往来的金融机构面临资金缺口等问题。由于银行间的网络结构有两大特点——风险传染与流动性转移（即随着资本的流动性变化而变化）。当银行资本流动性充足时，流动性转移在网络结构中发挥主要作用，风险传染在网络结构中的作用次之。据此，可以加强金融机构的关联性来促进金融的稳定与发展。若银行资本的流动性不足，则风险传染发挥主要作用。此时，为了降低系统性金融风险的传导和扩散应减少银行业务的关联程度（江红莉等，2018）。

（二）间接传导和扩散

间接传导和扩散就是通过间接业务关联来传导和扩散系统性金融风险。金融机构之间除了直接的业务往来，可能还会有同样性质的其他业务和资产组合，那么也会出现共同的风险暴露。从研究方法和视角来看，部分学者从资产负债表的角度分析系统性金融风险的传导和扩散，并运用熵最优化等方法构建双边风险暴露矩阵或风险传染、风险溢出网络模型，试图找到风险传染的关键点。不过，这些方法需要服从一定的分布才有效，因而存在一定的局限性。于是，有学者将银行等金融机构与非银行金融机构一同作为研究对象，运用贝叶斯方法等构建金融风险传染的复杂网络模型，利用传染轮次 R 值来确定风险传染范围，利用 K-核分解值来测量风险传染深度（梁琪等，2013；邓向荣和曹红，2016）。还有学者结合马尔可夫状态转换法、最小生成树和平面极大过滤图等方法对网络分析法进行改进，使网络分析法在系统性金融风险的传导与扩散中发挥重要作用（Diebold and Yilmaz，2012）。研究结果发现，一旦有金融机构发生风险，具有同样性质业务和资产组合的金融机构就会受到影响。如果由资金短缺而导致金融风险，机构在短时间难以找到融资机构，就会抛售已有资产，促使资产价格下降。持有同样资产的其他金融机构也被迫面对价格下降，进而加剧抛售行为，引发新一轮资产价格下降和金融风险。

二、外部传导和扩散途径

(一) 在实体经济的传导和扩散

实体经济通常通过金融部门进行融资，同时会将闲置资金通过金融市场进行投资，两者关系密切。因此，实体经济也会影响系统性金融风险的传导和扩散，并主要体现在资产负债表渠道上，具体包括企业和银行部门两个途径。在企业资产负债表渠道中，企业的收益率下降将直接反映为资产负债表中的净收入下降。金融部门为了规避风险，其向实体经济的借贷就会减少，使得企业经营进一步恶化，加剧金融风险。在银行资产负债表渠道中，企业经营的恶化引发银行信贷收缩，更加难以满足企业的资金需求，引发系统性金融风险。

此外，各国竞争越来越激烈，实体经济的产品出口规模逐渐减小，价格和收益率也在降低。为保证企业稳健经营，需要更多的外界借款，而大量的贷款利息反过来加剧了企业的财务负担。从这方面来看，系统性金融风险在实体经济中的传导和扩散有两条途径。一是通过某些特定区域和特殊行业等的担保链条断裂来传导和扩散。在担保链中，一般民间借贷和正规融资交叉，而企业间的互相关联与互相担保使担保链中的风险模式趋于一致。如果出现过度担保和融资的情况，就会使某些担保链条迅速传导和扩散金融风险。不规范的担保行为较为隐匿，加之复杂的担保关系，这使得担保链上的企业风险可能集中爆发并迅速扩散至金融体系。二是通过影子银行杠杆操作和监管套利等迅速积累的刚性兑付。在刚性兑付时，实际的债权债务关系被隐藏，信息在防范金融风险方面的作用减弱。

(二) 在国际金融市场的传导和扩散

系统性金融风险在国际金融市场中的传导和扩散主要通过三种效应来进行，即溢出效应、季风效应和净传染效应。溢出效应是指当某一国家发生金融危机并且国内资金流动性不足时，投资者就会通过调整自己的资产组合方式来规避风险和获得更高的收益，从而导致其他国家发生系统性金融风险的现象。季风效应是由于遭遇了某种共同的外部冲击，系统性金融风险会在几个国家和地区之间传导与扩散。净传染效应指金融机构之间在既没有直接关联也没有间接关联的情况下，当金融危机发生后，投资者出于套期保值或者获利的目的会在经济、文化等相似的国家进行投机，这就使得系统性金融风险在国际金融市场进行传导和扩散（陶玲，2016）。

第五节　系统性金融风险的测量

一、指标法

系统性金融风险具有综合性和复杂性，因此在其测量过程中需全面考虑金融市场、国际市场、金融监管与外部环境等各类因素的影响。鉴于不同领域某些核心指标恶化往往可以作为爆发系统性金融风险的前兆，因此测量指标选取时应兼顾宏观经济市场风险指标、货币市场风险指标、外汇市场风险指标、金融机构市场风险指标等，旨在全方位开展系统性金融风险的测量。

（一）宏观经济市场风险指标

良好的宏观经济发展是金融市场有序开展金融业务的基本保证。宏观经济市场风险指标通过宏观经济波动反映造成政府财政风险向金融系统转移损失的可能性。宏观经济的稳定发展在一定程度上可以降低系统性金融风险，通常用 CPI（consumer price index，消费价格指数）增长率、GDP（gross domestic product，国内生产总值）增长率以及固定资产投资额增长率进行测度。

具体逻辑在于，以经济不景气为例，经济下行很容易影响市场参与者对金融市场的信心，风险可能随之转移到金融市场内部。此时，参与者可能会转移资金，造成金融市场流动性不足。信贷紧缩会进一步使企业不能按时还款和产出下降，最终引致系统性金融风险。

（二）货币市场风险指标

货币市场在金融市场上发挥着不可估量的作用。货币市场上存在着期限不同的资金，通过该市场可将闲置资金借贷给资金的需求者。资金供给者可以获得一定的收益，而资金需求者也满足了自己的需求，同时也加强了货币市场的流动性。

货币市场的风险主要表现为通货膨胀导致的物价持续上涨，从而引发货币贬值以及后续一系列的风险。具体指标的含义及使用逻辑是，若银行贷款的增长率超过 GDP 增长率，就会增加不良贷款率，在金融市场关联性和同质化的作用下，便可能导致系统性金融风险（庞加兰等，2021）。

（三）外汇市场风险指标

外汇市场风险包括汇率与利率风险、信用风险、流动性风险和经营风险等。我国的外汇市场风险主要是指在人民币与美元、英镑等货币进行兑换时，交易者基于汇率的预测走势而进行买卖交易，由于汇率波动，交易者可能获利也可能损失，从而蕴含风险。

当外汇市场上资本大量外流时，本币就可能贬值，外币可能升值，需要抛出外汇储备来稳定币值压力。目前来看，我国的外汇储备还相对比较宽裕，但是如果没有在恰当的时期采取平衡国际收支、稳定币值的政策，也可能陷入大量资本外流、人民币贬值的情况，引发系统性金融风险。

（四）金融机构市场风险指标

在金融体系中，金融机构市场风险主要源自三个部分：证券市场、银行市场和保险市场。银行在间接融资中发挥主导作用，而我国融资结构以间接融资为主，因而金融体系的重要风险来源之一便是银行经营不善。此外，很多其他类型金融机构在投融资中也扮演着不可替代的作用，同样可能会给参与者带来损失和风险。

其一，银行风险指标涉及不良贷款率和资本充足率。许涤龙和陈双莲（2015）指出不良贷款率主要是借款人因某些原因到期不能按时还款，给银行造成不同程度的损失，甚至带来流动性风险。资本充足率则主要指的是金融机构和企业的资本状况以及资产质量。资金不充足或者资产质量不佳，银行就会面临流动性风险而难以持续经营下去。尤其是受2020年以来新冠疫情的影响，实体经济萧条，部分中小企业面临破产压力，银行不良贷款增加，利润下降，通过银行部门与其他部门之间的关联性，流动性不足在整个金融系统蔓延，极易引发系统性金融风险。

其二，证券市场中公司的市场价值、债券和股票价格的波动、衍生金融工具以及投资者的风险偏好等都极易引发风险。证券市场对金融机构的影响不言而喻，因此证券市场风险也是测量系统性金融风险的重要指标之一。其中，债券市场是证券市场的重要组成部分。一方面，通常利率的变动将引起债券市场价格的波动。另一方面，债券违约事件导致信用风险的发生，使得部分投资人将自己的债券变为现金存入银行或者购买股票等获得收益，影响市场的流动性，甚至将风险扩散至其他市场。除此之外，突发事件也会使利率变动影响收益，增加系统性金融风险发生的概率。另外，股票市场也是证券市场的重要组成部分，对系统性金融风险有着重要的影响。例如，当经济上行时刺激股票市场，资产价格上升产生虚假的繁荣，可能出现资产价格泡沫；当经济不景气时，资产价格下降，企业价值下降，随之债务增加，引起流动性风险。更重要的是，股票价格下跌会迅速波及投资主体的情绪，致使企业在短时间内无法分散风险，导致股票被大量抛售，从而加速金融市场的风险暴露，乃至出现金融危机（杨子晖等，2020）。

其三，随着经济发展，保险市场不断壮大，越来越多的参与者进入该市场，加剧了金融机构的传染效应。近些年，金融创新不断增加，保险市场引发系统性金融风险的概率也逐步增加。保险业具有高负债率、高成本的特点，这些特点易增加流动性风险。同时，金融创新容易使其他金融行业（如股票行业、基金行业、债券行业等）出现资产负债风险传染的情况。在新冠疫情冲击实体经济增长的同时，也间接影响了保险行业收入，造成资金流动性不足和道德风险。

（五）综合指数法

综合指数法是指通过分析各种数据，把影响系统性金融风险的指标分为几个子指标，最后得出一个综合测量系统性金融风险的指标。其中，主要包括金融稳健指数和金融压力指数等。

IMF（2009）指出金融稳健指数最早是在资产负债表信息的基础上提出，它主要从杠杆率、资本充足率以及资本流动性、一级资本、二级资本等方面来测量系统性金融风险，共计 39 个指标，分为核心指标和推荐指标。

金融压力指数通过因子分析法、等差权重法和信贷加权法对银行部门、外汇市场、证券市场和股票市场进行加权综合而成。随着系统性金融风险相关研究的日益成熟，学者在金融压力指数的变量选择和识别问题方面进一步完善，形成了较为系统的研究框架。江红莉等（2018）发现运用等差权重法和主成分分析法编制的金融压力指数，可以为有数据缺失的国家测量系统性金融风险提供便利，同时也有利于风险的横向对比。比如，克利夫兰金融压力指数、基于新兴市场国家构造的新兴市场金融压力指数等。不过，克利夫兰金融压力指数存在一定局限性，其通过运用收益率转换、流动性转换以及风险转换，选择风险因子以测量银行系统的金融风险。相比于此，复合系统性压力指数法则是通过金融机构以及资产负债表来分析市场的关联性，相对于预测单个金融机构的风险，其测量的范围显然更加全面。

二、网络模型法

（一）矩阵法

矩阵法主要通过测度银行系统的复杂性来分析银行系统性风险的大小，利用信息熵等指标来反映银行系统是否稳定有序地开展金融活动（巴曙松等，2011）。该方法主要基于银行的资产负债表构建矩阵，然后计算信息熵的最优矩阵，从而估计银行风险敞口，以测量银行系统间的风险。通常，银行系统越复杂、越杂乱，信息熵就越高。

（二）网络分析法

网络分析法主要是根据金融机构间业务往来的交易数据建立网络模型，并按照一定的条件分类，将不同的金融机构归于不同的网络结构，进而根据模拟法则计算不同金融机构的系统性风险。网络分析法的优势在于适合监管，可以基于网络监测到最先发生风险的机构，以便有效防控风险。

运用网络分析法可以测量系统性金融风险的几个基本问题。首先是风险在某部门的效应和导致的严重程度，如商业银行、股票市场的风险情况等。其次是风险传染的渠道与机制。比如，李政等（2016）研究了金融机构之间的关联性网络，发现各个金融机构之间的总体相关程度不断提高，系统性金融风险随之加剧，银行和证券之间的跨行业关联应重点关注。最后是面对风险应采取的措施。冯超和王银（2015）利用网络分析法分析了银行在面临系统性金融风险引发的破产危机时，央行作为最后贷款人应该如何制定策略以扭转局势。

三、在险价值法

（一）条件在险价值法

在险价值一般用来表示金融机构的资产损失风险。随着各类风险的涌现以及相关研究的完善，基于在险价值，学者提出了一个新的衡量系统性金融风险的指标——条件在险价值。计算公式为

$$P\left(R^s \leqslant \text{CoVaR}_{\alpha}^{s/i} \middle| R^i = \text{VaR}_{\alpha}^i\right) = \alpha \tag{2-1}$$

通过式（2-1）测量单个资产对系统性金融风险的影响。其中，P 为资产价值损失小于可能损失上限的概率；R^s 为收益率；$\text{CoVaR}_{\alpha}^{s/i}$ 为在 $1-\alpha$ 的置信水平下，金融资产 i 的收益率 R^i 遭受极端损失 s 时，系统所面临的条件在险价值。在此基础上，利用分位数回归法对 $\text{CoVaR}_{\alpha}^{s/i}$ 进行计算，并将条件在险价值相对于正常水平下的变化率定义为系统性金融风险。其计算公式为：

$$\Delta\text{CoVaR}_{\alpha,t}^i = \text{CoVaR}_{\alpha,t}^{s/i} - \text{CoVaR}_{\alpha,t}^{s/i,\text{median}} \tag{2-2}$$

其中，$\text{CoVaR}_{\alpha,t}^{s/i,\text{median}}$ 为处于 t 时期市场中位值收益率时的金融机构在险价值。据此计算出每个金融机构的条件在险价值，再取平均值，即可测量系统性金融风险。

（二）边际期望损失法

Acharya 等（2017）提出边际期望损失法，边际期望损失即当市场收益率发生极端下降时，某个金融机构可能遭遇的最大金融风险损失。当金融体系中有 n 个金融机构时，金融体系的总收益就是每个金融机构收益的加权和。计算公式为

$$R = \sum_{i=1}^{n} y_i r_i \tag{2-3}$$

其中，R 为金融体系的总收益；r_i 为金融机构 i 的收益；y_i 为金融机构 i 占金融体

系的比例。由此，在 $1-\alpha$ 的置信水平下，金融体系总体期望损失的计算公式为

$$ES_\alpha = -\sum_{i=1}^{n} y_i E\left[r_i \middle| R \leqslant -VaR_\alpha\right] \tag{2-4}$$

金融机构 i 对整个金融体系风险贡献率的计算公式为

$$MES_\alpha^i = \frac{\partial ES_\alpha}{\partial y_i} = -E\left[r_i \middle| R \leqslant -VaR_\alpha\right] \tag{2-5}$$

除上述计算方法外，系统性金融风险也可定义为金融系统总权益资本低于总资本的一定比例。假设金融体系共有 n 个金融机构，α^i 与 w_1^i 分别为金融机构 i 的资本、时期为 1 时的权益资本。$A = \sum_{i=1}^{n} \alpha^i$ 为整个金融系统中的总资本，$w_1 = \sum_{i=1}^{n} w_1^i$ 为时期为 1 时的总权益资本，z 为一个规定的比例（如金融监管部门规定的资本充足率）。当整个金融系统总权益资本低于总资本的一定比例 z 时，判定为系统性金融风险爆发（即 $w_1 < zA$）。此时，金融机构 i 的系统性期望损失（SES^i）就是权益资本 w_1^i 小于规定目标（$w_1 < zA$）时应有的数量 za^i，其表达式为

$$SES^i = E\left[za^i - w_1^i \middle| w_1 < zA\right] \tag{2-6}$$

（三）或有权益分析法

或有权益分析法原用于测量资产负债表对外部冲击的敏感性，后延伸运用到宏观经济领域。或有权益分析模型基于以下三个假设：首先，股票市场价值与风险负债之和为总资产，违约担保价值与风险债务价值之和为无违约债务价值；其次，公司资产价值遵循一个随机过程，当某一时期资产价值低于风险负债时，财务危机便会发生；最后，针对负债区分优先级，风险负债优于股权。

由于或有权益分析法具有较为严格的假设和相对单一的信息来源，因此影响了测量系统性金融风险的准确性。如果出现极端金融事件冲击，各金融机构的资产损失会出现剧烈波动。此时，无法判断金融风险激增状态下宏观部门资产价值的变动信息，只能获得市场价格的波动信息，即可能存在市场风险层面和宏观层面的信息不对称问题，加剧金融系统的脆弱性。

（四）违约模型

违约模型主要是基于与违约密切相关的衍生品建立随机方程，假设违约率服从某个扩散方程，据此估计违约率，再根据违约率的大小来衡量系统性金融风险（巴曙松等，2011）。模型设定 T_n 为违约时间，N_t 为在 t 时企业违约的数量，λ_t 为违约强度（即违约率）。假设违约率强度为一个带跳跃的均值回复过程（d 表示微

分方程）：

$$d\lambda_t = K_t \left(c_t - \lambda_t\right) dt + dJ_t \qquad (2\text{-}7)$$

假设最初的违约率为 λ_0，$K_t = K\lambda_{T_{N_t}}$ 为 λ_t 减少到 $c_t = c\lambda_{T_{N_t}}$ 的衰退率，J 为一个跳跃过程，从而可以得到如下关系：

$$J_t = \sum_{n \geqslant 1} \max\left(\gamma, \delta\lambda_{T_{N_t}}\right) I\left(T_n \leqslant t\right) \qquad (2\text{-}8)$$

$$\lambda_t = c\lambda_{T_{N_t}} + (1-c)\lambda_{T_{N_t}} \exp\left(-K\lambda_{T_{N_t}}(t - T_n)\right) \qquad (2\text{-}9)$$

其中，I 为示性函数，参数 $K > 0$，$c \in [0,1]$，$\delta > 0$，$\gamma > 0$，且有 $c(1+\delta) < 1$。

根据式（2-7）可知，违约事件会导致违约率跳跃，该效应将影响未来违约事件的发生，这意味着跳跃强度是违约事件发生前违约率（即事前违约率）的函数。违约事件对经济的影响随着违约率的上升而增大。值得注意的是，企业在经营状况以及资金状况较为乐观时的违约率明显低于企业经营状况不佳时的违约率。如果用跳跃强度来表示事前违约可能性的大小，那么负面影响和违约率呈正相关关系。当违约强度在一个事件后发生跳跃，强度将以指数速度从 $K\lambda_{T_{N_t}}$ 递减至 $c\lambda_{T_{N_t}}$。

违约模型的优势在于，其在实证分析中与实际拟合的相似度高于其他模型，可以测量到与金融机构直接或者间接联系的违约率变化。不过，违约模型测量的主体是与违约有关的金融机构，因此其测量范围有一定的局限性。

第六节　相关文献评述

关于经济增长动能的相关研究。已有文献从宏观、中观、微观三方面对新旧动能进行刻画。在新旧动能区分方面，大部分研究认为旧动能类型主要包括劳动密集型、资源消耗型、大量投资型、中低端产品大量出口型；新动能则包含体制和技术创新、产业升级和结构转化。还有学者认为新旧动能转换和产业升级是相互依存、相互促进的，并且从供给侧分析了新旧动能转换对经济增长的重要性。基于构建的中国经济增长动能指数，相关文献认为激发新动能的发展是中国经济高质量发展的重要举措。目前对新动能指标的构建各不相同，有学者从需求侧、供给侧来构建，还有学者从经济效益、创新发展、对外开放、绿色发展和公共服务等方面来分析和构建。

关于系统性金融风险的相关研究。先讨论了引发系统性金融风险的成因，并区分为内部因素和外部因素两大类。内部因素包括金融机构的高杠杆性和高负债率、金融机构的期限错配和流动性不足、金融市场的信息不对称、金融市场的关联性和同质化、金融资产价格的频繁调整、金融市场的过度自由化与创新、经济"脱实向虚"的现象持续存在、金融市场参与者的有限理性，以及利率、汇率与房价的波动等。外部因素包括经济周期波动、宏观政策与市场干预、金融监管不足和风险溢出等。诸多现有研究认为系统性金融风险的成因与次贷危机有关，同时资产价格频繁波动、信贷泡沫和监管放松等因素的影响，也在不同时期的银行危机中得到了证实。另外，已有研究还讨论了不同类型危机之间的相互传导，如银行危机的发生会增加货币危机发生的概率，而货币危机的发生会使实际有效汇率上升，导致债务危机的发生等。最后，随着相关研究的深入，系统性金融风险的测量方法也在不断更新。

现有国内外文献为经济增长动能转换和系统性金融风险的相关研究奠定了坚实的基础，但仍有可以拓展的空间。例如，已有文献对新旧动能转换的研究还比较碎片化，不够聚焦，对其本质特征尚需更深入的探讨。另外，经济增长动能转换的测度方法也有不少局限性，值得进一步完善（李福柱和田爽，2020）。在系统性金融风险领域，现有文献没有从总体角度对系统性金融风险的生成、演化机制进行研究，更多的是从某一局部视角展开，缺乏综合性。更重要的是，已有文献在系统性金融风险的多个研究层面没有达成共识，这主要受限于研究视角多为静态、局部的，而非动态、全局的。因此，本书将基于经济增长动能转换的现实背景，将静态和动态视角相结合，并将实体经济与金融系统放在一个整体框架内，试图深入探究系统性金融风险的生成、演化和防范化解机制。

第七节　本　章　小　结

本章系统梳理了经济增长动能转换的含义、特征、测量，以及系统性金融风险的内涵、成因、传导、扩散和测量的相关文献。在经济增长动能转换的研究方面，第一，现有文献对新动能的界定尚未达成一致，一个常见的定义为新动能是能够推动和加速经济发展的新要素以及旧要素的重新组合。第二，新旧动能转换的特征主要包括相对性、动态性、具体性、客观性等四个方面。第三，关于新旧动能转换的测度方法，更多学者使用全要素生产率，并认为以全要素生产率刻画的所有要素投入组合的产出效率可以较为客观、准确地测量经济增长质量。此外，从中观方面可以通过第三产业产值与第二产业产值的比值来测量，这是因为产业结构不合理将会直接影响生产效率进而阻碍经济增长。同时，固定资产投资和教育支出也可用于测量新旧动能转换。

在系统性金融风险的研究方面，首先，从外部因素和内部因素两个方面阐述系统性金融风险的成因。其中，内部因素从金融市场、金融系统的脆弱性以及市场参与者等方面来分析；外部因素从宏观政策、金融监管以及经济周期等方面来分析。其次，系统性金融风险的传导和扩散途径可以分为两个方面，即内部传导和扩散与外部传导和扩散。其中，内部传导与扩散又包括直接传导和扩散、间接传导和扩散；外部风险很可能通过担保链断裂、刚性兑付等途径向金融系统扩散。另外，市场的外部性问题、市场间的紧密关联，均可能通过已暴露的系统性金融风险传导至实体经济层面。从学者对系统性金融风险的研究中可以发现，金融机构以及金融体系对系统性金融风险影响巨大，而且我国金融系统内部关联程度出现了周期性变化。最后，本章还对系统性金融风险的测度进行了概述，主要分为指标法、网络模型法、在险价值法等。其中，指标法是一种具有灵活性同时又具有操作性的系统性金融风险测量方法，无论是否发生金融危机，这种测量方法都适用，金融危机产生的原因也不会影响指标分析方法。

系统性金融风险对经济发展质量和金融系统稳定性具有重大影响，应立足于我国经济增长动能转换的现实背景，高度重视系统性金融风险的测量和防控。通过建立更加明确、细化、有效的监管体系来化解系统性金融风险，这将有助于提高我国金融服务实体经济的能力，推动经济"脱虚向实"发展。

第三章 经济增长动能转换背景下系统性金融风险的发展阶段

第一节 我国经济增长动能转换的发展阶段

一、改革开放以来我国经济增长的各个阶段

经济发展过程离不开各阶段增长动能的作用,各经济发展的新阶段也需要新旧动能转换的支撑。因此,分析我国改革开放以来经济增长动能转换的发展变化,需以改革开放以来我国经济发展的各阶段为背景。据此,首先对我国经济增长的各个阶段进行划分和分析。

从图 3-1 可见,改革开放以来我国经济增长速度呈现出明显的阶段性。据此可将我国经济发展历程划分为三个阶段。

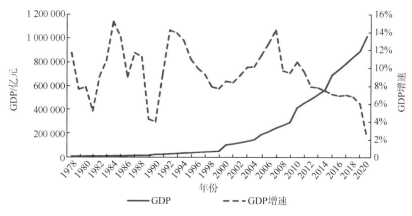

图 3-1 我国 GDP 及其增速变化趋势

资料来源:国家统计局官网

(一)第一阶段(1978~1990 年)

自 1978 年改革开放以来,我国经济飞速增长但稳定性较弱。在改革开放实施后我国面临经济下行压力,GDP 增速由 1978 年的 11.67%下降到 1981 年的 5.11%。

在相关调控作用下，GDP 增速在三年内迅速复苏到 15.19%的最高值。随后为抑制经济过热，有关部门采取紧缩措施，其间经济增速虽有小幅度反弹但总体仍呈现下滑态势，直至 1990 年经济增速为 3.92%的低点。

首先，1978～1984 年。新中国成立后，我国实行了高度集中的计划经济体制。在这种体制下，政府通过财政预算的方式将资源分配到需求最大的建设项目和各部门之中。同时，为加快经济建设、追赶发达国家工业化水平，我国一方面从国外引进成套设备，增加了财政支出和外汇支出；另一方面在国内大幅度提高投资规模，将财政资金大量投资于煤炭、钢铁等基础工业建设。超额财政支出导致政府财政赤字。国家统计局数据显示，1978 年、1979 年我国财政决算支出增长速度分别为 33%和 14.2%。由此可见，这几年间中央政府财政出现严重赤字，我国政府采取了一系列紧缩投资的措施来缓解这种情况，从而带来 1979 年至 1981 年间经济增速下降的结果。虽然这些措施使我国经济增速在几年内有所下降，但作用时间不长，经济增速在短短三年内迅速复苏，并于 1984 年达到第一阶段 GDP 增速最高水平。经济复苏如此之快的原因主要是这一时期我国国民收入分配公平且增长较快，政府通过提高农产品收购价格、提高企业工资标准、允许民营和个体经济发展等措施提高城乡居民收入。因此，这一时期的国民收入增长较快，需求强劲。此外，在计划经济体制向市场经济体制转型的时期，过去积累的大量非商品资产开始进入市场，激发了供给潜力。需求端和供给端的双旺盛使下行经济压力得以解决并促使经济增长至更高水平。

其次，1985～1990 年。1985 年之后，我国经济并未保持前述高速增长态势。1985 年至 1990 年间虽偶尔小幅度反弹，但总体来看 GDP 增速大幅下滑。1990 年 GDP 增速下滑到 3.92%，成为第一阶段的 GDP 增速最低点。1985～1990 年经济增速下降同样是源自抑制经济过热而采取的紧缩政策。其间经济过热的主要原因在于"放权让利"措施的实施，该措施将财政收支权力下放给地方，增加了地方政府支出的自主权和企业投资的自主权。在地方兴办企业的同时，各企业自主投资动力膨胀，企业申请贷款规模增加，造成信贷规模过大、货币超发，从而又一次导致投资过热和经济过热。政府为抑制这一时期的经济过热同样采取了紧缩政策。然而，不同于 1978～1984 年的是，这一时期紧缩政策实施后我国经济并未快速复苏，而是仅在 1987～1988 年小幅反弹，之后便大幅下降。究其原因，1978～1984 年的投资过热主要源自基础设施投资和设备引进等，而 1985～1990 年的投资过热源自企业自主投资热情高涨，货币超发和物价水平上升。因此，在 1985～1990 年，政府主要通过下压与居民生活息息相关的消费热来紧缩经济，从而导致经济的大幅波动。

（二）第二阶段（1991～2007 年）

不同于上一阶段的强波动性，第二阶段的经济增长虽也有波动，但总体稳定在高速增长的水平。由图 3-1 可以看出，在 1990 年的增速低点之后，第二阶段经历了连续两年的高速增长，GDP 增速恢复到 14.22%。1993 年至 2007 年间，GDP 增速虽时有波动但始终保持在较高水平。

首先，在度过 1988 年以来的三年紧缩期后，政府开始采取措施刺激经济增长。1991 年、1992 年连续两年的经济高速增长的主要原因仍然是投资增加、货币超发导致的经济过热。从前者来看，地方政府在财政支出自主权上的提高使其投资热情高涨，投资需求过度增长导致消费品价格大幅提高，财政赤字增加，信贷规模扩大。从后者来看，造成初期货币超发的体制原因是金融体制的不合理。利率双轨制的实行使银行的高利率贷款逐渐流向风险大、盈利高的投机性行业，如股票和房地产市场。国家统计局数据显示，1992 年、1993 年我国房地产开发投资总额同比增长率分别为 93.5%、124.9%，足以说明房地产市场的火热程度。很多银行为追逐高利润提前用光一年预算，其在无资金可用的情况下不得不面临借款或发行债券的两难选择。

其次，1992 年后我国经济增速连续 7 年下滑，形成了 20 世纪 90 年代末以通货紧缩为特征的经济萧条。其原因一方面在于政府调控经济过热而采取的长期紧缩政策，另一方面也在于亚洲金融危机的影响。这两方面原因导致我国消费、投资及出口需求不足，从而造成经济增速下降。

最后，1998 年以后，为抵御亚洲金融危机带来的需求不足，也为解决随着改革开放深入和市场化程度提高而逐渐显现的社会经济生活中的结构性矛盾、社会收入分配不均等问题，我国政府实施了积极的财政政策。以扩大内需为主旨，通过增发国债、扩大投资规模、财政转移支付以及提高部分产品的出口退税率等一系列措施来推动我国这一时期的经济发展。

（三）第三阶段（2008 年至新常态时期）

由图 3-1 可知，受国际金融危机、经济周期等多方面因素的影响，第三阶段我国经济增速自 2007 年最高点一路下跌，2010 年小幅度反弹至 10.64%，在此之后经济增速持续下降，进入新常态时期。

首先，从 2007 年中国 GDP 增速达最高值 14.23% 后逐渐下滑，在 2008 年、2009 年分别下滑到 9.65% 和 9.40%，这一时期是经济增速的初级滑落阶段。2008 年的世界经济下滑和以美国次贷危机为导火索的金融危机爆发，两者共同作用导致我国宏观经济发展的外部环境恶化。这不仅使世界范围内的新技术扩散速度递减，也给我国的进出口贸易带来了巨大冲击，经济全球化红利逐渐耗竭。

根据图 3-2，我国贸易顺差占 GDP 比例自 2007 年的最高值 7.53% 持续下降到 2011 年的 2.07%，此后逐渐回升到 2015 年的 5.35%，但未能恢复到以前的水平。由此可见，经济危机爆发以来我国经济全球化带来的红利逐渐减弱。

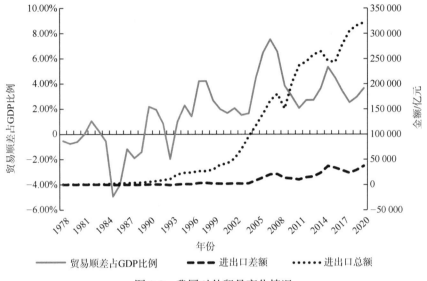

图 3-2　我国对外贸易变化情况

资料来源：国家统计局官网

货物进出口差额负数表示逆差

其次，自 2009 年以后，我国经济增速发生反转，持续上升两年，分别在 2010 年和 2011 年上升至 10.64% 和 9.55%，这一时期是经济增速的反弹阶段。我国为刺激经济而出台和实施了一系列政策，如 2008 年实施的一揽子投资拉动内需计划、2009 年的十大产业调整和振兴规划以及各种信贷支持政策，这些减缓了我国在全球金融危机背景下的经济下行压力，为经济复苏贡献了重要力量。

最后，经过"V"形反转之后，受多方面因素的影响，我国经济再次进入持续下行的轨道，表现为实际 GDP 增速的"L"形变化。主要原因可以从我国经济增长的内部环境和外部环境两方面来看。从内部环境来看，"供需错位"问题严重制约了我国经济持续增长；从外部环境来看，世界经济的持续下行对我国经济产生了复杂影响。我国经济长期采取出口导向型发展模式，产能结构按照国际分工模式和全球产业链的历史发展趋势进行配置。在这一阶段，全球贸易增速的持续放缓不仅使我国面临出口萎缩和经济下行的压力，经济增长方式由出口驱动模式向内需拉动模式转变，也加剧了部分产业产能过剩的问题。在改革开放几十年来经济高速增长的进程中，问题随之逐渐暴露出来，这不仅给我国宏观经济的持续增长带来不可忽视的影响，也意味着我国经济结构迈入调整阶段。

二、各阶段我国经济增长动能转换的发展变化

经济发展过程实质是新旧动能转换的过程。回顾改革开放以来我国经济的发展变化，可以发现每次经济增长迈入新的阶段都离不开新旧动能转换。要素禀赋状况是经济发展和产业结构的重要基础，从初级要素主导向高级要素主导的要素禀赋转变成为经济增长动力转换的关键。

（一）动能转换的第一阶段——改革开放为经济发展注入新活力

新中国成立以来，我国借鉴苏联经济发展的经验，采用高度集中的计划经济体制。计划经济体制的强制性和生产资料公有制使个人的劳动积极性不高，经济发展也因此而缺少动力。为给我国经济发展注入新活力，使经济增长进入新阶段，邓小平于1978年提出改革开放，即对内改革、对外开放。对内着重进行经济体制改革，计划经济体制逐渐退出市场，大力发展市场经济体制，私人经济随之发展起来，极大地促进了这一阶段的经济增长。对外打开国门，"引进来，走出去"，不仅学习到了世界各国的先进经营方式和管理方法，科学技术也得到了发展进步。土地制度改革也使我国具备的自然资源优势被充分利用，农村和农业飞速发展，为未来向工业化发展奠定了基础。在这一阶段，改革开放释放的各种红利使我国经济增长率虽波动较大但始终维持在高速增长的状态。

（二）动能转换的第二阶段——人口红利与对外贸易发展

第二阶段经济增长继续得益于自然资源优势和改革开放制度红利的同时，人口红利的实现、中低端产品的大量出口也为经济的高速稳定增长添砖加瓦。作为当时世界人口最多、最大的发展中国家，"人口多"这一鲜明特点既可以是推动我国经济发展的优势，也可能成为阻碍经济发展的劣势。因此，人口红利的实现是这一时期培育经济增长动能的关键。2007年统计数据显示，1990年我国每十万人口中受过大专及以上教育的人口数只有1422人。此外，农业是我国发展经济的第一大产业，发展农业必然会消耗自然资源。这些现实情况决定了此阶段支持我国经济增长的是资源消耗型和低端劳动密集型产业，更适合向外出口需求弹性小的低端劳动密集型产品。与此同时，产业结构和科技水平等因素也给我国人口红利的实现带来了一定困难。

1991年以后，随着我国对外开放程度的进一步加深，GDP增长加快，其增长率于1992年达到14.22%的峰值。国际分工形式深化给我国参与国际贸易、大量引进外资、实现人口红利和迅速发展工业提供了机会。此外，政府也出台了一系列有利于外贸发展的出口政策。例如，1985年开始实施的出口退税政策、1988年开始施行的出口产品零税率政策以及1998年、1999年多次提高出口退税率等

一系列政策使中国外贸连年增长。这一阶段，对外贸易成为拉动 GDP 高速增长的重要动力。此时，我国具备的人口优势得到充分体现。外资利用我国劳动力规模大、成本低的特点，大量投资于中国国内企业，使我国成为高新技术产业劳动密集型环节的重要配置地。大量劳动力资源得到充分利用，就业率提高，人口红利得以实现。大量外国资本来中国投资建厂，工业也得到了迅速发展。政府也加大了对国内基础设施的投资，高速公路、铁路等发展同样迅速，房地产也成为 GDP 增长的重要推动力。此外，出口增加，工人的收入也增加，使得以服务业为主的第三产业得到发展，内需也得到拉动。根据国家统计局官网数据，2007 年第一产业就业人数占总就业人数的比例为 40.8%，较 1978 年下降了 29.7 个百分点；第二、三产业此比例为 26.8%、32.4%，分别上升了 9.5 个百分点、20.2 个百分点，总值高于第一产业就业比例情况。这反映出此阶段的我国第二产业和第三产业伴随着外资大量流入得到了快速发展。

根据图 3-3 可见，2008 年国际金融危机发生之后，最终消费支出和资本形成总额对 GDP 增长贡献率在短期内明显上升，货物和服务净出口的贡献率在短期内则显著下降。这是由于受国际金融危机的影响，世界各国经济情况恶化，造成外需不足，对外出口严重下降，对 GDP 增长的拉动力严重不足，投资和消费的高速增长则成为这一时期拉动中国经济增长的主要动力。

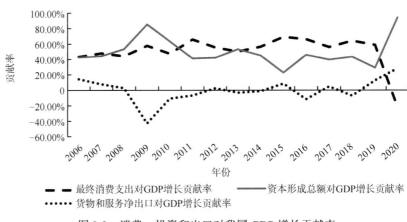

图 3-3　消费、投资和出口对我国 GDP 增长贡献率

资料来源：国家统计局官网

（三）动能转换的第三阶段——新旧动能转换是大势所趋

全球化红利耗竭、过度金融化、人口红利扭转以及工业化红利递减等多种原因导致新时期我国 GDP 增速回落，进入经济增长新常态。

首先，虚拟经济与实体经济之间的失衡是新常态时期我国经济增速下滑的原因之一。在以往的经济发展过程中，房地产投资是经济增长的动能之一。因为过去我国要实现工业化必然要建造许多工厂、住房，房地产投资在推动我国 GDP 增长中起重要作用。随着房地产市场趋于饱和，我国金融业等虚拟经济部门却在快速发展，社会资源依然大量流入房地产市场和股市，最终引发资金"脱实向虚"，社会中的金融资产相对于实物资产过度膨胀，房地产市场和股市累积了大量泡沫。这不仅会导致许多潜在的金融风险，也会制约实体经济的进一步发展。

其次，从人口红利扭转来看，我国人口的素质水平和年龄结构发生了变化。一方面，随着我国经济的发展，对教育和科研的投入增加，国家越来越重视对高能力、高素质人才的培养，这也就决定了我国的人口素质不断提高，劳动力要素禀赋已经由低技能劳动力逐渐向高技能劳动力转化。过去的低成本、低技能劳动力资源的人口红利优势已不在，人口红利新的优势将逐步显现。另一方面，我国人口发展也逐渐暴露出结构性矛盾。例如，劳动力规模下降、人口老龄化程度加深、出生人口数量走低等问题。第七次全国人口普查结果显示，我国人口年龄结构呈现出"两升一降"的特征，具体表现为老人和少儿人口占比提高、劳动年龄人口占比下降。近年来，我国"二孩政策""三孩政策"等生育政策的出台也显示出我国"一老一小"人口问题带来的压力亟须解决。

最后，从工业化红利递减方面来看，2008 年以来我国第三产业的 GDP 增长贡献率呈上升趋势（图 3-4），在 2014 年成为我国三次产业中对 GDP 增长中贡献最大的部门。

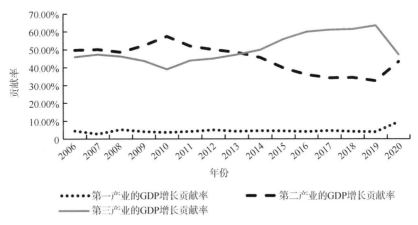

图 3-4　三大产业对 GDP 贡献率

资料来源：国家统计局官网

我国经济增长进入新常态时期的原因除了改革开放释放的各种红利逐渐减弱之外，更重要、更深层次的原因在于随着我国经济高速增长而逐渐积累、暴露出的经济内生性矛盾和供需关系的结构性失衡等问题。因此，完成新旧动能转换，需要从需求侧和供给侧入手。从需求角度来看，在外需持续萎缩和消费水平下滑的情况下，通过加快城镇化建设、大力发展服务业来推动消费需求提升从而推动总需求扩张，促进经济增长驱动模式由"信贷-投资模式"向"消费-内需模式"转换，从而解决我国经济的内生性矛盾。我国是世界储蓄率、投资水平最高以及制造业规模最大的国家，这些变量的参数都已经处于临界值，对中国未来经济的高速增长的作用开始递减。但我国消费率不高，远低于世界平均水平，这表明我国经济仍存在巨大的发展空间。而从供给角度来看，主动加强供给侧结构性改革，明确"三去一降一补"①的改革任务，有助于解决目前制约我国经济增长的结构性问题。

总体来看，新常态时期我国经济增速有所放缓，在连续几年的经济增长下滑后进入经济增长的中高速增长时期。过去几十年支撑我国经济增长的主要是自然资源的支撑、人口红利的实现、低端劳动密集型产品的出口、大量外资的投资引入等。不过，随着几十年来的经济发展，自然资源、劳动力资源等支撑我国经济增长的传统动能也发生了变化。这些旧动能已经不能满足新时期我国高质量发展的要求，我国经济也由此告别高速增长的时期，并迈进中高速增长的新常态时期。此外，随着国内外经济环境的变化，通过改革开放释放的工业化红利、人口红利、制度红利以及政府主导型投资红利等"传统红利"和全球化红利的作用正逐渐减弱。种种信号都预示着推动我国经济高速增长的旧动能已经逐渐失去其作用。因此，要保证未来经济的中高速增长，必须尽快找到能支撑经济增长的新动能，完成中国经济增长的新旧动能转换。

三、目前我国经济增长动能转换面临的主要问题与挑战

我国经济增长旧动能、原有的体制和机制已经伴随我国走过了几十年的经济发展历程，这也意味着新常态时期我国新旧动能转换不可能一蹴而就，必然要面临一些问题与挑战。

（一）提升内需增长动能仍存在诸多困难

新时期在不断推进供给侧结构性改革的同时，也应该适当扩大总需求。不过，从需求角度来看，目前提升内需增长动能还存在很多困难。第一，劳动年龄人口不断流失。一个经济体的储蓄率与劳动人口占比成正比，储蓄率是影响投资需求和经济增长的重要变量。劳动年龄人口流失不利于总需求扩张及经济增长。第二，房地产市场调控仍有待完善。近十几年，我国房地产市场经历了从持续火热到深度调整的过程。在房价高涨时期，居民因房价居高不下而对房子"望而却步"，其住房需求得不到及时满足。即便拥有了自有住房也会背负巨大的经济压力，大部

---

① "三去一降一补"即去产能、去库存、去杠杆、降成本、补短板五大任务。

分收入用来偿还房贷，从而抑制了正常的消费和投资需求。在房价深度调整阶段，"房价只涨不跌"的错误认识已不攻自破，但人民对楼市和房价的预期仍不明晰，市场容易陷入流动性停滞。目前，仍需以稳定和健康为前提采取调控措施，才能更有效地释放内需、为经济发展提供新的活力。

（二）基础薄弱区域的新旧动能转换较为缓慢

经济发展水平较高的发达地区，如北京、上海以及其他东南沿海发达城市等地的产业转型升级较早，高素质人才集聚、高技术产业发展迅速，新旧动能转换进程较快，经济发展较快。对于一些在地理位置上不占优势或传统产业占主导地位的地区，未能及时调整经济增长动能。这些地区的经济发展速度和水平与发达城市之间的差距逐渐扩大，难以吸引人才、技术等高端要素集聚，产业调整较慢。地区经济增长仍主要依靠传统产业，新旧动能转换更加缓慢，导致区域发展失衡问题越发突出。

（三）经济增长新旧动能转换面临脱节风险

目前我国处于新旧动能转换的关键阶段。传统产业在不断改造升级的同时，一些新兴产业的出现、科学技术的快速发展也为经济增长注入了新的活力。但从现实来看，现阶段我国新型产业发展规模较小，暂时无法成为支撑我国经济增长的主导性力量。

图 3-5 中数据显示，2020 年我国 R&D（research and development，研究与开发）经费投入达 24 393.1 亿元，比上年增长 10.2%。如今我国致力于向创新驱动型经济体转型，虽然不断加大对科技研发的投入，科技实力、创新能力也不断增强，但目前的创新发展仍不足以支撑经济的发展。传统产业下滑导致动能衰退，

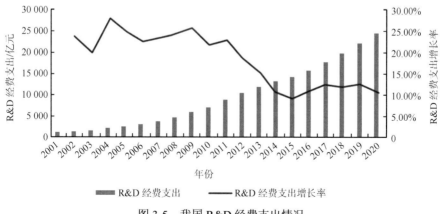

图 3-5 我国 R&D 经费支出情况

资料来源：国家统计局官网

传统动能对经济增长的支撑力量逐渐减弱，而有希望带动经济增长迈入新阶段的新产业、新动能仍处于培育阶段，还无法成为推动我国 GDP 增长的主导力量，这可能加剧新旧动能转换面临的脱节风险。

第二节　我国金融结构及系统性金融风险的演变

一、新中国成立以来我国金融结构的演变

金融结构的基本功能是合理配置资金资源，其在经济发展和增长的过程中具有举足轻重的作用。在实体经济活动中，融资者的融资需求会随经济发展的脚步不断变化，不同融资需求需要通过不同的融资方式来满足。金融结构要适应不同经济发展阶段融资者不断变化的融资需求，这些变化决定了不同经济发展阶段金融结构的历史演变之路。因此，金融结构的变化是影响经济高速增长的关键因素，一国的经济发展过程必然伴随着金融结构的历史演变。

金融机构、金融市场等金融要素构成的变化是金融结构历史演变的核心。每一阶段金融结构的具体情况可通过我国金融机构、金融工具、金融市场以及金融监管体制等四个方面的演变来分析说明。总体来看，新中国成立以来我国金融结构的变迁过程可划分为三个阶段。

（一）第一阶段：计划经济体制下的金融结构（1949～1977 年）

在我国金融发展的早期阶段，计划经济体制下的金融结构还处于初建时期。在此阶段，金融尚未得到国家的重视。相比于金融，财政才是配置资源的主导力量，而金融更多的是为辅助财政而运行的。1949 年新中国成立后，我国首先停止了证券交易与黄金、外汇的自由买卖。计划经济体制下按计划分配资金的形式使人们对金融市场的概念淡化。证券业因为证券市场被禁止而几乎停滞不前，保险业则因为业务全面停办在国内金融市场失去了发展空间，因此银行业占据金融市场主体地位。金融机构和金融工具较为单一，银行是这一时期唯一的金融机构，职能范围狭隘，业务种类单一，提供贷款的期限、对象和数量都受到严格限制，信贷资金被严格限定为只能作为企业流动资金进行分配。由于证券市场和保险市场尚未发展起来，存贷款和国债成为这一时期的主要金融工具。新中国成立后至改革开放前的这段时期，我国金融体系由"中国人民银行为主，专业银行为辅"的金融机构体系逐渐过渡到"大一统"银行体系，即中央银行既要担任其作为一国央行的职责，又要办理商业银行的各种业务。

总体来看，这一时期我国金融结构单一，由于计划经济体制下政府主管资源

配置，资本市场还未得到重视。占据金融业主导地位的银行业仍在探索阶段，中国人民银行是唯一一家银行，一切为保证中央高度集中的计划任务而服务。

（二）第二阶段：银行体系市场化改革与非银行金融机构建立（1978～1992年）

1978年12月，党的十一届三中全会的召开标志着中国迈出了经济体制改革的步伐，由计划经济体制向社会主义市场经济体制转换。在此过程中，金融结构发生了深刻变化。首先，从金融机构方面来看，改革"大一统"银行体系是这一时期金融改革的重要突破。银行仍作为主要金融机构的同时，其市场化改革也逐步开展。计划经济体制下"大一统"金融体制转化为中央银行体制，将中国人民银行从财政部中分离并明确其央行职能，国有独资银行、股份制商业银行等各种新型银行陆续建立。我国逐步形成以中国人民银行为核心、国有商业银行为主体的专业且多元化的银行体系。银行体系的完善让不同类型的银行各司其职，这不仅使中国人民银行能更好地发挥其作为央行的职能，也标志着我国银行体系开始了市场化改革。此外，中国人民银行独立于财政部意味着金融业的地位逐渐提高，不再仅是作为财政的补充，而是对国民经济独立发挥作用。金融机构业务种类增加，金融活动效率提升，对促进我国金融体系的快速发展有重要意义。其次，为改变银行业垄断金融业的现状，政府在大力完善银行体系的同时也开始尝试发展农村信用合作社、城市信用合作社、保险公司、信托投资公司等其他类型的非银行金融机构，有效地完善了金融机构的整体结构。最后，金融工具和金融市场开始多元化发展。改革开放之后，国债市场、外汇市场、货币市场逐步建立，我国也开始了股份制改革的萌芽。1984年正式开始股份制改革试点，中国第一家股份有限公司成立，股票也作为金融工具出现在大众视野。1990年上海证券交易所和1991年深圳证券交易所的正式开业表明我国股票集中交易市场形成。1992年中国证券监督管理委员会的成立则标志着中国股市进入正式化和规范化，股份制改革迈入实质性阶段。

总体来看，这一阶段是银行业市场化改革的起步与探索阶段，银行类金融机构进一步成熟，非银行金融机构开始起步。金融市场从无到有，虽然规范化有待提高，但也是我国金融结构更加健全、国民经济走向市场经济体制的重要表现与巨大进步。

（三）第三阶段：银行体系市场化改革深化与金融市场规范发展（1993年至今）

1993年以后，我国开始实行社会主义市场经济，金融体制改革脚步加快。这一阶段的重要突破之一是金融市场的长足发展，这使我国融资结构不再拘泥于间接融资方式，直接融资开始在国民经济发展中发挥作用。2007年上海银行间同业拆放利率正式运行，成为市场定价的基准，并在此之后实行以市场供求为基础、参考一篮子货币进行调节、有管理的浮动汇率制度。此外，金融市场的进一步规范化、金融工具的多样化以及金融机构的进一步发展也是这一阶段我国金融结构变迁的主要表现。

首先，我国金融市场发展更加规范化。20世纪90年代之前是金融市场的初始建设时期，而金融市场的规范化和正式化是这一时期的主要成就。虽然我国历史上早在1880年前后就开始了股票交易，但在新中国成立后经历了一段停滞时期，即使证券交易市场后来恢复了运行，也始终不够规范。而20世纪90年代初期上海证券交易所和深圳证券交易所的成立标志着我国证券交易市场开始走上正规化的发展道路，并在此之后迅速发展。2004年经国务院批准设立的中小企业板和2009年设立的创业板进一步丰富了我国资本市场的层次。从图3-6可以看出，多层次资本市场的建立使直接融资在我国社会融资总量中占比显著提高。

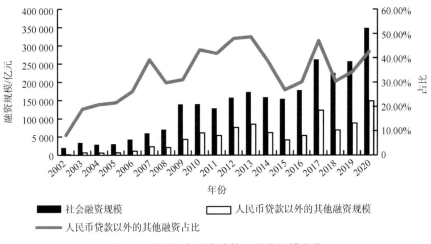

图3-6 我国社会融资结构及融资规模变化

资料来源：国家统计局官网

其次，从金融监管体制方面来看，金融法律法规体系不断健全，监督管理力度不断增强。1995年颁布实施的《中华人民共和国中国人民银行法》《中华人民共和国商业银行法》等金融业相关法律法规初步构成了我国金融法律体系的基本框架。此外，实行分业经营和分业监管。中国证券监督管理委员会、中国银行业监督管理委员会和中国保险监督管理委员会相继成立，2018年中国银行业监督管理委员会与中国保险监督管理委员会合并成中国银行保险监督管理委员会，并逐渐形成"一委一行两会"的监管体系。2023年，中国银行保险监督管理委员会又变更为国家金融监督管理总局。

再次，从金融工具方面来看，各种衍生工具不断出现。为适应经济发展，我国逐渐放松金融业管制，金融业的竞争加剧。各种金融机构为最大化自身利润，不断研发创造各种衍生金融工具，促进了衍生金融工具市场的发展。衍生金融工具的大量出现为规避金融风险提供了机会，但同时也给投机者创造了大量的投机机会，可能成为引发金融风险的导火索。

最后，从金融机构方面来看，银行业市场化改革进一步深化。1994 年起国家开发银行、中国农业发展银行及中国进出口银行三家政策性银行陆续成立，负责办理侧重点不同的政策性金融业务，实现金融业务的分离。2003 年以来，国有商业银行改革更进一步，五大行先后完成财务重组和股份制改革，并先后成为国家控股商业银行并成功上市。2007 年对政策性银行进行改革并于同年 12 月商业化改造国家开发银行，2014 年试设民营银行，2015 年将国家开发银行明确定义为开发性金融机构，我国银行业的市场化改革进入新阶段。

二、反映我国金融结构演变的相关指标变化

金融结构演变是金融业发展的重要表现。前文从金融机构、金融工具、金融市场以及金融监管体制等四个方面分别描述了新中国成立以来我国金融结构的变迁历程，而演变过程中金融结构特征可以通过各种金融指标的变化来集中体现。因此，本章将继续描述改革开放以来能够反映金融结构变化的相关指标，如货币化比率、金融资产比率等，进一步分析改革开放以来我国金融结构演变过程及在此过程中呈现出的金融结构特征。

（一）改革开放以来我国货币化比率的变化

从货币化进程角度看，改革开放初期我国货币化比率较低。原因是在经济体制转型的早期，计划经济体制的影响还未完全消除，商品经济发展水平较低，货币还未完全发挥其作为价值媒介的基本作用。此外，货币体系的不完善与金融业发展水平低也是这一时期货币化程度低的原因。而随着我国农业部门的制度变迁、乡镇企业和个体经济的迅速发展以及市场机制的逐渐成熟，我国在近几十年的发展历程中货币化比率持续提高且加速上升。

图 3-7 显示，我国货币化比率在 1995 年突破了 100%关口，达到 100.65%，体现了中国经济迅速货币化。但我国在货币化进程中表现出不同于其他发展中国家的特殊性。根据统计，我国货币化比率在 20 世纪 90 年代中期已经全面超越欧美等发达国家和地区并逼近日本的水平，至今甚至已经超越大部分经济发达国家的货币化水平。货币化比率迅速提高一方面是中国金融深化的结果，另一方面也

反映出我国金融资产的结构性问题，即资本市场发展滞后，银行储蓄是我国居民的主要投资渠道。

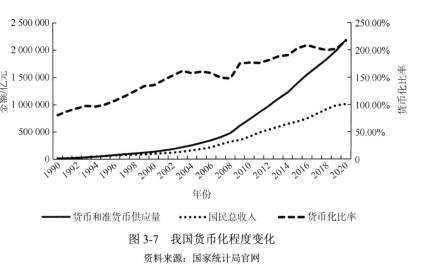

图 3-7　我国货币化程度变化

资料来源：国家统计局官网

（二）改革开放以来我国金融资产比率的变化

随着金融政策的不断改革，金融工具的更新迭代以及经济金融化程度加深，各经济主体不断调整其持有的金融资产组合，最后表现出整个经济社会金融资产结构的变化。金融资产结构的合适与否影响货币化进程与金融深化进程的快慢，而从金融资产结构的变化过程中可以检验经济政策、金融改革的成效。

改革开放以来我国金融相关比率变化可以从金融资产结构的变化进行描述，主要表现为我国金融资产总量占社会总产出的比例。参考易纲（1996）的方法，并按照国际货币基金组织对金融资产的定义来统计金融资产总量①。鉴于数据的可得性，在别除金融衍生产品之后的各类金融资产情况如表 3-1 所示。

表 3-1　中国主要年份金融资产总量和结构统计

金融资产项目	1978 年		1993 年		2004 年		2019 年	
	数额/亿元	国民生产总值占比	数额/亿元	国民生产总值占比	数额/亿元	国民生产总值占比	数额/亿元	国民生产总值占比
1. 国内金融资产总量	3 257.43	88.55%	73 916.09	207.63%	516 770.66	320.15%	3 987 375.98	403.36%

---

① 按照国际货币基金组织的定义，金融资产包括通货和存款、非股票证券、贷款、股票和其他股权、保险准备金、货币黄金与特别提款权、金融衍生产品及其他应收应付账款。

续表

金融资产项目		1978年		1993年		2004年		2019年	
		数额/亿元	国民生产总值占比	数额/亿元	国民生产总值占比	数额/亿元	国民生产总值占比	数额/亿元	国民生产总值占比
（1）对国内金融机构债权	流通中现金（M0）供应量	212.00	5.76%	5 864.70	16.47%	21 468.30	13.30%	73 208.40	7.41%
	金融机构资金来源各项存款	1 155.01	31.40%	29 645.99	83.28%	241 424.32	149.57%	1 775 225.73	179.58%
	金融机构资金来源金融债券	—		196.10	0.55%	3 954.67	2.45%	65 432.72	6.62%
	保险业资产总额	—		—		11 953.68	7.41%	183 305.24	18.54%
（2）对国内非金融机构债权	金融机构资金运用各项贷款	1 890.42	51.39%	32 955.83	92.57%	178 197.78	110.40%	1 362 966.65	137.88%
	政府借款	—		1 094.80	3.08%	15 465.44	9.58%	15 250.24	1.54%
	国债发行额	—		381.31	1.07%	6 923.90	4.29%	77 063.00	7.80%
	企业债券发行额	—		235.84	0.66%	327.00	0.20%	—	—
（3）股权	股票市场总值			3 541.52	9.95%	37 055.57	22.96%	434 924.00	44.00%
2. 国外金融资产总量		—		1 232.20	3.46%	55 348.92	34.29%	218 638.70	22.12%
3. 金融资产总量		3 257.43	88.55%	75 148.29	211.10%	572 119.58	354.44%	4 206 014.68	425.48%

资料来源：国家统计局官网、历年《中国金融年鉴》

表 3-1 可以反映出我国金融资产总量及各类金融资产占比变化情况。首先，金融资产总量迅速扩大，金融深化高速前进。在 1978 年改革开放伊始，金融资产总量仅占国民生产总值的 88.55%，后上升到 2019 年的 425.48%，我国金融资产比率不断提高且增速较快。这说明改革开放初期金融辅助财政运作，金融结构单一，而金融资产比率的不断提高展现了金融对我国经济发展作用的逐渐显现，金融业整体发展越来越快且金融结构不断优化。

其次，金融资产结构与融资结构发生变化。从存贷款占金融资产总量比例的变化可以看出我国货币市场与资本市场由建立到逐渐成熟，直接融资的重要性逐渐提升。20 世纪 90 年代以后金融市场的建设、发展使股票和债券在金融资产总量中所占比例逐渐提升，股票市值所占比例由 1993 年的 9.95%上升到 2019 年的 44.00%。随之而来的是社会融资结构也发生了相应变化。

由图 3-8 可以看出，2002～2020 年企业融资以间接融资方式为主，但随着股票和债券的发展，直接融资在融资结构中的地位提升。股票社会融资规模虽然波动性较大但总体呈现上升趋势，特别是在 2013 年到 2016 年间迅速上升，体现了股市筹资作用有所提升，我国金融结构得到一定优化。

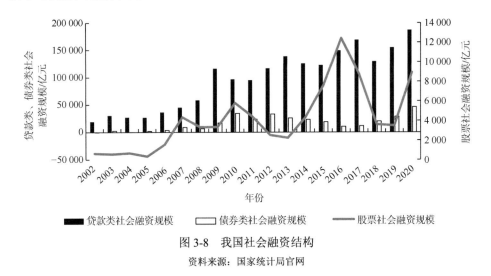

图 3-8　我国社会融资结构

资料来源：国家统计局官网

三、改革开放以来我国系统性金融风险的演进历程

系统性金融风险具有极大的负外部性，会破坏金融体系的稳定性和经济发展的平稳性。回顾改革开放以来我国系统性金融风险的演进历程，探究其累积的根本原因，有利于更有效且迅速地防范化解系统性金融风险，使金融更好地服务于实体经济。

国际清算银行提出并发展系统性金融风险演进的理论框架，将其演进分为时间和空间两个维度。据此，本章将从这两个维度描述我国系统性金融风险的演进历程。

（一）时间维度下我国系统性金融风险的演进历程

从时间维度上看，流动性风险是引发系统性金融风险的核心因素，而过高的杠杆率可能导致流动性问题。2008 年金融危机爆发到 2016 年，我国经济供需关系出现结构性失衡。其根本原因在于我国经济增长模式发生改变，由原来的"出口—投资"驱动模式逐渐向"信贷—投资"驱动模式转化。全球金融危机使我国出口增速持续下降，为缓解外需严重不足对经济的冲击，扩张性货币政策和积极的财政政策等各项政策陆续出台。在缓解经济下行压力的同时，大规模的投资行为也造成了产能过剩等问题。为调节供需关系失衡的局面，我国开始寻找新的投资方式来缓解旧投资方式所遗留下来的问题。然而，"信贷—投资"驱动模式容易引发经济的泡沫化和过度杠杆化，从而带来潜在的系统性金融风险隐患。党的十九大以来，防范化解系统性金融风险成为指导我国金融工作的根本准则。在一系列政策措施实施后，系统性金融风险得到有效释放，但在房地产市场、股票市场等领域仍存在调控空间。

（二）空间维度下我国系统性金融风险的演进历程

从空间维度上看，系统性金融风险的累积并不完全是不可预见的外部事件冲击的结果，而是随着经济发展和金融深化产生的。伴随着 21 世纪以来我国金融市场不断开放、金融产品创新、影子银行体系迅速发展以及金融混业经营趋势日益明显等一系列金融结构向市场化的变革，系统性金融风险越发受到各界关注。

第一，金融产品的创新。我国金融产品创新主要体现为金融衍生品的涌现。近年来，金融衍生品成为影子银行的创新型金融工具，极大地推进了我国金融衍生品市场的成长。大量金融衍生品在无固定场所、无信息披露的场外进行交易，这使金融衍生品市场中蕴含着巨大的金融风险隐患。此外，对冲基金、投资银行等影子银行的高杠杆操作给金融体系带来了脆弱性。各种影子银行通过在长期欠流动性市场购入流动性不高的金融资产，并以其未来现金流作为抵押，在货币市场发行各种证券产品从而借入流动性较高的资金。这种方式创造出的流动性本身具有脆弱性，且涉及的范围较广。一旦投资者信心崩溃导致信用链条断裂，影子银行极易遭到市场挤兑，流动性急剧紧缩，便可能全面爆发系统性金融风险。

第二，传统商业银行体系竞争压力增大。近几十年来影子银行体系的迅速发展给传统商业银行体系的经营也带来了一定竞争压力。与此同时，我国影子银行体系与传统商业银行体系的关联性又变得日益密切。传统商业银行投资于影子银行的金融产品或直接持有影子银行资产，导致二者的业务界限渐渐模糊。这冲击了传统商业银行体系的稳定性，放大了金融体系的风险。

第三，"僵尸企业"大量积累，企业债务率过高。2008～2010 年的大规模政府救助政策使我国经济增长模式转向"信贷—投资"驱动模式，这导致我国经济在一段时间内一直面临流动性泛滥、债务率过高、经济泡沫化等问题。特别是，上述问题引发的金融风险大量集中在"僵尸企业"上。"僵尸企业"即使有政府担保从而获得银行贷款，但其自身处于低效经营甚至无实体经济活动的状态而无力偿还银行贷款，导致银行放贷质量下降，不良贷款率上升，破坏银行体系的稳定。

第三节　改革开放以来系统性金融风险的防控实践

一、我国系统性金融风险的防控实践历程

改革开放以来，我国经济社会发展步入全新的历史时期离不开金融的积极作用，更离不开我国对各种金融风险的积极防范、及时应对和妥善化解。习近平总书记在 2019 年 2 月中共中央政治局第十三次集体学习时指出："防范化解金融风险特别是防止发生系统性金融风险，是金融工作的根本性任务。"[①]分析我国系统性金融风险的防控实践历程，对总结我国防范化解系统性金融风险的独特优势和治理规律，探究新时期的新举措从而推动我国金融经济稳定发展具有重要意义。

（一）银行体系风险的积极防范化解

银行体系风险是我国系统性金融风险的重要部分。银行体系风险主要指信贷大规模违规、银行资产大幅度贬值等致使不良贷款率急剧上升、银行发生大面积挤兑，导致银行无法维持自身正常经营情况从而被政府接管或接受破产重组的情况。银行体系风险的暴露极有可能造成系统性金融风险的爆发。例如，一家重要的金融机构破产可能会对金融体系中的其他多家金融机构产生不良影响，在银行体系内部产生连锁反应，导致系统性银行危机爆发。海南发展银行是国内第一家因资金压力过大发生挤兑事件而破产倒闭的银行。幸运的是，此事件的发生并未造成系统性银行危机。

我国为防范化解银行体系风险采取了剥离国有银行不良资产等措施。中国银行、中国建设银行、国家开发银行、中国工商银行、中国农业银行先后在 1999 年、2004 年和 2005 年共进行过三次不良资产剥离。其中，四大国有商业银行的不良资产剥离情况如表 3-2 所示。

表 3-2　四大国有商业银行不良资产剥离情况

项目	1999 年	2004 年	2005 年
不良贷款余额/亿元	25 027.47	15 751.00	10 724.80
不良贷款率	39.00%	15.57%	10.49%
剥离性质	政策性剥离	商业性剥离	全面商业化
收购方式	按账面价值收购	按账面资产 50%的价格收购	按"逐包报价"原则收购

---

① 《习近平主持中共中央政治局第十三次集体学习并讲话》，https://www.gov.cn/xinwen/2019-02/23/content_5367953.htm，2024 年 8 月 15 日。

项目	1999 年	2004 年	2005 年
资产管理公司	信达、华融、长城、东方	信达、东方	信达、华融、长城、东方
剥离结果	四大国有商业银行不良贷款率回归正常水平		

资料来源：施华强（2005）、国家金融监督管理总局官网

注：信达为中国信达资产管理股份有限公司的简称；华融为中国华融资产管理公司的简称，现为中国中信金融资产管理股份有限公司的简称；长城为中国长城资产管理股份有限公司的简称；东方为中国东方资产管理股份有限公司的简称

进入 20 世纪 90 年代我国改革开放脚步加快、经济迅速发展，商业银行贷款持续增加，但地方政府对商业银行贷款干预程度较高使其不良贷款率水平居高不下。四大国有商业银行剥离不良资产前，其不良贷款率约等于 1999 年 GDP 的 30%。四大国有商业银行不良贷款率如此高但却未发生系统性金融风险的主要原因是我国通过对其进行不良资产剥离使其资产结构恢复正常。经过三次不良资产剥离，四大国有商业银行的不良资产率均回归到正常水平并陆续成功上市，这不仅成功防范了系统性银行危机的发生，还使我国建立起健全、高效的现代商业银行体系，使金融更好地支持实体经济。

（二）影子银行体系风险的积极防范化解

影子银行一般指非银行金融机构，包括投资银行、货币市场基金、对冲基金、结构性投资工具、债券保险公司等。龚明华等（2011）认为影子银行不仅包括投资银行等非银行金融机构，也包括表外的金融工具和金融产品。其功能类似于商业银行，却未像商业银行一样受到严格的监管。因此，影子银行的特点决定了其体系内部存在巨大的金融风险隐患，有引发系统性金融风险的可能。

我国影子银行体系自 2008 年以来迅速发展。《中国影子银行报告》显示，截至 2019 年底广义影子银行规模为 84.80 万亿元，占 2019 年 GDP 的 86%，相当于同期银行业总资产的 29%。影子银行体系在我国迅速发展但始终未爆发系统性金融风险的原因之一在于我国影子银行体系与美国等发达国家的影子银行体系有很大不同。我国对金融创新始终保持"审慎监管"的态度，因此影子银行体系在我国并非完全不受监管。事实上，为防范化解影子银行体系风险，我国发布和实施了多项相关政策。例如，信托公司在我国影子银行体系中是发展速度最快的部分，而由于其自身经营业务多依赖于其他部门的特殊性，其风险外溢程度也较高。因此，2010 年中国银行业监督管理委员会印发了《关于规范银信理财合作业务有关事项的通知》等多个文件来控制银信理财合作规模，要求增加银行拨备和信托公司风险资本计提，并于 2013 年印发《关于规范商业银行理财业务投资运作有关问题的通知》直接限制银行理财资金投资非标准化债权资产的规模，从而防范银行

体系受到影子银行体系可能发生金融风险的影响。此外，2014 年多家金融监管部门联合发布了《关于规范金融机构同业业务的通知》，以促进资金回归实体经济。各项政策的不断颁布实施使我国治理影子银行、防范化解影子银行体系风险取得了初步成效。不过，未来随着影子银行的进一步发展，可能会有更多的新问题出现，对其监管仍任重道远。

（三）过高杠杆率风险的积极防范化解

关于我国高杠杆率风险的基本情况，需要分析近年来我国杠杆率的变化，并对比世界各国杠杆率数据，可以总结出我国杠杆率具有以下几个特点。

第一，从我国杠杆率总体水平来看，相比于发达经济体的平均水平，我国非金融部门总体杠杆率水平并非异常，处于合理水平，但呈现上升趋势。根据国际清算银行的口径，截至 2021 年第一季度，我国非金融部门杠杆率为 287.1%，高出同期全部报告经济体平均水平 7.2 个百分点，高出同期新兴经济体平均水平 51.6 个百分点，低于同期发达经济体平均水平 21.5 个百分点。此外，由 1993 年我国非金融部门杠杆率仅为 107.8% 可知，我国宏观杠杆率呈现上升趋势且增速较快。

第二，从我国杠杆率结构来看，我国非金融企业部门杠杆率较高，但居民、政府、金融部门杠杆率较低。其一，居民部门杠杆率虽低但增长较快。根据国际清算银行统计数据，2021 年第一季度全部报告经济体居民（家庭）杠杆率平均值为 68.7%，发达经济体为 79.0%，新兴市场经济体为 52.8%。其中，我国居民杠杆率为 61.3%，低于发达经济体和全部报告经济体的平均值，高于新兴市场经济体平均值，处于世界平均水平。不过，在 1993～2020 年，我国居民部门杠杆率的上升幅度高于政府和金融部门。居民部门呈现出的加杠杆趋势主要是由我国城镇化进程加快、人们消费观念发生变化等因素导致的。其二，非金融企业部门债务高企，杠杆率居高不下。我国非金融企业部门杠杆率从 1993 年至 2021 年 9 月间由 91.7% 上升到 157.2%，这期间在有去杠杆过程的前提下依然提高了 65.5 个百分点。从世界范围来看，2020 年我国非金融企业杠杆率为 160.6%，分别高于发达经济体和新兴经济体平均水平 56.4 个百分点、41.6 个百分点，说明非金融企业部门加杠杆明显，债务负担较重。其原因一方面在于银行贷款是企业资金的主要来源，企业主要采取间接融资方式而非直接融资会导致其资产结构中负债占比较高而所有者权益占比较低。银行贷款的高要求又使我国贷款利率整体偏高，从而进一步加重了非金融企业的债务负担。另一方面则在于我国经济体系内积累了大批"僵尸企业"不能及时退出，导致企业债务率过高。这些"僵尸企业"由政府担保不断从银行借入资金，但其盈利能力差导致到期只能"借新债还旧债"而无法正常还本付息。这不仅降低了整体资金的使用效率，也拉高了非金融企业杠杆率平均水平。

系统性金融风险伴随着不同经济体、不同部门杠杆率的不断上升而逐渐累积，

2008 年金融危机的爆发本质上就是杠杆率不断攀升的结果。为防范化解高杠杆率风险，我国采取了一系列措施。

第一，面对我国总杠杆率持续上升，尤其是非金融部门杠杆率居高不下且增速较快，大量积累系统性金融风险的情况，2016 年底召开的中央经济工作会议指出"要在控制总杠杆率的前提下，把降低企业杠杆率作为重中之重"。要在宏观层面稳定总杠杆率，在去杠杆和稳增长中找到平衡。GDP 增长是降低杠杆率的前提，而当时我国经济恢复基础尚不牢固，过度紧缩债务有可能导致经济下行压力增大。因此，2020 年底召开的中央经济工作会议明确了"继续实施积极的财政政策和稳健的货币政策"以保持对经济恢复的必要支持力度。在经济稳步恢复的同时要先控制杠杆率增速、稳定杠杆率水平、优化杠杆结构，然后在经济稳定增长的基础上逐步达到去杠杆的目的。

第二，面对居民部门杠杆率不断升高的情况，我国一方面提出解决房地产价格居高不下的问题，并在 2016 年的中央经济工作会议上首次提出"房子是用来住的、不是用来炒的"。2020 年中央经济工作会议中将"解决好大城市住房突出问题"作为 2021 年八项重点任务之一，再次强调"房子是用来住的、不是用来炒的"的定位，避免房子成为投资工具，保护住房刚需。另一方面是引导大众消费观念转变。消费观念的转变主要源自互联网电商的快速崛起和消费主体逐渐转变为年轻一代人群。对此，相关部门于 2020 年、2021 年陆续出台《商业银行互联网贷款管理暂行办法》《关于进一步规范大学生互联网消费贷款监督管理工作的通知》等文件，以此倡导年轻一代合理消费，尽量避免出现"过度消费""超支消费"等不健康的消费行为。

第三，在微观层面降低企业杠杆率，以负债水平超出合理水平的国有企业为重点，对高杠杆民营企业同样加大降杠杆力度。2016 年国家发展和改革委员会率先出台了市场化债权转股权专项债券品种，支持符合条件的实施机构发行专项用于市场化债转股的企业债，为防范化解企业债务风险提供有力手段。近几年来国家大力支持企业债的发展，2020 年公司债、企业债发行注册制改革降低了企业融资难度，提高了直接融资在企业融资中的占比，有助于改善企业融资效率进而降低企业杠杆率。

二、我国系统性金融风险防控实践的主要启示

回顾改革开放以来我国系统性金融风险的演进历程，可以看出可能引发系统性金融风险的隐患因素是随着我国经济的快速发展而逐渐积累的，是经济高速发展带来的副作用。因而我国对系统性金融风险的防范化解不能急于求成，而需循序渐进。从具体的实践过程也能看出，我国防范化解过程呈现出整体性、专业化、

系统性的特征，并形成了独具特色的防范化解系统性金融风险的中国优势。而如今，我国进入经济发展的新时期，金融业市场化程度及国际化程度日益提高，不可避免地会出现可能引发系统性金融风险的新隐患，防范化解系统性金融风险仍任重道远。从我国过去的防控实践中总结宝贵经验具有重要意义。

（一）规范和完善多层次资本市场体系

过高杠杆率是影响目前我国金融体系稳定的因素之一。与直接融资相比，间接融资不仅融资效率低，还会提高经济主体的杠杆率。间接融资通过两次加杠杆极大提高了我国银行部门和非金融企业部门的杠杆率，银行通过吸收居民储蓄提高自身杠杆率，而各企业又通过向银行借款提高本企业杠杆率。直接融资可以将债权转换为股权，有效降低经济主体的杠杆率。我国的直接融资市场规模在不断扩大，但是在整体社会融资规模中所占的比例仍然较低，以中长期信贷为主的间接融资一直占据主导地位。这主要是我国资本市场监管体制有待健全、上市公司质量有待提高以及股市中投机性较强等原因导致资本市场发展不够成熟的结果。

因此，要完善资本市场监管体制，保护中小投资者利益，提高专业机构投资者市场参与度，规范资本市场运行，从而深化资本市场改革，激活市场活力，提高直接融资比例。解决这些突出问题能在一定程度上解决杠杆率过高的问题，也能避免将金融风险集中在银行体系，从而有效降低系统性金融风险发生的概率，维护我国金融业的稳定。

（二）持续警惕与防范影子银行体系风险

目前我国治理影子银行体系风险已取得了一定成效。根据 2021 年国际评级机构穆迪发布的《中国影子银行季度监测报告》，我国 2021 年第一季度影子银行资产降至 58.7 万亿元，减少了约 5400 亿元。同时在经济复苏拉动 GDP 回升的作用下，影子银行资产规模占名义 GDP 的比例由 2020 年末的 58.3%降至 55.4%，达到 8 年来的最低点。这体现了我国对影子银行体系治理的重视，较好地防范了影子银行体系风险。

未来应持续警惕、防范影子银行体系风险，加强对各种金融衍生品交易和影子银行体系的监管力度。对金融创新保持谨慎态度，重点整治以金融创新为名的多种扭曲、变异或出于监管规避的影子银行业务或混业金融业务，防范不当、突破法律底线的金融创新可能引致的金融风险。此外，在影子银行发展过程中，传统商业银行与其竞争激烈。传统商业银行不断进行金融服务创新，提供更加多元化的理财产品和其他表外业务，逐步融入影子银行体系。因此要防范影子银行体系风险，也要重视影子银行与传统商业银行之间的关联业务风险，严格监管商业银行资金用途,避免商业银行因过度追逐自身利益而投资于过高风险的金融产品,动摇银行体系自身稳定。

（三）深化管控房地产市场风险和制度改革

进入 21 世纪以来,房地产市场始终是我国重点关注的领域。房地产市场曾经是我国经济增长的重要推动力,在经济发展中具有不可替代的作用,但也逐渐出现了房价居高不下、上涨过快等问题。房价过高不但会使大量本应支持实体经济运行的资金流入房地产市场,导致资金资源错配和浪费,还会使大量年轻人因房价过高而对购房望而却步,阻碍我国城镇化进程的推进,并积累房地产市场泡沫。

因此,应坚持党中央关于"房子是用来住的、不是用来炒的"的科学定位,以市场供求为基础,精准判断房地产市场供求失衡的根源所在并采取相应对策,满足住房刚性需求并引导投资资金合理流入房地产市场,避免房子成为过度投资工具,促进房地产市场健康发展。此外,还要警惕地方政府债务风险与当地房地产市场风险的联动性,房地产价格的大幅下降会影响作为政府收入来源之一的土地收入,可能导致政府无法及时偿还债务从而引发政府债务风险。

第四节　本 章 小 结

本章首先梳理了改革开放以来我国经济发展中各阶段的经济增长情况,发现经济增长每次步入新阶段的实质都是新旧动能转换的结果,并简要探讨了各阶段新旧动能支持我国经济增长的作用机制,进一步发现要素禀赋结构的变化是各阶段新旧动能转换的根本原因。在此基础上,本章总结了新常态时期完成经济增长新旧动能转换面临的一些问题与挑战。

其次,鉴于金融对实体经济发展的重要支撑作用,以及经济发展过程必然伴随金融结构的历史演变,本章第二节通过金融机构、金融工具、金融市场以及金融监管体制等四个方面的演变对我国金融结构的历史演变进行了梳理,并用货币化比率、金融资产比率等指标详细描述了金融结构演变过程中呈现出的多种特征。随后,从时间和空间两个维度描述了系统性金融风险的演进历程,反映出系统性金融风险是在经济高速发展与金融结构市场化改革的过程中逐渐积累的。

最后,从防范化解银行体系风险、影子银行体系风险以及过高杠杆率风险等多个角度分析了我国系统性金融风险的防控实践历程,并总结出整体性、专业化、系统性以及独具中国特色的防控实践特点。结合我国防范化解系统性金融风险的历史进程,总结出规范和完善多层次资本市场体系、持续警惕与防范影子银行体系风险、深化管控房地产市场风险和制度改革等重要实践启示。

第四章　经济增长动能转换引致系统性金融风险的机制分析

在我国经济社会发展过程中，经济增长动能是支撑其发展的动力和力量。新旧动能转换是我国建设现代化经济体系的必然要求，是积极应对科技变革和工业革命的新趋势，是促进我国经济优质发展的必然选择。新旧动能转换的核心是促进驱动要素转化，意味着发展动力由劳动力、资源、环境等传统要素支撑转变为科技创新和人力资本等新要素。随着我国供给侧结构性改革的不断深入，新旧经济动能转换对于推动我国的经济社会发展具有重要作用。改革开放以来，我国经济社会发展不断取得重大突破。经济增长模式从高速增长转变为中高速的稳定增长，经济社会发展也已逐步进入新常态，资源型经济向技术型加速转型。在新时代的发展进程中，新兴科技产业更是为经济的发展进步注入强大的推动力。随着互联网、大数据和人工智能等产业的崛起，发展模式日益改变，新旧动能逐渐转换。

但是，在经济信息化时代中，信息不对称问题、"互联网+金融"商业模式的诞生以及移动电子商务等应运而生使系统性金融风险逐渐显现。特别是2008年的全球金融危机和2020年突如其来的新冠疫情冲击，加剧了我国金融体系的不稳定性和脆弱性。一旦实体经济遇冷，金融领域的过热和过度创新将直接加剧各行业的"脱实向虚"。影子化的银行财务风险、实体经济结构失衡、地方政府背负巨额债务、房地产市场泡沫等各种现象都会催生金融风险，造成金融风险传染链的不断延伸，以及传播速度更快、传播途径更为隐蔽，可能还会造成更加难以预料的风险结果。

基于对我国经济快速发展和金融风险承担压力的客观现实情况考量，2017年中央经济工作会议再次强调"打好防范化解重大风险攻坚战，重点是防控金融风险""守住不发生系统性金融风险的底线"等关于防范各类金融风险的相关要求。有效防范化解我国系统性金融风险，维持我国金融安全稳定成为确保经济平稳健康发展的重要关切点。因此，在经济增长动能转换背景下，系统梳理系统性金融风险的生成机制具有重要意义。

第一节　传统渠道

由于实体经济与虚拟经济的调整节奏较难统一，这一矛盾造成在新旧经济动能转换过程中容易累积金融风险，同时我国系统性金融风险表现出结构性、体制性和周期性等特点。从传统渠道来看，财税管理制度的不健全直接加剧了体制性金融风险。此外，由于地方政府的政策干预和隐性资产担保，银行逐渐成为国有企业和地方部门扶持房地产业发展并提供财政资金的主要融资力量。财政资金逐渐转变为以间接银行信贷服务为主，这就导致了地方信贷融资结构逐渐出现失衡，提高了以间接信贷融资服务为主的非金融企业的杠杆率。与此同时，各种类型的地方政府隐性资产负债已经成为银行重要的长期信用风险来源，不断扩大和累积房地产融资泡沫。一系列问题既加大了房地产企业的长期违约信用风险，也促使地方政府和居民部门杠杆率的快速大幅上升，最终将抑制住房消费，并引起一系列的连锁反应。

一、政府部门

从总体来看，我国经济发展趋势整体稳中向好，新旧动能转换在逐步推进，而政府在其中发挥了重要的作用。新旧动能转换过程所需时间较长且充满不确定性，政府可能会在未来的一段时间内面临增收困难，甚至可能会持续出现财政收入负增长的现象，而金融风险与政府财政之间的关系密不可分。这是因为各级地方政府债务、金融机构表外融资业务均与地方政府投融资活动具有不可分割的关系。国内金融产业结构转型升级还较为滞后，大量信贷资金进入我国金融市场之后，极易引发资本市场泡沫的快速膨胀。同时地方政府为发展基建投资等而大量举债，形成了巨额财政债务，这些都已严重影响了我国金融系统安全。此外，收支不平衡以及债务规模的不断增大给政府带来巨大压力，也不利于经济社会的平稳发展。

（一）地方政府隐性债务风险

近些年以来，我国的经济社会发展总体形势不断变化，国际经济环境越来越严峻复杂。这些情况在金融领域则表现为金融风险频发，风险传染链不断延伸。我国长期以来依靠投资和净出口"两驾马车"促进经济增长，而地方政府资本比较薄弱。为拉动经济增长，地方政府更多地采取举债、投融资来满足发展需求，利用以资本为导向的发展方式应对经济增长压力。地方政府举债规模的不断扩张会对财政稳定性产生诸多不利影响，更会冲击本就脆弱的金融系统。此外，地方债务的刚性扩张会导致土地财政难以偿清债务，这一传染链条便可能源源不断地积累系统性金融风险。刚性兑付使地方政府债务规模持续扩大，只能不断举债以缓解之前阶段的债务压力,而非常规货币政策也进一步威胁了金融系统的稳定性,加剧经济波动程度,埋下债务隐患。利用影子银行和各种信贷融资平台已成为地方举债的实际资金借道融资途径,PPP（public private partnership,公共私营合作制）导致地方政府隐形举债更为隐蔽化。更棘手的是,部分债务并未对经济发展起到积极作用,反而通过非常规货币政策和金融市场影响金融系统的稳定性。

（二）地方政府投融资风险

在促进我国经济增长动能转换的过程中,各类金融风险影响因素反复交织、相互影响。例如,财政部门和金融部门在实际工作中存在交叉领域。地方政府往往通过各种支付方法来弥补地方财政支出,将这些财政支出直接转换成其他金融部门的服务支出。但是,这些金融服务活动通常很难及时受到严格监管,这类资金行为的安全性无法得到充分有效的保障,使用效率也可能不高,很容易导致不良资产的产生。如果被挪走的资金没有及时回填,金融风险发生的可能性便会上升。因此,如果地方政府的冲动融资得不到有效制约,财政放权过快,那么地方金融体系将进一步聚集系统性金融风险。此外,地方政府普遍缺乏合理的融资服务渠道。为有效支持地方经济发展,应对巨大的资金市场需求,地方政府除了不断上调地价之外,还可能建立各类融资服务平台、推出其他信贷理财产品等来吸引资金。然而,事实证明融资服务平台和地方政府隐性债务已成为系统性金融风险的重要来源。

（三）不同时期财政政策和货币政策的非协调风险

微观市场领域的深度整合,为货币金融体系与财政体系之间的风险转换提供了传导路径。只有保证财政政策与货币政策相互协调,才能促进新旧动能顺利转换,推动宏观经济的平稳健康发展,降低金融风险。然而,现实中实现财政政策与货币政策高度协调并非易事。一方面在经济下行时期,例如财政危机的持续累积和 2008 年全球金融危机的爆发直接导致我国金融机构长期持有的国债大幅缩水,迫使我国金融机构重新规划和调整自有资产负债结构,从而可能引发市场流动性的过度收紧。为有效消除金融风险,央行需要不断扩大银行信贷投放规模,增加货币流动性,但这可能削弱两种政策调控宏观经济的整体有效性。另一方面在经济上行时期,往往存在虚拟经济过热和资产市场泡沫持续积累的情况。货币投放总量的结构调整主要在于抑制资产投资,降低货币流动性,但两种政策实施的时滞性和非同步性可能加剧系统金融风险。

二、金融部门

在我国金融机构中,金融风险主要来自两个方面:一是内部跨领域,各类金融机构和金融市场之间相互关联，造成金融体系内部的脆弱性。二是外部跨时间，由于金融体系的顺周期性，金融风险主要通过金融体系与外部宏观经济的相互作用而被放大。可见，我国系统性金融风险源自金融系统内部套利行为带来的风险失衡，以及金融体系顺周期性的效应驱动带来的风险扩张。此外，金融机构的利润驱动导向致使我国金融创新日益偏离传统的金融经营管理模式，传统银行信贷业务规模占我国银行业总业务规模的比例逐年下降。银行间融资业务、渠道融资业务、信贷业务和表外融资业务的经营规模迅速扩大，这些都是金融部门在动能转换过程中积累系统性金融风险的原因。

（一）金融系统的联动性与传染性风险

首先，关于金融系统的联动性。金融机构之间拥有共同的风险敞口，市场参与者之间也存在着复杂的网络关系，因此风险容易在不同金融部门之间相互转移和分散。金融机构资产负债表的联动关系、资产交易竞争对手的相关关系，形成多种联动机制并导致网络间的风险转移。特别地，网络结构与风险传染之间存在着复杂的相互关系。例如，密集型网络对小量冲击能发挥很好的网络风险分散作用，但一旦面对大量冲击，便会表现出脆弱性。

其次，关于金融系统的传染性。如果金融机构出于某种原因（如流动性需求不足或银行抵押品逾期处理等）要求出售机构资产，便会造成一定的资产价格下行压力。同时，潜在卖方的自身财务拮据或市场的流动性需求不足都会增加交易难度，这会进一步增加资产价格下行压力。最终，资产可能会以远低于市场预期的价格成交，从而恶化卖方的资产负债情况，甚至可能引发破产。更重要的是，这一影响可能会直接转嫁给其他已经持有相同或类似资产的金融机构，加剧资产价格下行并逐渐扩散金融风险。

（二）类金融机构的无序经营风险

我国宏观金融政策运行环境相对宽松，但实体资本流动成本相对较高，容易引发金融体系内部的风险扭曲。与此同时，类金融机构的无序经营使实体资金流动成本，特别是中小企业直接融资成本大幅上升，加剧实体经济发展难度，降低了金融市场的发展活力。此外，万能险、P2P（peer-to-peer，对等网络）网贷金融、P2C（platform-to-consumer，平台到消费者）互联网金融服务等互联网金融产品以及各种形式的投资理财产品层出不穷，甚至可能隐藏着庞氏金融风险产品。一些金融风险衍生品的结构复杂，风险信息缓释能力明显不足，信息传染性极强，大大增加了金融风险。类金融机构过热，可能导致金融体系无法得到足够的实体经济资本支撑，进而产生金融市场泡沫，形成虚假繁荣。而且，还大大提高了融资服务成本，使实体经济发展和虚拟经济扩展之间陷入恶性循环。

（三）金融过度创新风险

一系列新的金融创新产品，在满足资金需求的同时，也促进了银行信贷快速扩张和企业大规模融资借贷的高风险行为，可能对经济和金融稳定性产生负面影响。银行信贷和商业活动的过度扩张容易导致生产过剩，然而当前经济环境中的有效需求不足，过度地扩大生产与有限的支付能力之间存在矛盾。利用创新的金融系统和金融工具，虽然扩大了整个社会的支付能力，但也加剧实体经济规模的过度扩张，最终企业和其他金融机构的杠杆率不断攀升。在有效监管和有序经营的前提下，金融产品创新能够为实体经济发展提供流动性支持，并促使金融业资本的结构优化。然而，在金融过度创新情况下，金融系统的风险分散功能逐渐弱化。盈利动机已经逐渐成为我国金融机构套利行为模式选择的决定性因素。从各种金融产品的开发到各类金融资产组合证券化和商业银行大力发展表外金融业务，再到互联网金融的涌现，金融产品创新正逐渐脱离传统市场经济，成为市场参与者套利和获取高风险收益的重要手段。

（四）金融系统的监管风险

在我国金融系统中，影子银行主要包括银行表外资产证券化投资活动、非金融机构的委托信贷投资产品和其他私人银行金融服务，这些产品均没有受到严格的金融监管。随着大型商业银行对地方政府融资的严格限制，影子银行管理体系逐渐成为地方政府对外融资的重要资金来源之一，其部分理财产品流向地方政府融资平台公司。这些影子银行的金融资产规模庞大，但信息公开透明度低，缺乏有效的金融监督，其高杠杆操作进一步加剧了我国金融体系的脆弱性。我国影子银行长期缺乏严格的金融监管已逐渐成为影响我国金融稳定的重要因素之一。此外，由于我国金融业务一体化商业经营与股权分立银行监管管理制度的不充分匹配，大型金融控股公司也有可能因金融业务结构多元化而长期积累大量的金融风险。

三、企业部门

（一）杠杆率较高的结构性风险

不合理的资金来源和资本使用方式增加了企业的杠杆驱动效应。一些企业对于战略投资定位缺乏科学性的规划，过于追求对高固定收益领域的直接投资，加剧了企业资金的恶性错配。甚至有的企业直接投资非国有股权，使得一些金融企业的实际会计注册资本远远高于实际生产资本，降低资金风险和防止吸收资金损失的控制能力明显不足，企业的资金杠杆作用增强，负债风险增大。公司基层治理和社会风险综合控制能力弱化，导致企业短期投资行为显著。公司风险治理能力难以与相互交织的企业组织结构相调和，金融机构也缺乏必要的企业风险投资分离管理机制。企业将金融市场作为提高投资收益的主要渠道，过于追求短期的高风险收益，缺乏长期的企业投资管理发展规划战略。目前我国非金融机构企业的资产负债率依然较高，这可能降低国民经济中的投资管理效率，并积累各种潜在的金融风险。

（二）高杠杆经营的信用担保风险

企业高杠杆经营的信用担保风险与我国地方政府隐性债务有关。虽然当前我国地方政府的隐性债务风险从总体上来说是可控的，但各级地方政府隐性融资负债的承担压力依然普遍存在，大部分压力来自其对地方政府民间融资服务平台和部分地方国有企业的隐性负债担保。这些年来，政府不断加强对地方融资服务平台和地方政府民间借贷平台的监管，但不规范的地方 PPP 融资项目和大量的地方政府主导型融资基金正逐渐成为地方政府的新债务。在此背景下发展起来的金融控股集团业务结构复杂，整体金融资产管理规模庞大，"集团化"不断积累，这使企业已经形成了一条跨区域、跨行业、过度分散的金融网络化业务产业链，伴随着复杂的企业组织管理结构和高度交叉式的持股管理层，最终形成了不透明的利益关联和风险传导机制。

四、居民部门

（一）快速上升的杠杆率风险

在我国制造业产能过剩、股市低迷等多重因素的影响下，投资者普遍缺乏畅通高效的资产投资流动渠道，巨额风险资金纷纷进入房地产市场。在宽松货币政策的强大刺激下，低利率、低首付助长了资产投机和价格泡沫，将房地产变为高杠杆投机的对象。中国居民部门债务与 GDP 之比的增长速度高于世界平均水平。如果将住房首付和其他互联网住房贷款业务包括在内，居民部门的负债率可能会更高。居民部门的高杠杆行为加剧了信用风险和资产价格泡沫。在房价持续上涨阶段，高杠杆尚可维持。如果居民部门长期缺乏有效的房产收益预期，这种持续积累的房产信用风险便可能大规模迅速爆发，失败的房产投机行为也可能直接引发系统性金融风险。

（二）贷款买房及其连锁反应

当房价快速持续上涨时，由于房地产投资市场的投资风险属性，在一定程度上会吸引部分家庭通过贷款进行购房以及压缩其他消费来支付购房首付，甚至会产生首付贷、"深房理"等投机行为。除表现出居民部门杠杆率上升之外，还会对家庭消费产生挤出效应，影响居民部门稳定性。一旦家庭收入大幅下降或房子销售市值大幅降低等情况发生，就会引发家庭资产违约和企业破产的社会风险，从而加剧系统性金融风险。当房地产市场资产价格持续下跌时，房地产经营者的固定资产也会不可避免地受到影响，导致房地产经营所有者不断降低资产消费水平，从而抑制经济社会的宏观消费需求增长，增加系统性金融风险的可能性。在投资者对房地产市场投资回报表现为悲观预期时，投资者将对房地产市场持观望态度，导致市场僵化和投资需求下降。因此，居民部门的投资行为在房地产市场持续低迷的情况下，将会加剧系统性金融风险。

第二节　新　兴　渠　道

在动能转换的过程中，要充分利用好国内资本流动市场、生产要素，促进市场经济的平稳有序运行和持续发展，实现我国由制造大国向制造强国的战略转变。然而，在此过程中信用风险、资产价格剧烈波动和市场流动性不足等因素可以从金融科技、互联网金融、影子银行和其他市场引发系统性金融风险。这些新兴渠道不仅会使金融风险在金融系统内部相互传染，也可能促使风险向实体经济传导。系统性金融风险的传导是一个长期连续过程，其在一定条件下通过新兴渠道不断积累和扩散。

一、金融科技与互联网金融

自 1985 年开始施行《中共中央关于科学技术体制改革的决定》至今，金融科技已由最初单纯依靠地方政府资金投入转变为多元化、多层次、多市场主体的政策支持发展，在满足拓宽科技融资流动渠道、改善科技融资市场环境需要的同时，也明显加大了潜在的社会经济发展风险，造成我国经济社会的不稳定。在当前我国经济整体持续下行和面临各种内外压力的背景下，作为与互联网金融的紧密结合体，金融科技在自身发展过程中可能存在各种网络金融风险，并表现出系统性、传染性等特征。2010 年以来，金融科技积极推动我国开展移动互联网金融抵押产品借贷、互联网风险投资理财、互联网借贷移动支付、金融私募股权联合融资等多种金融业态发展模式，这也使得金融风险更加复杂化和多元化，增加了金融风险通过信息技术传染的高度复杂性。当前金融科技在快速发展中不断强化了传统金融系统的风险复杂性、关联性和传染性，直接或间接地加大了我国金融体系的风险性和脆弱性。

（一）金融科技与互联网金融面临的风险

1. 信用风险

我国小额贷款平台面临着较大的信用风险，这些平台主要发放各类消费性贷款而非生产性贷款。例如，截至 2020 年 6 月 30 日，由蚂蚁金服公司促成的信贷余额为 2.15 万亿元，其中消费贷款余额为 1.73 万亿元，小微经营者信贷余额仅为 0.42 万亿元。消费贷款的偿还情况与借款人的预期收入紧密相关，低收入者无力偿还贷款的可能性不断加大，而他们又是网络借贷的主力军。网络借贷平台成交额增速过快不仅反映出其承担的风险增大，也意味着其发放贷款产生的信用风险在增加。问题平台常表现为平台停业、清盘、跑路、失联、倒闭等现象。在一段时间内问题平台数量越多，表明网络借贷风险越大。

2. 操作风险

我国银行借贷融资平台的定位为网络金融信息公开披露服务中介，承担真实、全面以及准确地公开披露金融平台财务信息的法律义务。但是在目前实践中，绝大多数网络借贷融资平台为了确保能够有效吸引更多的投资者，会或明或暗地进行违约承诺刚性兑付。这些网络借贷融资平台通过收集社会公众个体资金流，逐渐形成资金池，向吸引投资者的项目或主要目标借款人提供一些相关个体债权债务进行融资。网络借贷融资平台因长期缺乏调控刚性兑付、经营不善等方面的法律法规，从而导致平台存在未及时如约履行刚性借款偿付义务，甚至出现庞氏诈骗、法定代表人跑路等情况。此外，网络支付中也存在操作风险，如由于没有专属的支付清算平台，互联网平台的第三方支付业务只能由银行代理，可能产生资金挪用、洗钱等操作风险。在监管缺失和内部功能不全的情况下，这些金融科技平台的支付规模越大，操作风险也越大。

3. 流动性风险

对于互联网理财而言，其与货币市场上的流动性风险紧密相关。以国内常见的互联网理财平台为例，其对客户资金实行"T+0"的资金赎回清算模式，但与商业银行之间则为"T+1"的清算模式，因此一旦市场流动性发生变化，该平台很容易出现主动赎回甚至挤兑情况，并将流动性风险信息传导扩散至商业银行等其他相关金融机构。

除上述风险外，在互联网风险和小额借贷公司的技术风险中，客户数据风险十分突出。大数据是对客户信息的全方位记录和分析，目前存在过度挖掘客户隐私、用户个人信息泄露的情况。

（二）对金融系统的风险冲击

金融科技在我国的快速发展强化了传统金融体系的结构复杂性、关联性和传染性，直接或间接地加重了传统金融体系的脆弱性。以国内常见的互联网理财平台为例，其发放的巨额贷款其实是与国内各家银行合作发放的联合贷款，其中银行资金占比甚至超过 90%，而平台本身出资占比很小。一旦出现信贷损失，银行体系将承担其中的绝大部分。此外，如果商业银行希望通过发行理财产品来满足负债端对资金吸收的要求，从资金运用来看，面对网贷平台的竞争，商业银行不得不通过影子银行业务投资非标准化债权类资产来提高资金收益，甚至出现绕过监管政策将资金投放到房地产及限制投资的产能过剩行业等情况。可见，为了追求高收益率，商业银行可以通过同业业务、影子银行业务等进入金融市场。例如，2015 年银行资金通过场外加杠杆形式进入股票市场，吹高了股市泡沫。泡沫破灭后，银行资金又开始进入债券市场，以债养债成为银行提高债券市场收益的重要手段。截至 2017 年末，商业银行有超过 40%的资金投向了债券市场。以上种种影子银行业务意味着商业银行与其他金融产品、金融市场、房地产市场等深度捆绑，衍生风险显著上升。

二、影子银行

近年来，由于实体经济投资回报率下降和金融投资收益率高的双重影响因素，出现了实体经济"脱实向虚"等问题，并且出现了金融机构投资混乱的尴尬局面，影响国民经济的健康发展，同时金融市场的各种风险也不断累积加剧。整个影子银行一方面由于其具有高杠杆率和善于规避金融监管的特点而一直受到套利者的偏爱，另一方面又加剧了企业和金融体系的金融风险。影子银行体系广泛存在于影子银行、信托公司和大型金融投资公司等金融投资中介机构中。金融资本的利润驱动导向也促使一些企业和其他上市证券公司以其独特的企业融资方式优势，通过委托企业贷款、投资理财、民间企业借贷等多种方式参与影子银行业务，以获得高于其他实体经济投资的超额利润，同时也积累了一定的企业财务管理风险。事实上，企业参与影子银行体系也是隐性的企业金融化，将过多的资金投入到虚拟经济部门，从而影响了实体经济的健康发展。影子银行体系的这种高风险性也加剧了企业金融风险的累积。

（一）高杠杆风险

我国影子银行体系具有业务链长、杠杆率高、风险大的特点。影子银行体系的投融资活动大多处于监管之外，使得地方债务更加不透明。当银行业遭受实体经济增长放缓或监管政策收紧等负面影响时，早期积累的风险在杠杆机制的作用下逐渐释放出来，最终可能导致系统性风险的全面爆发。影子银行体系在我国的出现有着特殊的制度背景。商业银行的金融监管套利模式是推动影子银行迅速发展的主要根源。一方面，为了能够规避金融监管，获取更高的融资利润，商业银行通过抵押贷款等多种方式将银行表内业务资金转移到表外，从而为推动影子银行发展提供了短期资金来源，并由此形成了基于影子银行的短期小额债务融资结构，因为这部分资金通常也都是短期的。另一方面，为了能够获得更高的融资收益，影子银行的短期资金主要投向具有政府隐性贷款担保的大型融资服务平台和高融资收益的房地产行业。这些板块通常具有较高的杠杆率和较长的杠杆周期。由于影子银行的外部高杠杆驱动作用加剧了流动性风险的扩大，同时内部主体资金相互整合过程形成的复杂金融网络进一步扩大了外部风险的传递，这一系列风险因素的相互叠加最终将会导致影子银行的单点风险转变为系统性金融风险。

（二）隐性金融化风险

通过投资股票、债券等金融资产来优化资金配置，属于企业金融化的重要范畴。企业通过影子银行进行资金管理本质上是一种控制财务风险的行为，但由于金融监管不足，这种行为变成了"隐性金融化行为"。事实上，影子银行链条的一端与企业相连，另外一端与金融机构相连，促使各种财务链条相互交织。当财务问题从企业内部出现时，便可能通过影子银行链条转移到金融机构，影响金融机构的安全，从而产生系统性金融风险。金融体系原本是为推动实体经济服务的，发挥着资金融通、改善资源配置、金融风险管理等重要功能。然而，影子银行通过企业金融化将企业资金从实体经济部门快速流向虚拟经济部门，使虚拟部门快速扩张，系统性金融风险不断增加。同时，影子银行还助推企业金融化的消息掩盖行为，从而增加股价暴跌的风险。

（三）金融风险联动效应

影子银行的复杂性和隐蔽性增加了各种金融机构的交互性，进而加剧了金融体系的脆弱性，不利于系统性金融风险防控。从业务结构来看，我国影子银行以民营机构为主，为市场提供巨大的资金来源，可以打破银行利率市场管制和其他资本市场限制，为金融机构提供多种金融服务。一方面，影子银行作为一种商业金融模式创新，可以为中小企业发展提供更多的融资渠道，减少商业银行的信贷歧视；另一方面，由于金融监管制度的缺失，影子银行不断积累的金融风险也增加了银行体系、金融体系的风险。影子银行在满足金融系统发展需要的同时，也加速了金融系统潜在风险的扩散。此外，影子银行还加剧了企业金融资产和负债的期限错配程度，提高了企业融资的杠杆驱动效应。企业自身风险与其他金融机构风险的这种交叉联动效应最终可能引发更大的系统性金融风险。

（四）货币政策相关风险

货币政策作为宏观调控的重要工具，会对我国影子银行产生直接影响。在不同货币政策环境下，影子银行的结构变迁可能表现出明显的周期性特征。以紧缩性货币政策为例，一方面，在货币政策适度紧缩的冲击下，商业银行仍然满足表内资本市场充足率和贷款存贷率的相关监管要求，而表外市场资金却不受监管约束。另一方面，实施适度紧缩的货币政策可能会降低商业银行的利润率。为了有效弥补业务收入上的损失，商业银行将开展更多的影子银行业务，推动了影子银行的规模扩张。不仅如此，紧缩性货币政策还可能会加剧金融体系的资金短缺，从而切断影子银行的内部融资链，导致影子银行风险暴露。因此，紧缩性货币政策将通过扩大影子银行规模和加剧影子银行资金短缺这两条渠道，促使金融风险从影子银行向整个金融系统传播。

三、金融创新背景下的房地产市场

目前，我国正处在推进经济社会转型的关键时期，金融市场快速发展。金融创新应用范围的不断拓宽和金融产品的结构复杂化使现阶段我国房地产市场风险更易爆发。房地产行业自 21 世纪以来便是我国的支柱产业，房地产投资带动了我国实体经济的繁荣，居民、银行和企业也都将房地产作为重要的投资对象，因此我国房地产市场吸走了大量的金融资源。在房地产市场与经济系统紧密捆绑的背景下，一旦房地产投资额、商品房销售额以及房价不再上涨，甚至虽有上涨但增速下降，都会引发市场预期的改变和房地产企业资金链紧张，金融机构的涉房贷款风险也会增加。可见，房地产市场已经成为我国系统性金融风险的重要来源之一。

如果不加强房地产市场的宏观调控，企业的发展资金会通过虹吸效应流进房地产市场，抑制企业的实体投资，企业产出减少，投机性增强。由于房地产占用了大量现金流，企业经营变得更加脆弱，一旦发生突发情况导致企业现金流紧张或房地产市场泡沫破灭、房价大跌，都将有可能引发系统性金融风险。我国金融部门以商业银行为主，商业银行同时为房地产企业提供融资，并为商品房购买者提供贷款。房价过快上涨会使银行资产负债表优化，理论上会通过资本金效应增加金融部门的杠杆率。一旦房价快速下跌，商业银行贷款本金无法迅速收回，致使系统性金融风险增加。此外，土地出让和征收房产税是地方政府的主要财政收入来源。在土地使用权出让金尚未划转国家税务管理部门之前，从 2016 年 1 月开始，由各级地方政府自行决定征收的土地出让财政收入猛涨。其原理在于房价上涨带动土地价格上涨，地方政府从土地出让获得的收入和房屋销售获得的土地增值税增加。因此，地方政府有很强的动力通过房地产市场维持财政收入，以完成基础设施建设等目标。基础设施建设改善又反过来促进地价上涨，地方政府再通过地价上涨回笼的资金弥补财政赤字，同时进一步推高房价。

第三节　综　合　渠　道

一、金融生态系统的核心要素

（一）行为主体与经济基础

金融生态系统与经济增长动能转换和系统性金融风险的产生、传导均密切相关。对于金融生态系统来说，金融机构、投资者和企业都是重要主体。此外，政府的有效调控也对金融生态系统环境有着重要影响。因此，政府、金融机构、投资者和企业均在金融生态系统演化过程中具有重要地位。

金融生态系统的发展和经济基础之间存在高度相关性。如果国家和地区的实体经济发达，那么其金融生态系统也更完善，金融生态系统的平衡性更强，而脆弱的金融生态系统往往对应着薄弱的经济基础。经济基础影响金融生态系统，主要有以下几个方面：第一，实体经济对信贷、股票、债券等各种计息资本具有决定性作用。长期来看，生息资本的收入最终来自实体经济。可见，物质决定了金融市场上的价值运动最终回归实体经济的价值运动，经济基础是金融生态系统演进的物质载体。如果实体经济发展不起来，金融部门的实力必然受到影响，收入水平下降，不良资产增加，金融生态脆弱。第二，在实体经济中，产业结构反映了不同产业间经济资源的配置和调整，以及不同经济部门间系统性金融风险的合理分配。合理的产业结构能够促进金融资源的合理配置，弱化风险水平。第三，积极开放的经济环境不仅能促进金融生态系统功能的调整速度，还有助于吸收外部资本、技术和经验，有利于优化金融生态系统。

（二）金融生态系统信用情况

金融生态系统的发展演化往往和信用功能的有效发挥有着密切关联。金融生态系统信用情况通常是衡量经济社会中个体的行为是否遵守特定契约或其他特定承诺的重要标准。如果金融生态系统的信用状况欠佳，则可能严重阻碍其充分发挥金融调节功能，恶化金融生态环境。其原因在于，一是增加合法交易的成本。在一个缺乏诚信的金融生态环境中，由于交易信息不对称等问题，交易买卖双方在交易过程中需要花费更多成本来判断对方信息的真实性和履约能力。二是降低集体行动的效率。一般来说集体行动具有规模集聚效应，可以更大限度地提高社会福利。但是，较差的社会信用状况会阻碍市场主体形成共识，"搭便车问题"也会显现，集体行动不易实行。

（三）金融中介服务水平

金融中介组织是我国社会主义经济发展的必然结果，也是进一步发展必不可少的重要渠道。金融中介组织的服务包括很多方面，如验证、咨询、评估、监督、仲裁和提供交易场所等。更高的中介服务水平可提高信息传递效率，促进金融生态演化发展。根据发达国家的实践，征信服务在中介机构所能提供的服务中发挥了重要作用，不仅有助于降低交易成本，规范市场秩序，还可以改进交易规则和限制，包括个人职业道德、信贷资产风险跟踪、结算和其他更广泛的应用领域。

二、金融生态系统的演变环节

金融生态系统具有不断演化的基本特征，而其演化的重要形式包括金融发展、金融调控、金融危机和金融重构。

（一）金融发展

金融生态系统的发展由多个阶段连接而成，作为上一阶段良性循环的重要产物，各类金融机构、企业和投资者已适应了当前阶段的经济社会发展要求。金融机构、金融交易、金融产品的规模和数量都在不断扩大，并经过长期的资源整合、管理经验积累而实现各自的优化演进。政府调控也越发符合发展节奏，整个金融生态系统逐步进入新的发展阶段。

（二）金融调控

在平稳发展情况下，金融生态系统沿着相对缓慢、可持续和易于预测的发展路径演替，金融系统与实体经济逐步交叉整合并发展形成一个高速运转的经济体。随着金融生态系统的日益复杂，整个经济体的关联度、同质化、僵硬度都明显上升，系统性金融风险更加凸显。因而，通过有效实施金融调控政策来保持经济体的可持续发展成为金融生态系统的重要环节。

（三）金融危机

当金融风险逐渐积聚达到一定临界点时，金融生态系统在各种内外部因素的作用下，可能爆发系统性金融风险而进入金融危机阶段。在短短的一段时间内大量金融机构破产倒闭，金融生态系统中断，严重冲击金融系统和实体经济。金融生态系统的功能、结构和属性都会随之发生重大改变。与此同时，新型金融机构可能慢慢涌现，其带来的生产资源（包括廉价的短期金融资产、稀缺的小型金融机构客户资源、市场准入以及释放获利机会等）在传统金融机构破产或者债务清算中被挖掘出来，助推金融生态系统进入重构的新阶段。

（四）金融重构

相比于前几个阶段而言，金融生态系统重构具有高度的不确定性。长期积累的金融资本和技术创新将进行不断的梳理和重组，大量新金融机构、新金融制度、新金融理念涌现，甚至逐渐呈现杂乱无序的状态。但也正是这种杂乱无序逐渐形成了金融生态系统的生态多样性并增强了系统对不可预期风险的主动适应能力。当各要素适应新的金融生态环境时，这些要素本身便已经成为新系统的组成部分。至此，新的金融循环随之开始，金融生态系统进入新的阶段并呈现新的金融稳态。

三、金融生态系统演变引发的各类风险

（一）环境风险

金融生态环境是否适宜决定了系统性金融风险的生成演化。首先，政策环境存在以下几点风险：其一，政策缺失引发的风险。现有的政策法规阻碍了部分主体进入市场，也没有对主体退出市场做出明确规定，所以金融生态系统的竞争机制和风险分散作用有限。其二，政策滞后引发的风险。金融生态系统演变迅速，政策法规往往跟不上金融创新发展的趋势。例如，针对金融控股公司、跨市场业务等法规制定还需不断加强，以更好地防控金融分业转向金融混业过程中发生的金融风险。其三，监管环境中的基础性建设有待完善。例如，针对征信行业的监管要求尚有不足，明显影响了我国征信业的健康发展，也加大了金融机构的商业信用风险。又如，企业债权破产赔偿保障制度的建设不足，企业债权破产追索难，不良资产实际回收率低，无法充分保护企业债权人的合法利益。

其次，各类金融市场环境也存在一系列风险点。其一，货币市场的利率形成机制尚不完善，货币市场和资本市场的发展也不均衡。其二，债券市场的交易种类和规模都十分有限，企业利用债券形式融资受到限制，大量资金热衷于追逐股市，诱发市场泡沫风险。其三，保险市场的资产大量集中在银行存款和国债之中，这两部分的收益有限。当保险公司迎来偿债高峰时，其可能存在支付能力不足的风险。其四，衍生品市场刚刚起步，分散和化解风险的金融工具较少，尚未建立起有效的做空机制，投资者和金融机构容易暴露在金融风险中。

（二）主体风险

我国金融生态系统中的各类主体还不够成熟。首先，关于金融机构。各类金

融机构的资产负债率普遍较高，信息不对称问题在股东和管理者之间尤为突出，并容易将获取利益放在首位而忽视风险防控。有时会出现虚假信息披露、转移资本等行为，阻碍了社会监督和行业监管，导致金融机构的运转一直处在高风险状态。例如，当经济周期处于上行阶段时，由于部分金融机构淡薄的风险管控意识和薄弱的内部控制，更多地将风险防控的重任落在了金融监管部门身上，这使得监管成本上升，监管效率却下降，同时不断扩张的信贷规模又容易积聚价格泡沫风险。其次，从企业来看，由于企业有大量的融资需求，金融生态系统的风险水平便与企业的盈利能力和负债能力息息相关。再次，投资者理性程度不足，追涨杀跌、从众等非理性交易行为依然普遍存在。最后，政府在我国的金融生态系统的各个发展阶段均占据重要地位。然而，一些非市场化行为也会造成金融风险。更重要的是，内部控制方面缺乏有效的管理机制和工具，外部环境又没有足够的金融风险分散渠道。

（三）调控风险

系统性金融风险的发生与市场政策调控有密切关系。对于各种金融机构的市场准入机制，监管部门往往更重视行政审批的事前遵守，而忽略了金融机构经营中的实时业务监控及风险管理。对于银行类金融机构，重视表内业务（传统业务和核心业务）的风险管理，忽视表外业务（金融创新业务）的风险监控。此外，在风险监测中，多使用静态的指标、比率等进行监控，缺乏动态的监测工具和管理能力；各部门的风险监管依然相互独立，不能满足整体市场风险监管的需要；缺乏有效的监管信息共享机制，导致市场和行业的风险监控存在很多盲点。这些金融调节和监控问题，容易促使金融生态系统的个别风险演变成系统性金融风险。

第四节 本 章 小 结

金融稳定是一国在国际竞争中不可或缺的核心竞争力，金融安全更是国家安全的重要组成部分。维护金融安全、有效防控系统性金融风险需要立足于我国的现实经济金融环境。本章主要从传统渠道、新兴渠道和综合渠道等三个方面全面阐述了在经济增长动能转换过程中，系统性金融风险的生成和传导机制。随着新一轮信息产业革命的兴起，在我国经济社会转型的关键时期，明晰其中的作用机制对守住不发生系统性金融风险的底线至关重要。

第五章　经济增长动能转换其他重要维度引致系统性金融风险的机制分析

第一节　经济周期视角下的系统性金融风险

一、经济周期的含义与分类

自 18 世纪工业革命以来，西方经济学家将工业革命所带来的繁荣、衰退、萧条、复苏的周期性经济波动称为"经济周期"（business cycle）。通过细致研究后，将经济周期按照不同的经济现象、特征及持续时间进行区分。其中，最为常见的做法是以持续时间的不同作为划分经济周期的重要依据。经典经济周期的分类主要包含以下几种。

（1）基钦周期，即短周期。基钦认为造成经济周期性波动的主要原因为利率、物价、生产和就业。其中任意一种要素的增长，都会造成经济的短期波动，这种波动的呈现规律为 40 个月一个周期。

（2）朱格拉周期，即中周期。朱格拉在研究欧洲资本主义国家实体经济衰退时发现，影响经济的主要因素为市场利率、信贷规模及企业投资水平且影响呈规律性变化，经济波动持续时间为 8～10 年。

（3）库兹涅茨周期，即中长周期。库兹涅茨对经济周期的研究主要集中在 20 世纪 20 年代末和 30 年代。他从建筑和房地产两个行业的兴旺与衰退波动周期入手，得出资本主义国家的经济周期呈现 15～25 年为一个周期的规律。

（4）康德拉季耶夫周期，即长周期。康德拉季耶夫从更为微观的各国交易额、市场利率等数据观察得出，经济以 50～60 年为一个周期波动的规律。他认为资本主义经济实质是阐述经济长波的原因,特别是资本的积累是产生长波的重要原因。2016 年，格林尼特将康德拉季耶夫周期重新定义为，一些重要的经济变量在上升阶段增加率加速增长，在下降阶段减少率也呈增长趋势，且以 40～60 年为一个周期反复波动。

经济学家约瑟夫·熊彼特在《经济周期：资本主义过程的理论、历史和统计分析》中表示经济走势由均衡向非均衡移动后，又向均衡移动，在均衡和非均衡之间循环的走势很容易造成经济危机频繁爆发。熊彼特从经济周期性变化中得出规律，一个长周期中存在 6 个中周期和 18 个短周期，将长波理论、中波理论和短波理论联系起来。他认为技术革新会造成经济呈现周期性运动，技术创新不仅仅是发明创造，还包括研发新产品、采取新方法、扩大新市场、引用新供应来源以及建立新的企业组织（徐则荣和屈凯，2021）。

二、我国经济周期与银行系统性金融风险

（一）银行系统性金融风险的内涵

银行系统性风险是指某一银行的风险给其他银行带来冲击，这种负外部性使整个银行系统瘫痪，引发银行系统丧失基本功能（包全永，2005）。各银行紧密的关联性使得风险很容易在银行间传播，这种高传染性会造成风险等级的自动升级。危机因各银行的关联性而在银行业传播，使得原本可控的风险变得不可控，造成严重的后果，且当银行系统遭受重大损失时，其负外部性使得它与保险、基金、外汇等多个系统存在紧密联系，势必会因业务往来对其他金融机构造成影响，风险范围进一步扩大，进而引发系统性金融风险。

（二）银行系统性金融风险的成因及传播渠道

对于银行系统性金融风险而言，一方面是由于银行自身原因，即内因；另一方面受其他金融行业因素影响，即外因。各种文献也从不同角度分析了银行系统性金融风险的成因，主要原因是系统中的重要银行经营发生问题所带动的银行系统崩溃，也就是银行机构自身机制存在问题。监管漏洞也是导致银行系统性金融风险的重要因素之一。此外，银行规模和银行间业务往来的紧密程度都是影响银行系统性金融风险爆发快慢的重要因素。系统性金融风险不仅在银行系统传播，还涉及其他金融行业，这种传染力是双向的，其他行业也会对银行系统性金融风险产生影响。随着世界经济一体化发展的深入，银行系统性金融风险还会在国家之间传播。

银行系统性金融风险的传播渠道主要有三种。第一种途径为被动式传染，通过该途径传染的诱因为外部因素，如油价上升、汇率变动等波动传导至银行系统。各国之间通过货币连接的贸易受汇率等因素影响，导致银行系统性金融风险传导，进而波及非金融行业的经济业务，影响实体经济的还贷能力和贷款额度，又进一步导致银行业务严重受损，风险传递呈现闭环。第二种为各银行间的业务联系构成的内部传播渠道。我国银行在存款、信贷、同业拆借和支付体系上相互关联，银行之间每天会有大量的资金转移，一家银行倒闭势必会给其他银行造成冲击。如果受影响的银行没有充足的资金补偿损失，该银行也会倒闭，风险就这样在银行系统中传递，造成银行系金融危机。在全球范围内，一国发生银行系统性金

融风险，必然会对其各类金融工具的价格有所影响，导致该国资产价格走低。其他国家投资该国资产组合的，选择抛售或者放弃与该国风险相似的资产，投资国经济受损，引发跨国银行系统性金融风险大爆发。第三种渠道是信息的溢出效应导致风险在银行间传播，强调信息在银行系统性金融风险中的重要作用。风险在各大银行间的传播载体除了银行间的业务联系，还有由投资者信息不对称导致的错误决策。当一家银行倒闭时，投资者为将损失降到最低，选择抛售或减少持有暴露类似风险的银行或者金融机构的资产，造成有类似风险的机构流动性困难，引发倒闭。马君潞等（2007）认为并不是所有投资者都会根据信息做出决策，只有规模较大的投资机构对信息敏感且收获信息速度快，而中小投资者只能采取跟随策略，这种现象会扩大不利影响，加速银行系统性金融风险传播。

（三）基于经济周期视角下的银行系统性金融风险

现有大量研究分析了复杂性对银行系统性金融风险造成的影响，这些研究强调银行制度的复杂性有助于抵御局部冲击，但会增加代理问题和系统性冲击的概率。传统业务活动之外的银行复杂性可能会根据银行业的状况和稳健程度，对系统性金融风险产生不同的影响。从时间维度来看，这还与系统性金融风险所具有的周期性特点有关。银行通常以顺经济周期方式行事，这意味着银行系统性金融风险可能会随着经济周期而变化（Bakkar and Nyola，2021）。银行在经济低速发展时期采取缩减贷款的策略，控制杠杆率，降低银行风险，但银行的盈利能力和流动性也会随之变化。本节重点关注我国部分重要银行在不同时期、不同政策下，以及宏观经济变量（如 GDP、物价、就业率）处于不同增长阶段的动态变化。具体选取银行资产负债表中两个重要指标，即杠杆率与资产收益率。其中，杠杆率为一级资本与调整后资产余额之比，资产收益率为净利润与总资产之比。

首先，杠杆率对银行系统性金融风险具有正向作用，即当外部风险增强时，杠杆率的激励效应也随之增强。从经济增长情况来看，我国 GDP 增速并不是呈现一成不变的状态，2008 年之后呈现中高速发展状态并转向高质量发展阶段。其中，2010 年至 2020 年我国 GDP 总量呈逐年递增趋势，但是增速逐年放缓。2012 年经济受海外低迷环境影响，输入性通胀导致我国 GDP 增速下滑。继 2012 年增速放缓后，2020 年又由于新冠疫情冲击使得增速大幅度下降。这些经济波动可能对银行部门杠杆率造成一定影响。

我国于 2015 年 4 月 1 日起施行的《商业银行杠杆率管理办法（修订）》统一了商业银行杠杆率的计算公式。为保证前后口径一致，选取 2015 年以后各银行年度财务报表中披露的杠杆率。该办法要求各商业银行在半年度和年度财务报告中披露杠杆率，并表和未并表的杠杆率均不得低于 4%，且更加明确金融衍生产品和证券融资交易资产的计算方法。表 5-1 为我国 11 家银行 6 年的杠杆率情况。

表 5-1　11 家银行 2015～2020 年杠杆率

银行类型及名称		2015 年	2016 年	2017 年	2018 年	2019 年	2020 年
国有银行	中国工商银行	7.48%	7.55%	7.51%	7.79%	8.31%	8.14%
	中国建设银行	7.28%	7.03%	7.52%	8.05%	8.28%	7.99%
	中国农业银行	6.33%	6.27%	6.23%	6.76%	7.09%	7.42%
	中国银行	7.03%	7.06%	6.98%	6.94%	7.43%	7.70%
股份制商业银行	中国光大银行	5.95%	5.44%	6.45%	6.29%	6.83%	7.03%
	浦发银行	5.24%	5.25%	5.87%	6.40%	6.56%	6.69%
	中信银行	5.26%	5.47%	6.18%	6.37%	6.71%	6.40%
	华夏银行	4.86%	5.61%	5.85%	7.06%	7.68%	7.25%
	中国民生银行	5.60%	5.19%	5.81%	6.04%	6.87%	6.93%
	兴业银行	5.23%	5.25%	5.89%	6.12%	6.42%	6.58%
	招商银行	5.54%	5.75%	6.29%	6.61%	6.79%	7.39%
加权平均杠杆率		5.98%	5.99%	6.42%	6.77%	7.18%	7.23%
标准差		0.87%	0.81%	0.61%	0.63%	0.63%	0.54%

资料来源：各银行年度财务报告

一是各银行杠杆率总体呈增加趋势,其中的最高值为 2019 年的中国工商银行杠杆率。2019 年中国工商银行一级资本充足率为 14.27%,同比增长 0.82 个百分点,一级资本的充足使得中国工商银行相对于其他银行有更强的抵御风险的能力。

二是 2015～2020 年杠杆率标准差呈下降趋势。从表 5-1 中可以很明显地看出 2015 年国有银行杠杆率高于股份制商业银行,前者的加权平均杠杆率高出后者 1.65 个百分点。但是随着股份制商业银行业务的发展,一级资本的积累使得杠杆率呈上升趋势,两者的杠杆率差距逐渐减小。相比于 2015 年,2020 年杠杆率标准差已减少 0.33 个百分点。我国银行系统处于平稳发展状态,股份制商业银行与国有银行杠杆率差距逐渐减小,没有"一家独大"的风险,均衡的杠杆率水平且更加完善的监管措施使得我国银行系统性金融风险降低。

其次,净资产收益率是衡量银行经营状况的重要指标。选取 2015～2020 年 11 家银行净资产收益率如表 5-2 所示,其总体呈递减趋势。一方面由于我国宏观背景 GDP 增速逐年降低;另一方面由于影子银行等游离于银行与金融企业之间的机构数量更多,因此占据了更多市场资金,银行净收益减少。其中 2020 年由于新冠疫情的影响,华夏银行和中国民生银行的净资产收益率下降得最为明显。招商银行相对于其他银行有更高的净资产收益率,且标准差最低,说明其在 2015～2020 年的经营情况较为稳定。相反,中国民生银行净资产收益率下降较快,标准差最高,说明其抗风险能力较弱。根据银行系统性金融风险的传播路径,应该加强对净资产收益率远低于平均值的银行的审慎监管。

表 5-2　11 家银行 2015～2020 年净资产收益率

银行类型及名称		2015 年	2016 年	2017 年	2018 年	2019 年	2020 年	均值	标准差
国有银行	中国工商银行	17.10%	15.24%	14.35%	13.79%	13.50%	11.95%	14.32%	1.74%
	中国建设银行	17.27%	15.44%	14.80%	14.04%	13.18%	12.12%	14.48%	1.80%
	中国农业银行	16.79%	15.14%	14.57%	13.66%	12.43%	11.35%	13.99%	1.95%
	中国银行	14.53%	12.58%	12.24%	12.06%	11.45%	10.61%	12.25%	1.32%
股份制商业银行	中国光大银行	15.50%	13.80%	12.75%	11.55%	11.77%	10.71%	12.68%	1.74%
	浦发银行	18.82%	16.35%	14.45%	13.14%	12.29%	10.81%	14.31%	2.91%
	中信银行	14.55%	12.58%	11.67%	11.36%	11.07%	10.11%	11.89%	1.53%
	华夏银行	17.18%	15.75%	13.54%	12.67%	10.61%	8.65%	13.07%	3.16%
	中国民生银行	16.98%	15.13%	14.03%	12.94%	12.40%	6.81%	13.05%	3.47%
	兴业银行	18.89%	17.28%	15.35%	14.27%	14.02%	12.62%	15.41%	2.31%
	招商银行	17.09%	16.27%	16.27%	16.57%	16.84%	15.73%	16.46%	0.48%

资料来源：各银行年度财务报告

　　从图 5-1 可以看出银行加权平均收益率走势与 GDP 增长率走势趋于一致，商业银行的收益能力受到经济周期影响，呈现顺周期波动特征。而银行加权平均杠杆率在 2020 年以前与 GDP 增速相差很小，除去 2020 年新冠疫情的影响，加权平均杠杆率也是呈现顺周期特征的。可见，在经济下行时期，银行会减少信贷供给，以确保有足够的资金应对流动性需求；而在经济中高速发展时期，得益于宏观经济调控采用均衡型货币政策，加权平均杠杆率较为稳定。

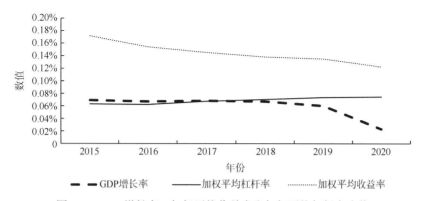

图 5-1　GDP 增长率、加权平均收益率和加权平均杠杆率走势

　　目前我国经济已进入高质量发展阶段，宏观审慎政策尤为重要。中国人民银

行和中国银行保险监督管理委员会根据 2021 年 9 月发布的《系统重要性银行附加监管规定（试行）》以及 2020 年相关数据，将国内 19 家银行评定为系统重要性银行，其中包括 6 家国有商业银行、9 家股份制商业银行、4 家城市商业银行。将这19 家银行按重要程度分为五组，分别适用不同政策管理。对于附加资本要求由第一组到第五组分别为 0.25%、0.5%、0.75%、1% 和 1.5%，杠杆率的要求由第一组到第五组分别为 0.125%、0.25%、0.375%、1% 和 1.5%。这些要求能更加有效地防控银行系统性金融风险的溢出效应，避免引发大规模金融危机，强调了对系统重要性银行监管的职责，完善了我国金融机构监管框架。

三、我国经济周期与保险系统性金融风险

（一）保险系统性金融风险的内涵

作为金融系统的重要一环，保险行业也是资本市场的主要投资人。其为社会稳定提供保障且业务范围较广，但也存在发生系统性金融风险的可能性。与银行系统性金融风险不同，保险系统性金融风险并不是学者的研究重点，相反保险业一直被认为具有稳定金融系统的功能。因为其运营模式与其他金融行业显著不同，保险公司的收款多为预付账款而所承担的业务风险主要为远期风险，这种模式使保险公司的现金流较为充足。保险业的传统业务包括承保业务、理赔、再保险、资产负债匹配、流动性管理等传统投资业务，而保险的非传统业务包括信用违约互换（credit default swap，CDS）、财务担保等业务。Harrington（2009）认为保险业位于金融系统的边缘，处于系统性金融风险不敏感的一环，但仍受系统性金融风险的影响，而其非传统业务是使其卷入系统性金融风险的主要原因。此外，相比于小规模保险公司，大型保险公司因其资金规模庞大而对系统性金融风险有更大的影响力。

（二）保险系统性金融风险的成因

保险业作为中国资本市场仅次于公募基金的第二大机构投资者，其在金融系统中的影响力越发重要。银行、证券等其他金融机构发出的风险信号，会很快对保险业产生冲击。大型寿险公司是目前保险业的系统重要性机构，而中小规模保险公司也加剧了系统脆弱性。随着保险系统内部联系的增强，风险传播所造成的损失可能会被放大。对金融衍生品等金融工具的投资增加，使得保险公司存在一定的流动性风险。与此同时，信用违约互换等业务增加了保险公司的尾部风险。此外，保险公司与其他金融机构的紧密联系，也使得其容易受系统性金融风险的影响。同时，因保险公司产品可提现的特性，一旦出现风险，保险公司可能会因信任危机而出现大规模的挤兑现象。

1. 保险业非投资性业务与保险系统性金融风险

保险业非投资性业务包括发售保单、提供担保等，虽然这些业务引发系统性金融风险的概率不大，但是外部环境变化、突发事件、精算技术变化等不可控要素较多。一旦风险要素出现，可能会使保险公司面临巨额损失。众多保险公司出现无力赔偿情况，会导致保单持有人不信任度增加，进而引发保险系统性金融风险发生。

2. 保险业投资性业务与保险系统性金融风险

大量保险公司利用收取保费与给予赔付的时间差，充分利用现有资金投资股票、债券等金融产品。当金融机构偿付能力不足或投资的产品价格下跌时，保险公司会因为恐慌而选择抛售资产，该抛售行为会加剧金融市场的下滑走势。作为市场中的重要投资者之一，当众多保险投资者同时抛售资产时，便会对金融市场造成巨大影响。

（三）基于经济周期视角下的保险系统性金融风险

中国保险监督管理委员会从 2012 年开始连续放宽了保险业可投资交易品种和额度，促进保险投资业务的发展。这也意味着股市等证券市场的价格波动会更加迅速地波及保险行业，使保险系统性金融风险监测变得更为重要。

如图 5-2 所示，在 2010~2020 年，随着我国经济发展，保险业越发成熟，我国保险业的资产总额与 GDP 总量走势相同，表现出逐年上升的趋势。随着保险机构的规模增大，其在金融系统中的角色也越发重要。规模越大的保险公司，其在整个金融系统中的作用就越重要，对保险系统性金融风险的影响也越大。随着GDP 的增长和国民经济的发展，人们有更强的保单持有意愿，保险公司的营业收入增多，保险公司也更有动力推出新的保险业务，使业务规模不断增大。随着保险公司业务规模和资产的增加，保险公司也更倾向于将现有资金投资于金融衍生产品以实现增值。

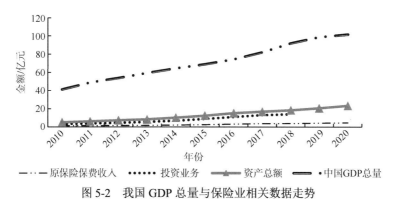

图 5-2 我国 GDP 总量与保险业相关数据走势

2012 年中国保险监督管理委员会下发了《保险资金运用拟发布规章及规范性文件（征求意见稿）》，包括 13 项主要内容①，取消对盈利的要求，降低可投资门槛、放宽交易品种、提高交易上限，促进保险业市场的进一步开放，但也在一定程度上增加了保险系统的风险性与脆弱性。2013 年保险业更加深度开放，试点股权投资基金。同时为防范保险系统性金融风险，中国保险监督管理委员会印发了《关于加强保险资金投资债券使用外部信用评级监管的通知》，改变了过去重准入、轻监管的做法，并重视信用评级的顺周期性在保险行业中的作用。2015～2018 年我国 GDP 增速放缓，保险公司投资业务资金压力不断增加，同时处于资产规模逐年递增的状况，为了维持稳定的收益率，保险公司选择减少银行存款，加大股票、证券的投资比例。图 5-2 还列示了保险业的投资业务规模，由于自 2019年起，中国银行保险监督管理委员会不再直接披露保险业的投资金额，故图 5-2 只展示到 2018 年保险业的投资情况。保险投资业务的整体增长情况与资产总额呈现相同趋势。随着投资性业务的增多，保险业与其他金融业的联系更为紧密，这也加大了风险传染性，使得保险业更容易发生系统性金融风险。

四、我国经济周期与股市系统性金融风险

（一）股市系统性金融风险的内涵

股市作为金融市场的重要组成部分，其对信息及风险的反应速度也高于其他金融市场，这使其成为传播系统性金融风险的重要载体，也成为历次金融危机的主要发生地。股市因其"事件驱动"特征，在风险事件的冲击下溢出效应更大，同时风险溢出存在明显的非对称性。作为全球第二大规模的股票市场，中国股市参与人数为世界之最。然而，我国股市投资者表现出明显的投机偏好，加剧了股市波动，容易积聚系统性金融风险（崔惠颖，2019）。此外，2008 年国务院颁布的《证券公司监督管理条例》规定了我国融资融券业务的范围及可交易场所，2013年多家券商再次降低融资融券业务门槛，有效缓解市场资金压力，刺激股市活跃度。但融资融券业务加大了资金流入流出量，加剧了股市波动，助涨助跌明显，增大了股市系统性金融风险。

---

① 具体包括:《保险资产配置管理暂行办法（征求意见稿）》《保险资金投资债券暂行办法（征求意见稿）》《保险资产管理产品暂行办法（征求意见稿）》《关于调整基础设施债权投资计划有关规定的通知（征求意见稿）》《关于保险资金投资股权和不动产有关问题的通知（征求意见稿）》《关于拓宽保险资产管理范围的通知（征求意见稿）》《保险资金境外投资管理暂行办法实施细则（征求意见稿）》《保险资金委托投资管理暂行办法（征求意见稿）》《保险机构融资融券管理暂行办法（征求意见稿）》《保险资金参与金融衍生产品交易暂行办法（征求意见稿）》《保险资金参与股指期货交易监管规定（征求意见稿）》《保险资产托管管理暂行办法（征求意见稿）》《关于加强保险资金公平交易防范利益输送的通知（征求意见稿）》。

（二）股市系统性金融风险的传染渠道及影响因素

目前针对股市系统性金融风险传播渠道的观点很多，有的观点认为股市风险传染源自投资者的市场行为，有的观点则认为是宏观经济变量（如国际贸易量、跨境资本流动、政策调整等）的趋同加强了市场联动进而引起股市风险传染。

1. 股市泡沫

我国股市自成立至今经历了多次大起大落，每一轮暴涨背后不仅存在着乐观的投资者，也充斥着信息不对称下投资者的跟风投资者。暴跌与暴涨都是对投资者和上市公司的挑战，也暴露了我国证券监管存在的问题。相比于美国股市机构占据市场较大比例，我国则是散户占据比例较高。散户比机构的流动性更高，且持有股票的目的多侧重于短期获益，这种动机容易导致投机性泡沫。股市泡沫一旦破裂，便会触发风险传导机制，最终众多股票暴跌引发股市系统性金融风险。

2. 投资者情绪

大量研究表明投资者情绪对股市价格具有预测作用，积极情绪通常伴随着股票价格上涨，消极的情绪与股票价格下跌密不可分。虽然投资者情绪对股票价格有明显的影响，但这种影响是不对称的，积极情绪对股票价格的影响更大。不同性质的投资者情绪对融资筹资、风险资产的购买力也会产生不同的影响。更重要的是，投资者情绪不仅会对股票价格有显著影响，还会形成股市系统性金融风险（程昆和刘仁和，2005）。投资者对市场走向过于看好，或者对上市公司前景预估过于乐观，这种过于积极的情绪会传染至场外的投资者。市场上涌入大量新投资者，推动了股市价格上涨，上扬的股票价格又会感染一批乐观投资者，导致投资者进一步推动股票价格上涨。然而，投资者追求短线的心理又会很快遏制股价的上扬，转而变为大量抛售股票，使得股票价格暴跌，推动股市系统性金融风险。

（三）基于经济周期视角下的股市系统性金融风险

我国股市处于飞速成长的状态，目前仍有很大的生长空间。截至 2021 年 10 月股市共有 4506 家上市公司，环比 2020 年增加了 8.47%。我国股市资本总额与 GDP 的比值不断增高，1990 年、1991 年、1992 年占比分别为 0.07%、0.54%、4.36%，到 2019 年、2020 年已增长至 60%、78%。

将 2017 年 2 月至 2021 年 10 月各季度的 GDP 增长率与上海证券综合指数、深圳证券综合指数进行比对。2017~2021 年 GDP 增速处于平稳状态，而股市在 2019 年 2 月大涨，不论是上海证券还是深圳证券都达到股价综合指数小高峰。2019 年以来美国对我国采取加征关税的消息影响股市的投资者情绪，导致 2019 年初我国股市处于超跌状态，但在 2019 年 2 月美国暂缓对中国加征新一轮关税，鼓舞了投资者的情绪。

2020 年第一季度在新冠疫情的影响下，我国 GDP 同比下降 6.8%，这种宏观不确定性给股市带来了巨大冲击，2020 年 3 月深圳证券综合指数下跌 7.54%、上海证券综合指数下跌 4.51%。2020 年第二季度我国疫情控制情况较好带来经济复苏，GDP 增长 3.2%，2020 年 6 月深圳证券综合指数增长 10.58%。2021 年 1 月，我国开放 2575 亿元资金提供给中小企业，利率比中期借贷利率优惠 15 个基点，年利率 3.15%，这种宽松的货币政策缓解了股票、期货等投资市场的资金压力。可见，我国股市波动与 GDP 增速呈同向关系。

五、经济新周期与系统性金融风险

（一）我国目前经济新周期概况

我国目前稳居全球 GDP 总量第二位，伴随着我国宏观经济进入平缓发展新周期，为实现经济增长动能转换，不仅需要利用国内国际双循环促进贸易发展、重视数字经济、建设现代数字金融，还需要建立现代财税体制、强化金融去杠杆、加强审慎监管、调动央行政策工具。考虑到目前国内外复杂的经济发展环境，我国经济未来还将进入一段时间的调整期。现阶段我国正处于转型发展的关键期，需要更加完善的法律法规，以及更全面的政策调控模式，保证内外部环境稳定，为推动金融健康发展提供保障。

（二）经济新周期背景下系统性金融风险的特征

经济新周期下，宏观经济进入增速变缓阶段。我国宏观经济政策的一系列指标如物价、就业、利率、货币供给、人民币汇率都表现出新特征，这些变化从不同维度体现了我国新周期下的经济运行情况。特别地，金融系统对新发展阶段的适应性，影响着新阶段、新周期的发展质量。

1. 各类风险叠加

随着我国进入经济新周期，房地产泡沫化、影子银行带来高风险、企业杠杆率高、地方政府偿债压力大等长期积累的深层次问题逐渐显露。这些问题无形中增加了系统性金融风险。以往学者认为，金融风险只有在一国积累到一定程度后，以某些因素为导火索，才会触发金融危机。事实上，金融与实体经济联系紧密，实体经济不景气会导致企业资金周转困难，违约率上升，商业银行不良贷款增加，银行系统性金融风险溢出，加剧金融机构的资金压力，形成系统性金融风险。同时金融风险又会再次多方位影响实体经济资金链，一旦某一环节出现问题导致企业资金链断裂，便会导致实体经济衰退，多行业并存的风险随之爆发，最终引发金融危机。

2. 各类新风险点

金融科技的发展使利用大数据、人工智能审核融资企业成为可能，降低了人工成本和贷款审批期限，使得融资机制更公平。与此同时，新技术的发展也在滋生新的风险。人工智能在审核过程中只能关注企业的财务数据，不能有效监测未来的风险，使得企业抗风险能力弱，违约可能性高。此外，互联网金融平台的快速发展是另一个新的风险点。由于相关监管不到位，出现了一些互联网金融平台频频跑路的情况，最终导致投资者和合规营业的金融机构受损。

3. 金融机构间关联性增强

因金融产品的革新以及金融改革的深入，金融机构的业务往来越来越紧密，监管趋于一体化。某一个行业甚至一家金融机构出现风险，危机很快通过金融网络传染至各个金融行业，最终影响整个金融市场。特别是，当一家大规模金融机构出现风险时，这种危险的信号需要被及时关注，因为系统重要性机构是系统性金融风险的重要来源，风险的传播速度相对较快，且大规模金融机构的风险更难以通过其他金融机构缓解。随着金融机构的相关性增强，监管部门尤其需要重点关注那些跨行业的大规模金融机构，防止系统性金融风险的传染。

（三）经济新周期背景下系统性金融风险的防范措施

在经济增速减缓与国际关系紧张的背景下，我国面临着控制债务、控制房价与抑制通胀的多重压力。前期经济高速增长时期累积的高杠杆、房地产泡沫等风险逐步暴露，抑制地方政府债务过高又与控制房价、抑制通胀相互冲突。要解决矛盾和挑战，需要处理好经济增长和应对风险的关系。

1. 根据地区差异制定差异化政策

近年来，化解债务成为各级地方政府的主要政策目标。政府债务率较高的地区一般为中西部地区与中小城市，这是因为城市的自身环境不够支撑经济发展，需要政府大量注资来完成修路、建桥等基础设施建设，但事后没有足够的资金偿还债务。虽然经济发达地区的债务总量也不小，但是占生产总值的比例并不大，负债率相对健康。特大城市良好的经济发展环境、完善的公共服务等吸引了大批量的人才，能够支持经济发展所需的各种要素，但中小城市主要是人口流出。所以在化解债务方面，需要根据地区的实际情况，采用不同的政策。对人口流出较大的城市，侧重抑制债务增长，在化解存量债务的同时更要关注民生，提高公共服务质量，吸引人才流入，以实现长效的金融风险防控。

2. 建立多层次金融服务体系

长期以来，在我国以间接融资为主的金融体系中，国有控股银行是核心，大型商业银行处于协助地位，中小银行的参与不足。这使得中小银行资金压力增大，小微企业也长期面临资金压力。因此，建立多层次的金融服务体系，能够实现精准融资，有利于市场健康运作。其中的关键是建立多层次的融资体系，满足不同企业的不同需要，同时推动直接融资体系与间接融资体系协调发展。

3. 深化实体经济改革

首先，按照"消化一批、转移一批、整合一批、淘汰一批"的原则建立有效的防过剩产能机制。有针对性地清退不满足环保要求和市场过饱和的产业，减少现有过剩产能。其次，鼓励富余产能出口，推动我国产业与国际合作，加快国内国际双循环。利用产能严重过剩形成的倒逼机制，促进企业积极创新，引进或自主研发技术，提高企业核心竞争力，推动产业结构调整。

第二节　流动性视角下的系统性金融风险

一、商业银行流动性与系统性金融风险

流动性作为金融市场的重要因素之一，任何一场金融危机都与流动性问题密不可分。早期，流动性仅指货币的偿付能力，随着金融市场的变革与成熟，流动性又分化为金融资产的流动性、金融机构的流动性、市场的流动性和交易的流动性（周吉人，2013）。流动性冲击具有传播速度快的特点，极易造成金融市场波动（赵建等，2019）。

（一）银行流动性波动的影响因素

1. 货币政策

货币政策是以中央银行为核心，为实现某一宏观经济目标，通过减少或增加货币的供应量而向既定目标靠拢的宏观调控措施。中央银行通过调整货币的供给量、利率高低、准备金额度等调控商业银行货币量，使得商业银行的流动性与货币政策密不可分。当中央银行采取扩张的货币政策时，可供贷款数量增加，商业银行获得资金的压力减小，资产增加，商业银行流动性增加。相反采取紧缩货币政策时，中央银行会减少对商业银行的借款额度，使得商业银行流动资金减少。

同时银行出于谨慎性考虑，会减少向公众贷款数额。由于流通的货币数额减少，存款数额降低，挤兑的可能性增加。

2. 信用风险

商业银行的主要盈利手段包括利息收入，利息收入包括贷款利息、理财利息等，并以贷款利息为主，约占总收入的三成。不过，贷款者可能因经营不善或者外部重大影响不能如期还款，即信用风险。违约一旦产生，银行将成为信用风险的最终承担者。此外，银行原本会按照资产负债表的结构来运用流动资金，通过资产与负债的比例确定可贷款额度，提前预估收回的贷款如何用于下一笔业务。信用风险的发生扰乱了这一规划，破坏了银行的资金流动性，可能演化为银行流动性危机。

3. 利率变化

除货币供应量之外，货币政策的调整还体现为市场利率的变化。货币市场利率的变化会引发金融市场中资金流向的变动，导致其他金融市场的利率变化（钱雪松等，2015）。其中，再贴现率是我国各大商业银行向中央银行贷款时的利率，该利率上涨直接导致商业银行需要支付更多的货币资金，迫使商业银行减少向公众贷款的金额。商业银行贷款利率是公众从商业银行贷款时的利率，此利率越高，公众（尤其是小微企业或者个人）贷款越困难。通常情况下，存款利率和贷款利率会同向变化。因此，当商业银行存款利率上升时，偏好储蓄的人数增多，银行获得的存款数量呈上升趋势，同时因贷款利率较高，贷款的人数会减少。在这种情况下，银行的资金很充裕，但社会的投资萎缩，整体来看流动性降低。

（二）银行流动性波动引发系统性金融风险的路径

中央银行是我国银行系统的核心部分，是货币发行与银行监管的重要部门。商业银行通过中期借贷便利（medium-term lending facility，MLF）、常备借贷便利（standing lending facility，SLF）、抵押补充贷款（pledged supplementary lending，PSL）、再贷款等方式从中央银行获得货币。货币作为流动性的载体，流转于各银行之间。货币供给与货币政策的不确定性会加剧商业银行流动性风险。虽然商业银行还通过吸收客户存款的方式获得资金，但客户的存款期限、金额、支出时间都不确定，商业银行的流动性风险仍不能完全解决，这种不对称性造成了银行资产现金流和负债现金流的不匹配。此外，在银行系统中，商业银行的资产规模较大且投资者人数较多，其重要性不可小觑。商业银行的主要收益在于其放贷的利息收入，利息收入不仅与成千上万的储蓄者密切相关，还是各投资机构关注的重点。一旦商业银行资产负债的不对称性过大，储蓄资金不足以支撑其现金流，就会直接导致银行破产，甚至引发系统性金融风险。

二、股市流动性与系统性金融风险

股市的流动性相较于其他金融市场更高，价格波动较大，使得流动性成为评价股市的一个重要指标，并直接影响整个金融行业。股市流动性较好，即使是大金额的交易，也能够在市场上迅速成交，交易者也不必付出过多的流动性溢价，此时股市处于良性循环状态。不过，部分股票仍存在转手率低、交易成本高、不容易出手等问题，导致其流动性低。若股市中存在大量流动性低的股票，此时股市处于恶性循环状态。

（一）股市流动性波动的影响因素

1. 政策性因素

我国股市目前仍处于发展阶段，整体框架体系未成熟，抗风险能力低，且受政策影响较大，不能完全以市场调节为主导。从实践结果来看，每一次重要政策的实施，几乎都会引起股市的剧烈波动，我国股市的流动性受政策影响极大。当利好政策出台后，股市流动性明显提升；相反，当政府出台利空政策后，股市价格下跌。未持股的投资者考虑到利空政策不愿轻易出手，而已持股的投资者也难以轻易抛售已下跌的股票。此外，我国股市有时会表现出在政策发布之前已有波动。例如，2021年9月宣布设立北京证券交易所，但在消息发布的前三周，证券类股票、基金涨幅已超过3%。

2. 投资者情绪

投资者情绪与股市流动性呈正相关，当投资者情绪高亢时，股市流动性增大，当投资者情绪低落时，股票流动性降低（李春红和彭光裕，2011）。股市参与者分为机构投资者与个人投资者，我国股市以个人投资者为主。相比于机构利用消息优势进行投资决策，个人投资者难以获取内部信息，只能通过新闻、企业财报等途径进行决策。当投资者情绪高涨时，不论是个人投资者还是机构投资者都积极参与股市交易，导致股市流动性增强。此外，当投资者过度自信时，市场流动性也会增加。自信的投资者坚信自己的投资决策是正确的，会导致其增加投入的金额，而乐观情绪与自信情绪相关联。总之，当投资者的非理性情绪高涨时，买卖数量增加，进而增加股市流动性。

（二）流动性波动在股市中的传导路径

1. 政策性因素的路径分析

作为金融调控政策的实施者，央行会根据实际经济情况对利率和货币供应量进行调整，而每一次重要调整都会引起股市的流动性变化。如图 5-3 所示，央行在制定政策后，调整存款利率。当利率降低时，存入银行的资金增值效果并不明显，居民更多地选择将闲置资金投入股市。居民的投资资金会通过股市流入上市公司，用于企业经营。同时，上市公司由于低利率也会考虑将闲置资金用于投资其他上市公司，以获得收益，提高公司净利润。多方面的资金大量涌入，会导致股票价格上升。相反，若政策处于收紧状态，央行会抬高存款利率与贷款利率，减少市面上的流动资金。居民因利率的升高增加存款储蓄，减少股市投资，进而导致股票价格下跌。同时，因贷款利率的上升，公司贷款成本高，资金周转困难，盈利能力下降。企业无法派发股票分红，导致市场认可度下降，进而导致股票价格下降，影响股票市场流动性。

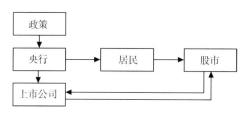

图 5-3　股市政策性因素的传导路径

2. 投资者情绪的路径分析

投资者情绪的一个重要传导形式是噪声交易，指的是投资者根据除企业财报等基本信息外的信息进行的交易。信息依据可以是网上对某只股票的讨论，也可以是朋友彼此传递的信息，因而噪声交易通常被认为是非理性的交易。股市投资者时常基于噪声来选择投资对象，这促使噪声由起初的小规模传播扩展至整个市场，甚至影响股市稳定性。投资者情绪的传导路径如图 5-4 所示。

图 5-4　投资者情绪的传导路径

（三）股市流动性波动与系统性金融风险

稳定的股市流动性可保障股市的价格及盈利水平,流动性是股市发展的基石。若股市缺乏流动性，那么股市价格就会下跌，交易难以正常进行，失去相较于其他金融市场的优势。稳定的流动性是股市健康发展的重要因素，股市流动性波动会使得股票交易成本上升并且收益下降。股市作为金融市场的重要一环，其流动性的波动对整个金融市场的稳定性具有重要意义。然而，现实中股市流动性往往波动较大，且呈非线性增长态势。在股市价格下跌时，流动性逐渐减小，直至价格跌破底线。股市危机时，流动性会急剧减少甚至"消失"，从而进一步引发价格下跌与交易成本上升。当市场崩溃，失去其基本功能时，这种风险通过传导效应向其他金融市场蔓延，进而致使所有金融行业瘫痪，甚至会对实体经济造成冲击。例如，2008 年美国次贷危机引发的银行风险传播至股市，引起股市流动性危机，并通过金融市场间的溢出效应快速蔓延至其他行业及全球多数国家。

自我国股市成立以来，多次出现股灾，严重时流动性几乎为 0（如 1996 年、2001 年、2007 年、2009 年、2010 年、2015 年）。随着我国金融市场的不断成熟，市场参与者数量越来越多，广度越来越大，流动性越发受到投资者的关注。考虑到股市在金融市场中的重要地位，政府应加强对股市流动性的监督，防范股市流动性风险溢价所引发的系统性金融风险。

三、其他金融市场流动性波动与系统性金融风险

（一）其他金融市场流动性波动的传导路径

当央行采取宽松的贷款政策时，货币资金的流动性变强，大量资金涌入保险市场、期货市场等，随之整个市场的流动性提高。反之，当央行采取收紧的贷款政策时，银行面临流动性的不确定性，产生的流动性风险首先在货币资金中体现，随后其他金融市场均会受影响。当单一市场受流动性波动影响后，可能会造成小规模市场瘫痪。更重要的是，由于同业拆借、混业经营等因素，风险很容易传播至整个金融体系，进而引发系统性金融风险。

（二）其他金融市场流动性波动的规避与监管

流动性波动对全球金融市场来说都是一种重要风险。虽然我国至今未发生大范围的流动性风险，但仍有一些行业的头部公司存在流动性危机，造成小规模的金融风险。因此，我国有必要关注金融市场的流动性波动。

1. 证券市场流动性监管

对于证券机构的运营资金，我国要求只能是用于证券业务的高流动资金，而非变现能力较差的固定资产；没有足够流动性资金的证券机构不准入市，流动性资产占资产总额的比例不得低于 50%；流动性资产余额不低于流动性负债余额。与此同时，相关部门还出台政策支持证券公司融资，降低证券公司的融

资成本，增强证券公司获得外部资金的能力，增加流动性。允许符合条件的证券公司同业拆借和购买国债，如此证券公司可以从不同渠道拆借资金，获得稳定的流动性。

2. 保险市场流动性监管

保险公司通过风险获利，因此对资金的需求不同于商业银行和证券公司。以往在针对保险公司进行风险分析时，很少看到对保险市场流动性的关注，但是这不等同于保险市场不存在或不需要流动性。保险公司为保证其偿付能力能够维持日常运营，也需关注流动性。因此，对保险公司的流动性监管主要集中在偿付能力上。确保保险公司的偿付能力可以从保证金、保险保障基金等准备金的提留规定入手。其中，保证金作为保险公司破产清算的底线，可以保证保险公司的债权人与投保人的利益。同时，保险公司还可以通过扩宽融资渠道，以保障自身现金流不断裂。国家已逐步准予保险公司进入同业拆借市场，允许保险公司购买中央债券，使保险公司的流动性更强。近些年，我国还允许保险公司将其闲置资金用于公司债券和股市交易。

四、跨境资市流动性与系统性金融风险

随着我国贸易自由化的推进，资本项目也逐步自由化，金融市场的开放程度也逐步提高。境外流入资本与流出资本逐年增加，跨境资本逐渐成为关乎我国金融市场稳定的重要因素。关于跨境资本流动对系统性金融风险和宏观经济的影响，国内学者有着不同的观点，一方面认为金融自由化及跨国金融产品流动性增加，在促进经济增长的同时也会加大系统性金融风险；另一方面，国内学者通过构建跨境资本与汇率、房价之间的动态关系，得出跨境资本的自由度越高，越有助于吸引外资进入我国市场，从而提高我国金融市场的竞争力，有助于降低我国系统性金融风险。不过，在不同宏观经济情况下，效果不一。在经济稳定时期，跨境资本流入的增加对改善我国系统性金融风险并不明显。在国外金融市场价格剧烈波动时，我国市场中新增的跨境资本会进一步提升我国系统性金融风险。短期跨境资本的进入，有助于降低我国系统性金融风险。但同时跨境资本的流入会使我国通货膨胀水平明显上升，相比之下系统性金融风险对通货膨胀的影响不大（童相彬和张书华，2021）。

（一）我国跨境资本流动的特征

1. 跨境资本流入与跨境资本流出差异逐渐减小

国际资本流动的测度，使用的是国际收支表中金融账户的二级科目，包括直

接投资、证券投资和其他投资。如图 5-5 所示，在 2010～2016 年，除 2012 年、2014 年以外，其他年份都处于大差额的状态。其中 2013 年跨境资本流入高于跨境资本流出的差额最大，具体为 21 227 亿元。2013 年以前，跨境资本流入较为强势，而 2014～2016 年连续三年跨境资本流出多于跨境资本流入。2016 年跨境资本流出高出跨境资本流入 27 288 亿元。2017～2020 年，跨境资本流入与流出呈现同增同减的态势，流出与流入几乎持平，差额最小的时间为 2019 年，跨境资本流入仅高于跨境资本流出 625 亿元。

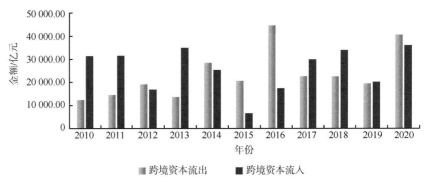

图 5-5　2010～2020 年跨境资本流出与流入走势

资料来源：国家外汇管理局

2. 跨境资本占 GDP 比例呈下降态势

随着中美贸易摩擦升级，以及我国构建以国内大循环为主体、国内国际双循环相互促进的新发展格局，跨境资本的流入对我国 GDP 的贡献力有所下降。如图 5-6 所示，2010 年跨境资本流入占 GDP 的比例为 8%，但到 2018～2020 年，3 年的平均跨境资本流入仅占 GDP 的 3%。总体而言，从 2010 年开始跨境资本的流入占 GDP 比例开始减少，虽然 2013 年有所反弹，从 2012 年的 3% 升至 2013 年的 6%，但接下来三年的跨境资本流动最高占 GDP 仅为 4%。2017 年、2018 年、2020 年均稳定在 4%。

3. 跨境资本流入结构改变

跨境资本流入包括外国政府、外国公司对我国的直接投资、证券投资及其他投资。如图 5-7 所示，2020 年以前直接投资占比大致为三个投资中最高的。2016 年以后，外国投资者更关注我国证券市场，加大对我国的证券投资。2020 年证券投资占比已超越直接投资。除 2015 年以外，其他投资占比处于稳定态势，在 10%～40%。证券投资却在十年间从不足 10% 升至近 50%，可见证券市场的流动性较高。

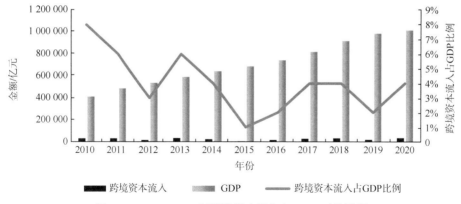

图 5-6　2010～2020 年跨境资本流入与 GDP 对比情况

资料来源：国家外汇管理局

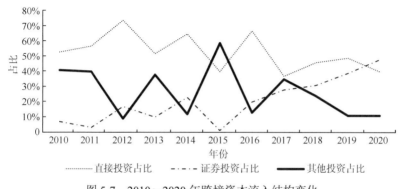

图 5-7　2010～2020 年跨境资本流入结构变化

资料来源：国家外汇管理局

（二）我国跨境资本流动风险的渠道分析

1. 货币市场渠道

跨境资本的流入首先反映在货币市场中，货币市场流动性增加，进而银行流动性增加，央行会采取降低贷款门槛等策略提高货币供给，市场利率同时降低，整体金融市场流动性增加。市场过热与资产价格虚高等现象，增加了我国货币政策调控难度，进而影响实体经济，抬高物价、房价，甚至影响我国宏观经济目标。跨境资本的不确定性，加剧了我国金融市场的风险，当跨境资本属国经济发生危机时，风险会随着跨境资本流入我国。此时货币供给又采取相反的紧缩状态，银行资产负债表在前期扩张性货币政策时积累的风险释放，银行违约率上升，易产生风险溢出效应，进而金融市场的资本价格急剧下跌。

2. 资本市场渠道

跨境资本投资的流入会提升股票等金融资产价值，而资产价值的上升会进一步吸引跨境资本流入，从而形成闭环。金融资产的价值持续攀升，使得资产价值虚高，风险不断累积。当跨境资本流动逆转时，资产的价值会急剧下跌，跨境资本投入的金融资产越多，该金融资产价值下降的也就越多，金融市场流动性降低。此外，资产价格的急剧下跌会对国内消费、实体经济等造成冲击，进而引发系统性金融风险。

3. 外汇市场渠道

跨境资本的流动直接影响各国间汇率的波动，频繁的汇率波动而产生的风险不利于外汇市场的稳定性，汇率处于劣势的国家收益降低。汇率的波动通过银行的货币错配问题影响银行系统。在有管理的浮动汇率制度下，跨境资本会增加我国外汇储备，稀释本国货币储备比例，本币面临升值压力。为维持汇率的稳定，政府会选择购入外汇增加基础货币，并通过货币乘数强化外汇市场影响。若是在浮动汇率制度下，过多的跨境资本流入会造成汇率超调，增加系统性金融风险及实体经济风险。若跨境资本停止流入甚至流出时，由于贬值预期的自我强化，汇率呈贬值趋向，也会影响外汇市场的流动性。

第三节　我国新兴经济转型背景下的系统性金融风险

一、我国现阶段经济转型概况

在新一轮全球工业转型的背景下，我国经济发展面临着历史性的转折与升级，随着供给侧结构性改革的不断加深，创新发展战略为我国经济增长动能转换奠定了基础。与此同时，在"双碳"目标背景下，绿色经济、数字经济等新产业也成为应对全球气候问题和刺激经济增长的新动能。

（一）绿色经济下的金融市场概况

绿色金融是一种支持绿色经济发展和环境友好型发展的金融行为，通过金融行业影响实体经济，促进我国企业环保意识增强，助推"双碳"目标实现。相对于高污染、高能耗行业，绿色金融有助于促进环境更加友好的行业发展。绿色金融按照金融工具可以分为绿色基金、绿色债券、绿色股票、碳金融、绿色信托等。绿色金融涉及范围很广，包括环境保护、气候保护和可持续发展等因素。党的十九大报告强调"发展绿色金融"[①]，绿色金融逐渐成为推进绿色发展的基石之一。目前，我国已形成多层次的绿色金融市场。截至 2020 年，我国境内外贴标绿色债券发行规模突破 1.4 万亿元。A 股约 150 家上市环保公司，其中主营环保的上市公司有 105 家，总市值超过 1.16 万亿元。截至 2021 年 9 月，绿色信贷余额近 15 万亿元。2021 年我国已完成《绿色金融术语》国家标准的首轮意见征集，并发布了《金融机构环境信息披露指南》《环境权益融资工具》等行业标准，象征着我国绿色金融正逐步走向规范化。

绿色金融近年来的一个重点发展领域是碳金融。我国发展碳金融的一个优势是地区间碳排放差异大，市场资源丰富，需求与供给明显，有利于实现碳排放的市场化。目前我国碳排放市场已初步建立，政策及相关保障措施仍需要进一步完善。限于我国碳金融环境与制度的不成熟，企业缺少参与碳交易的约束条件，碳金融市场尚不够活跃。同时相应的激励机制缺失，碳减排的边际成本高，企业碳减排的收益率受影响，也使得企业参与碳交易的积极性降低。我国金融机构主要集中在超一线城市，且沿海地区多于内陆地区，华北、华南地区多于西北、东北地区。这种地区差异使得金融资源的配置结构扭曲，发达地区的循环经济能够获得更多投资机构的支持。同时，碳交易会使企业之间的非经营性往来更加密切，资金流动性增大，由于我国金融体系以银行贷款融资为主，这使得银行风险集中，资金供给压力增大。

（二）数字经济下的金融市场概况

2021 年政府工作报告中要求"加快数字化发展，打造数字经济新优势"[②]，数字金融依托互联网、大数据等现代科技，打破了"二八法则"，加强了市场金融资产整合，同时数据资源带动了跨界流动，合理配置了不同行业资源。随着数字金融的不断发展，信息流转程度加深，金融服务渗透于各行各业。关联行业资金利用率提高，缓解了制造业压力，助力金融服务流程再造，推动金融业变革。商业银行开始涉足数字金融创新，加速网上银行、线上支付等数字金融落地，设立超级柜台、人工智能助手办公等降低了人工成本（赵军等，2021）。随着金融科技技术成熟，数字金融的客户数量增多，其沉没成本得以平摊，使金融机构的经济利润上升。更重要的是，借助人工智能等科技手段，金融产品能更加准确地定位目标客户，帮助金融机构合理规避风险，降低风控成本。同时，金融机构的融资成本也相应下降，这主要源于数字化平台不断延伸金融服务范围，提高资金

---

① 引自 2017 年 10 月 28 日《人民日报》第 1 版的文章：《决胜全面建成小康社会　夺取新时代中国特色社会主义伟大胜利》。

② 《政府工作报告——2021 年 3 月 5 日在第十三届全国人民代表大会第四次会议上》，https://www.gov.cn/guowuyuan/2021zfgzbg.htm，2024 年 8 月 21 日。

的匹配效率，降低了金融机构的信贷融资成本。

（三）新常态下的金融市场概况

近些年，世界主要经济体的金融体系陷入低水平均衡状态，经济高速增长已成为过去。目前，我国所处的经济新常态不是衰退而是一种平衡调节，是为了今后更好的经济增长而进行的自我调节。我国市场曾面临供不应求的状态，资本市场不断涌入传统制造业，传统工业质量、数量进步飞速。制造业的扩大带动了我国经济的发展。过去我国经济的飞速发展离不开人口红利，但目前的经济增长动力已经由原来的以制造业、劳动力、资源为主转变为科技驱动增长。目前，我国已从低端出口转向高水平、精制造出口，逐渐从中国制造转向中国创造。随着我国经济进入新常态，不会再一味追求高速发展。央行会采取适合经济新常态的中性货币政策，更加谨慎地调控货币流动性和利率。

二、绿色经济转型下的系统性金融风险

（一）绿色基金及其经济影响

绿色基金是指向环保、绿色交通、新能源、锂电池等绿色技术进行投资，帮助其新兴技术落地的专项投资基金。绿色基金是用长远的目标，获取长远的效益。短期内绿色基金可能难以成为主流基金，但长期来看其可持续性更高。我国绿色基金仍处于不成熟的阶段，投资者又更偏向于对大规模的企业进行投资，这种现实情况都不利于处于起步阶段的环保行业。因此，目前市场上的绿色基金更倾向于传统稳健型投资，并不愿意为更多的收益承担风险，导致绿色基金整体看来波动风险小于传统基金（张强等，2023）。一方面，绿色基金尚未成熟，处于起步阶段，市场规模小，基金组合具有局限性，难以分散风险。另一方面，绿色基金因其投资周期长、回报率不确定等因素，而不易被风险厌恶者看好。此外，企业"绿色"因素融入价格具有时滞性，市场又缺乏"绿色"标准，容易出现投资者盲目跟风。甚至存在部分"非绿色"企业粉饰其经营范围，为取得外部投资向环保靠拢。"漂绿"问题可能引发绿色基金崩盘，影响整个绿色基金市场的收益与再投资。

（二）绿色信贷及其经济影响

绿色信贷是指政府与银行为支持节能减排，降低环保企业融资门槛的信贷融资，是政府促进环境保护的重要手段之一。2019 年中国人民银行扩大绿色贷款范围，将个人经营的贷款包括在内，更加准确地支持绿色贷款。截至 2020 年我国绿色信贷超过 11.95 万亿元，占绿色金融总规模的 90%，成为绿色金融的重要组成

部分。

为支持绿色价值向经济价值转化，商业银行提出核准"绿色评级"与信贷额度挂钩，基于审批贷款企业的"绿色评级"，按照不同级别给予不同贷款额度。例如，浙江安吉农村商业银行股份有限公司向当地县区内符合环保要求的农村绿色建筑提供贷款，用于农村自建房新建或改造，具体结合国家《绿色建筑评价标准》对不同级别的建筑物核定不同额度贷款，有效促进农村绿色经济发展，减少当地碳排放。银行对绿色信贷的大力投放，有助于绿色行业发展，进而推动实体经济的绿色转型。

（三）绿色债券及其经济影响

绿色债券是指将所募集的资金用来资助符合规定条件的绿色项目或为这些项目进行再融资的债券工具，因而融资对象仅包括符合资质的绿色项目，包括绿色金融债券、绿色资产支持证券等。2019 年我国首次核定绿色产业的范围，使绿色债券的目标更加明确，市场更加规范化。绿色债券的发行能够促进经济高质量发展，产生各行业的环保效应。从微观角度来说，绿色债券的发行有助于实现节能减排，促进每个企业的产能优化和技术升级，减少企业因减排增加成本而污染环境的现象。

此外，与传统的债券市场类似，绿色债券评级也存在评级误差的情况，造成这一结果的主要原因是：监管机构缺乏绿色债券发行的环境保护定量标准，特别是缺乏对间接溢出效果的定量分析，导致出现绿色债券评级无差别，发行效果却差异很大的现象，使得绿色债券环保效应评估不准确（朱向东等，2021）。我国绿色债券市场规模虽在增长，但已发行债券的效果差异较大。一方面，如果不考虑绿色债券发行空间的溢出效应，就不能充分发挥绿色债券的环保作用。另一方面，如果仅考虑其自身主作用而不考虑间接效应，则依然不能完全发挥其正向作用。

（四）绿色金融与系统性金融风险

自"双碳"目标提出以来，绿色金融迅速发展并成效显著。这体现了我国绿色经济发展始终走在时代的前端，与世界经济紧密相连，已进入高质量发展阶段。当然，我国绿色经济起步时间不长，有针对性的定性和定量分析还有待学者的深入研究。其一，应构建清晰的绿色经济研究框架，对绿色金融概念进行规范，辨析可持续金融、环境金融与绿色金融之间的关系和区别。其二，完善绿色经济实践。强化各部门在环保属性基础上的金融工具运用，完善企业环境污染信息披露制度，公开公示企业绿色金融的使用情况。这有助于避免部分机构或企业的"漂绿"行为，避免政策套利，保证绿色资金切实用在绿色领域。

为发展绿色经济，我国政策以引导、推动为主。然而，我国绿色金融市场尚不成熟，具体表现为绿色金融跨区域广，但缺乏统一的标准与体系，缺少具体的法律规范。在此背景下，一些抗风险能力弱的金融机构和企业进入市场，加之投资者的非理性，可能导致系统性金融风险积累。

三、数字经济转型下的系统性金融风险

在我国数字经济的发展历程中，数字金融产业具有重要地位。现代科学技术水平以及移动终端设备的普及化，为数字金融的发展奠定了坚实的基础。在实现数字经济与现代金融行业融合的过程中，利用新型介质，构建新型发展模式，打破传统货币结算模式，电子支付业务涌现，并衍生出互联网理财。在更多元化地满足中小企业和大众理财需求的同时，新的数字金融模式也给金融系统稳定性带来了新的挑战。

（一）数字金融模式分析

数字金融主要依托互联网中的大数据，借助大数据的爆炸量信息，获得更准确的决策。大数据主要是借助全新的处理措施，数据量极其庞大，每日增长数量极多，具备多元化、差异大、范围广等特性。数字金融不断发展，使得人们更加重视大数据的应用。可以将大数据看作一条产业链，通过各个环节的加工处理，实现大数据金融产品规模化。数字金融可以通过集合海量非结构化数据，获得客户全方位信息，更深入地分析客户消费习惯，精准投放其产品，减少传统金融产品的被选择模式，有助于规避违约风险。

数字金融相比于传统金融提供了新型平台模式，可以借助新型平台开展金融服务，借助大数据系统评估贷款人信用是否良好。例如，阿里金融借助云计算等统计数据，挑选有效数据，构建相关模型，为需要货币资金的商户计算信用额度，实现少流程快速放贷。这种方便快捷的体验，使得互联网金融活跃用户井喷式增长。比如近年来，微信支付及支付宝已经逐渐成为日常支付的主要方式。扫码支付得到了市场高度认可，其支付的便捷性，给用户带来前所未有的体验。

从融资对象来看，相比于商业银行贷款更倾向于大型企业、国有企业，互联网金融更能够满足中小企业以及社会群体的资金需求。互联网金融不仅降低了融资门槛，也降低了投资门槛。传统金融受众大多是大额投资者或专业投资公司，互联网金融定位于金融知识较少的大众。从服务地域来看，传统金融主要集中于大城市，而乡镇金融机构的服务类型多为基础储蓄。互联网金融突破了地域差异

难题，调动了乡村市场的积极性。

（二）数字金融与系统性金融风险

1. 数字金融存在信息泄露风险

数字金融中的数据是其重要组成部分，数据的保存与保密对数字金融的发展至关重要。互联网中涉及的个人信息非常广泛，不仅包括用户的基本信息，还包括资产、征信数据、搜索数据、消费数据等。在数据收集及存储过程中，存在数据信息泄露风险。若银行卡支付密码或线上支付密码被窃取，会造成用户资金被盗。在使用数字金融相关应用程序时，需要用户信息以获取授权，一旦信息被不法分子盗用，不可避免地会给用户带来安全隐患。目前，数字金融虽未引起大规模的泄露行为，但线上信息保护仍有待加强。信息泄露不仅直接损害金融用户的利益，扰乱金融市场秩序，甚至可能带来系统性金融风险和引发群体性事件。

2. 数字金融监管难度增大

数字金融因其具有开放性与便利性，受到消费者的追捧，但同时造成了监管难度大。数字金融的参与者数量多、范围广，且其产品多，更新迭代快，经营区域广，导致新型金融业务往往缺乏有针对性的监管措施。相关配套的管理条例没有数字金融产品迭代更新快，相对滞后的措施难以对其进行有效监管。行业门槛规范不一、金融产品概念不清楚等都使得数字金融承担更多的风险。例如，网贷资格审查员的专业程度不高，对风险的辨识不足，容易造成违约事件，给数字金融带来损失。当此种风险传播至整个金融行业时，可能导致普通民众对数字金融的否定和排斥。

可见，监管不完善是数字金融领域风险频发的主要原因。又如，2018 年蚂蚁集团推出相互宝，秉持"一人生病，众人分摊"的理念，但很快便在 2022 年 1 月 28 日 24 时起停止运行。这种突然停止运行展现了互联网的"快"风格，新产品上线快，旧产品结束快。投资者不得不为风险买单，这极易引发群体性恐慌，造成风险扩散，甚至系统性金融风险。

第四节　本　章　小　结

我国目前处于经济新周期，长期积累的深层次问题逐渐显露。比如，房地产泡沫、地方政府债务过高、影子银行、企业杠杆率高等，这些问题均可能加剧系统性金融风险。本章首先从经济周期视角对银行、保险、股市等领域的系统性金融风险和总体系统性金融风险展开论述；其次基于流动性视角分析银行、股市、跨境资本等领域的流动性波动与我国系统性金融风险的关系；最后在我国经济处于转型的大背景下，从绿色经济、数字经济等维度探讨了经济增长动能转换对金融稳定性和系统性金融风险的影响。

第六章　经济增长动能转换背景下区域系统性金融风险及其生成演化分析

第一节　区域经济增长动能转换与区域系统性金融风险

一、区域经济增长动能转换的含义与表现特征

（一）含义

市场在资源配置中发挥着关键作用，应通过深入市场化改革，紧紧牵住科技创新的"牛鼻子"，实现对传统行业的改造和新兴行业的培育，促进经济增长新旧动能转换。从区域层面来看，要实现新旧动能转换，不能急于求成，需结合区域实际情况来应对转型中的诸多变化。在促进区域经济增长新旧动能转换的过程中，首先就是用好创新驱动，瞄准市场定位，深化供给侧结构性改革；其次是促进产业集聚，优化创新管理服务，形成中高端产业链，全面推进新旧动能转换，刺激经济增长（赵丽娜，2017）；最后是利用好人口红利到人才红利的转变。我国各区域的人口情况差异较大，根据第七次全国人口普查数据，东北地区是全国人口数量下降最严重的地区，人口负增长、人口外流、有效劳动力供给不足、人口老龄化加重等问题显著阻碍了东北地区的技术进步和劳动生产效率的提高（柳如眉等，2021）。其中，黑龙江省的人口负增长是东北三省中最严重的，经济下滑更为明显，因此本节以下内容主要以黑龙江省为例进行阐述。

（二）部分传统行业优势衰弱

改革开放 40 多年来，各区域经济都得到了不同程度的发展，产业规模大幅度提升。但就整体而言，各区域的部分传统行业优势衰弱，新旧动能转换存在一定困难。从以往来看，黑龙江省的经济发展主要得益于通用设备制造业，专用设备制造业，汽车制造业，石油加工、炼焦和核燃料加工业，煤炭开采和洗选业，石油和天然气开采业等这些代表性传统行业。各行业在主要年份的国内市场占有率情况如表 6-1 所示。

表 6-1　黑龙江省各行业的国内市场占有率变化

行业	2015 年	2017 年	2019 年
煤炭开采和洗选业	5.6%	4.6%	4.8%
石油和天然气开采业	15.3%	16.4%	17.2%
开采专业及辅助性活动	3.3%	3.1%	8.7%
木材加工和木、竹、藤、棕、草制品业	5.6%	3.3%	1.9%
石油加工、炼焦和核燃料加工业	6.6%	6.0%	5.7%
电力、热力生产和供应业	4.8%	5.0%	3.9%
黑色金属矿采选业	0.5%	0.7%	0.3%
其他采矿业	0.6%	1.3%	0.4%
化学原料和化学制品制造业	0.9%	1.1%	1.2%
医药制造业	3.0%	2.5%	2.2%
黑色金属冶炼和压延加工业	1.0%	0.8%	0.9%
通用设备制造业	1.7%	1.5%	1.3%
专用设备制造业	1.9%	1.6%	1.3%
汽车制造业	0.8%	0.4%	0.4%
铁路、船舶、航空航天和其他运输设备制造业	2.3%	2.5%	2.7%
金属制品、机械和设备修理业	2.1%	1.6%	0.7%

资料来源:《中国统计年鉴》《黑龙江统计年鉴》

2015 年黑龙江省各行业国内市场占有率前五位分别为石油和天然气开采业,石油加工、炼焦和核燃料加工业,煤炭开采和洗选业,木材加工和木、竹、藤、棕、草制品业,电力、热力生产和供应业,分别占15.3%、6.6%、5.6%、5.6%和4.8%。2017 年黑龙江各行业国内市场占有率前五位分别是石油和天然气开采业,石油加工、炼焦和核燃料加工业,电力、热力生产和供应业,煤炭开采和洗选业,木材加工和木、竹、藤、棕、草制品业,占比分别为16.4%、6.0%、5.0%、4.6%和 3.3%。2019 年黑龙江各行业国内市场占有率前五位分别为石油和天然气开采业,开采专业及辅助性活动,石油加工、炼焦和核燃料加工业,煤炭开采和洗选业,电力、热力生产和供应业,占比分别为17.2%、8.7%、5.7%、4.8%和3.9%。可见,黑龙江省的木材加工和木、竹、藤、棕、草制品业,石油加工、炼焦和核燃料加工业的竞争优势处于持续下降状态。

(三)区域科技创新人才储备不足

目前我国劳动力供给由人口红利向人才红利转换,但各区域的人才分布不均,部分区域产业发展面临困境。以黑龙江省为例,随着城镇化进程的推进,以及经济发展的拉动，黑龙江省的人口分布呈现出向大城市和省会城市不断集中的趋势（刘西涛和王盼，2021）。人口向省外流失，特别是高层次人才的流失也成为影响该区域经济发展的重要因素。东北经济发展普遍存在"三偏"难题，即产业结构、民营经济、创新人才分别存在偏重、偏弱、偏少的问题，这些问题对区域产业发展活力有重要影响。根据各省统计局数据，2023 年，吉林省人口净流入 4.34 万人，为自 2011 年以来的首次净流入；辽宁省人口净流入 8.6 万人，扭转了自 2012 年以来的净流出局面。对比这两个省，2023 年黑龙江省流出人口最多，较上一年减少了 37 万人，且根据《2022 年黑龙江省国民经济和社会发展统计公报》，黑龙江人口自然增长率为–5.75‰，位居全国末位。人口流失严重，导致人口基数下降；高科技人口流失，导致区域科技创新人才严重不足，创新能力发挥不足，产业技术发展缓慢。在全国都大力转向创新技术发展的背景下，部分区域明显处于落后状态，造成区域内经济增长缓慢，增长动能转换低效。

（四）全要素生产率增速放缓

全要素生产率是区域经济发展的重要动力因素。自新中国成立以来我国产业结构发生了巨大的阶段性变化，随着我国步入服务业占主导的产业发展新阶段，提高全要素生产率也成为重要发展目标，但部分区域全要素生产率增长率缓慢，减缓了新旧动能转换。以黑龙江为例，根据测算，"十三五"时期的全要素生产率虽有增长趋势但增速较缓（表 6-2）。

表 6-2　黑龙江省"十三五"时期全要素生产率增长率

指标	2015 年	2016 年	2017 年	2018 年	2019 年
全要素生产率增长率	2.32%	2.36%	2.45%	2.52%	2.57%

二、区域系统性金融风险的内涵与生成机理

（一）区域系统性金融风险的内涵

鉴于我国各区域资源禀赋、发展速度等诸多方面存在差异，对系统性金融风险的理解除了探讨宏观范围内整个国家所面临的金融风险之外，也有必要深入把握不同区域内所面临的风险。区域系统性金融风险属于系统性金融风险的中观维度，是某一个区域受到内外部因素影响后所面临的系统性风险状态。从整体结构上来讲，区域系统性金融风险的产生具有多维性，与外部宏观的环境因素和区域内部的自身因素都有密切关系（俞树毅和袁治伟，2012）。

同时，区域系统性金融风险的监测与评估也有一定的逻辑关系。为更加明确

两者内涵上的不同，可以从逻辑上进行区分。相对而言，监测更侧重于对风险原因的监察，重视其对经济金融运行状况的反应和可能造成的影响；评估则是更侧重于事后的评价。此外，区域系统性金融风险监测与微观审慎监管也有一定区别，两者的目标范围不同。微观审慎监管是对单个金融机构进行适当的管理，是控制金融机构的具体风险；而区域系统性金融风险监测是对该区域整个经济金融系统的风险状态和影响进行评价。

（二）区域系统性金融风险的生成机理

区域系统性金融风险的形成机理与全国层面的系统性金融风险相似，但更侧重区域自身的实际情况。概括而言，可从以下几个方面对区域系统性金融风险的生成机理进行分析。

第一，对短期利润的追求使区域内部分行业的负债率增高。追逐短期利润会导致大量资金配置到一些低效率行业，或经济热点行业甚至是非生产领域，如房地产行业，加剧各行业的负债率。一旦负债率过高，市场和政策环境的变化很容易影响到金融行业并使之遭受重创。特别是在一些不发达地区，由于传统行业所占比例较大，负债压力更容易积聚金融风险。

第二，区域经济周期波动带来的影响。随着区域经济周期变化，金融市场的波动也较大。如果企业过于追逐高风险项目，社会公众也热衷于追求高利润，则资产价格可能出现泡沫。一旦经济繁荣过剩，金融系统也会承受风险和压力，造成不良影响。

第三，区域金融领域的创新发展。金融改革的不断深化导致金融行业的融合性和渗透性逐渐增强，综合经营和业务创新既可以促进金融风险的分散、缓解和转移，但也可能产生新的金融风险，甚至形成跨市场的风险聚集。

第四，地方政府行为的影响。绩效考核压力会强化地方政府对本地企业的大力扶持，但某些情况下，这可能会影响银行与企业之间的约束关系。政府担保促使企业贷款演变成政府的隐性财政支出，导致政府信用过度放大。此外，地方政府隐性债务风险也是区域系统性金融风险的重要来源。

第五，区域内的关联交易。区域内跨市场、跨部门的关联交易，将不同金融市场、主体连接起来，容易形成风险传染。

第六，区域内政策调控和市场信心变化带来的影响。宏观调控政策往往是出于长期规划和战略发展考虑，可能缺乏足够的弹性。对特定区域而言，政策调控还需结合本区域的特点和实际情况。此外，经济主体的有限理性也可能降低区域市场的有效性，加剧市场失衡。

第二节　经济增长动能转换与区域系统性金融风险的时空演化

一、各省区域系统性金融风险的演化

（一）区域系统性金融风险的时序变化特征

我国省域之间的资源储备、经济要素和市场结构均具有较大差异，且金融发展水平不均衡。因此，构建区域系统性金融风险测度指标体系主要涉及两个维度，分别是宏观和区域经济金融维度，共计 39 个指标。首先，宏观经济金融维度包含多个子模块，即宏观经济状况、政府财力、对外经济、货币因素和银行机构。其次，在省级层面的计量指标分为区域经济和区域金融两大类，前者包括区域经济发展状况和区域经济生态环境两个子模块，后者包括区域银行业、区域保险业和特殊影响因素等子模块。具体指标如下。

第一，宏观经济金融指标 17 个，分别是 GDP 增长率、宏观经济景气指数变动、宏观杠杆率、财政收入增长率、财政收入/GDP、政府赤字率、负债率、债务率、外汇储备、人民币对美元汇率、M2 同比增速、通货膨胀率、房价上涨率/GDP 增长率、股票市价总值/GDP、资本充足率、拨备覆盖率、不良贷款率。

第二，区域经济指标 10 个，包括区域生产总值增长率、区域财政收入/地区生产总值、区域通货膨胀率、区域政府负债率、区域政府债务率、区域企业资产负债率、区域企业资产报酬率、区域居民债务率、区域居民储蓄率、区域投资增长率。

第三，区域金融指标 12 个，包括区域贷款增长率、区域资本充足率、区域拨备覆盖率、区域不良资产率、区域保险深度、区域保险偿付能力、区域房价增长率/地区生产总值增长率、区域房地产投资增长率、区域外贸依存度、区域经常项目差额/地区生产总值、区域影子银行信贷额/地区生产总值、区域非法集资事件。

通过历年《中国统计年鉴》收集整理以上数据对省域系统性金融风险指标进行测度。表 6-3 列示了各宏观经济金融指标及其数值；表 6-4 列示了宏观经济金融、区域经济和区域金融的相关情况。

表 6-3　2016～2020 年宏观经济金融指标汇总

参考指标		2016 年	2017 年	2018 年	2019 年	2020 年
GDP 增长率		6.85%	6.95%	6.75%	5.95%	2.24%
宏观经济景气指数变动	一致指数	93.41	103.32	99.90	90.80	110.59
	先行指数	104.80	104.59	100.90	97.30	105.93
	滞后指数	91.00	97.28	99.10	98.00	98.01

参考指标	2016 年	2017 年	2018 年	2019 年	2020 年
宏观杠杆率	239.70%	247.35%	243.70%	245.40%	270.10%
财政收入增长率	4.50%	7.40%	6.20%	3.80%	−3.90%
财政收入/GDP	15.96%	17.26%	18.34%	19.04%	18.29%
政府赤字率	6.10%	5.50%	5.50%	6.70%	6.50%
负债率	12.60%	14.30%	14.30%	14.50%	16.30%
债务率	64.40%	72.60%	74.80%	78.30%	87.90%
外汇储备/亿美元	30 105.17	31 399.59	30 727.12	31 079.24	32 165.22
人民币对美元汇率	6.642 3	6.751 8	6.617 4	6.898 5	6.897 6
M2 同比增速	11.30%	8.20%	8.10%	8.70%	10.10%
通货膨胀率	8.50%	7.50%	3.13%	5.40%	2.50%
房价上涨率/GDP 增长率	10.00	3.40	12.22	6.56	11.00
股票市价总值/GDP	68.02%	68.16%	47.31%	60.10%	78.65%
资本充足率	11.61%	12.46%	14.89%	12.20%	11.36%
拨备覆盖率	155.02%	181.42%	184.24%	186.08%	184.47%
不良贷款率	2.15%	4.42%	3.21%	2.50%	1.91%

首先，采用映射法确定各指标的权重。以 GDP 增长率为例进行说明，2020 年我国 GDP 增长率为 2.24%，处于高风险区间上限和下限之间 77% 的位置，再同比映射到分数 0～25 分的对应位置，由此得出该指标值为 19.25 分，其他指标算法同上。其次，根据各指标得分的相对大小换算成指标权重。最后，省域区域系统性金融风险测量值等于各指数值与各自权重的乘积。

其中，各指标阈值和预警区间的设置依据如下：①国际公认的标准。例如，政府负债率的国际警戒线为 60%。②中国人民银行、国家金融监督管理总局、中国证券监督管理委员会等金融监管机构提出的监管标准。例如，银行资本充足率的临界值为 8%。③历年取值范围。除 2020 年受新冠疫情影响，各项指标可能存在异常变化之外，参考历年指标的变化情况。例如，2017～2018 年 GDP 增速为 6.5%～7.0%。④已有文献提供的研究数据。例如，区域影子银行信贷额/地区生产总值阈值的确定。

根据临界值的变化幅度，将各指标设置为四个临界区间，将省域系统性金融风险状况划分为高风险、低风险、基本安全和安全。同时，每个预警区间对应的得分范围为：[0,25)、[25,50)、[50,75) 和 [75,100]。

为清晰地展现省域系统性金融风险的时序变化，表 6-4 具体列示了 2016～2020 年省域系统性金融风险测量值和各指标测量值。

表 6-4 2016～2020 年省域系统性金融风险测量值

一级指标	二级指标	三级指标	2016 年	2017 年	2018 年	2019 年	2020 年
宏观经济金融指标	宏观经济状况	GDP 增长率	3.69	3.79	3.73	3.72	2.12
		宏观经济景气指数变动	0.61	0.62	0.63	0.65	0.71
		宏观杠杆率	3.34	3.42	3.40	3.63	3.54
	政府财力	财政收入增长率	0.42	0.72	0.66	0.54	0.22
		财政收入/GDP	0.10	0.12	0.15	0.19	0.16
		政府赤字率	0.44	0.43	0.43	0.46	0.45
		负债率	0.84	0.89	0.89	0.91	0.96
		债务率	0.86	0.93	0.93	1.01	1.21
	对外经济	外汇储备	1.15	1.24	1.17	1.15	1.28
		人民币对美元汇率	0.37	0.39	0.40	0.41	0.43
	货币因素	M2 同比增速	0.36	0.25	0.24	0.28	0.31
		通货膨胀率	0.31	0.26	0.28	0.33	0.21
		房价上涨率/GDP 增长率	0.47	0.48	0.51	0.52	0.66
		股票市价总值/GDP	0.46	0.44	0.47	0.49	0.51
	银行机构	资本充足率	0.55	0.52	0.53	0.56	0.62
		拨备覆盖率	0.74	0.73	0.75	0.78	0.76
		不良贷款率	0.43	0.40	0.41	0.42	0.44
区域经济指标	区域经济发展状况	区域生产总值增长率	5.12	5.10	5.19	5.22	3.12
		区域财政收入/地区生产总值	2.86	2.94	2.95	3.10	3.06
		区域通货膨胀率	0.67	0.66	0.69	0.68	0.70
	区域经济生态环境	区域政府负债率	4.50	4.47	4.46	4.51	4.58
		区域政府债务率	8.36	8.33	8.44	8.46	8.58
		区域企业资产负债率	1.77	1.79	1.80	1.81	1.69
		区域企业资产报酬率	2.49	2.47	2.51	2.56	2.42
		区域居民债务率	4.61	4.64	4.68	4.65	4.52
		区域居民储蓄率	1.51	1.50	1.52	1.51	1.49
		区域投资增长率	2.23	2.25	2.26	2.28	2.01
区域金融指标	区域银行业	区域贷款增长率	1.48	1.49	1.50	1.48	1.47
		区域资本充足率	4.63	4.62	4.68	4.66	4.37
		区域拨备覆盖率	1.59	1.55	1.66	1.70	1.64
		区域不良资产率	2.20	2.18	2.23	2.26	2.30
	区域保险业	区域保险深度	1.93	1.94	1.95	1.97	2.11
		区域保险偿付能力	2.81	2.86	2.85	2.88	2.89

一级指标	二级指标	三级指标	2016年	2017年	2018年	2019年	2020年
区域金融指标	特殊影响因素	区域房价增长率/地区生产总值增长率	12.84	12.87	12.90	12.94	12.91
		区域房地产投资增长率	4.13	4.12	4.23	4.28	4.17
		区域外贸依存度	1.40	1.39	1.37	1.36	1.35
		区域经常项目差额/地区生产总值	6.29	6.33	6.67	6.36	6.41
		区域影子银行信贷额/地区生产总值	6.18	6.24	6.27	6.31	6.65
		区域非法集资事件	4.58	4.63	4.67	4.66	4.59
总值			80.87	81.41	82.08	83.00	78.62

根据表 6-4 可以得出省域系统性金融风险的时序变化特征。第一，从变化趋势来看，指数变动较为稳定，大体呈现先上升后下降的状态，指标数值变化不大。除 2020 年受新冠疫情的意外冲击，我国省域系统性金融风险表现为向好趋势。第二，对照预警区间可知，省域系统性金融风险整体可控。第三，不同指标对省域系统性金融风险的影响不同。一方面，各指标在总测量值中的贡献有显著差异；另一方面，随着原始数值的变化，各指标的风险测量值也有所变化。

（二）区域系统性金融风险防控的空间对比

从系统性金融风险的表现特征和影响因素等方面来看，可以分为宏观、区域、行业等多个层次（沈悦等，2017）。不过，随着金融网络的复杂化，不同层次的系统性金融风险之间也存在联动性。从区域内部来看，不同金融市场、行业和机构的微观风险可以在区域内聚集、扩散，进而形成区域系统性金融风险。从区域之间来看，区域系统性金融风险也可能突破地理边界，通过各种传导路径形成宏观层面的系统性金融风险。

从空间分布角度，区域系统性金融风险具有几个特点：第一，内生性。区域系统性金融风险的生成和扩散，均是由区域内的各类金融风险积聚所致。第二，传染性。在经济联系密切的区域之间，区域系统性金融风险也会快速扩散。第三，宏观系统性金融风险与区域系统性金融风险可以相互叠加。宏观系统性金融风险可能在某些特定区域更为严重，而区域系统性金融风险也可能加剧宏观系统性金融风险。

前文对省域系统性金融风险进行了测量，本节将进一步从空间角度对比各省的风险防控水平。鉴于 2020 年之后受到新冠疫情冲击的影响，本节针对 2019 年开展省域系统性金融风险防控指数测量。省域系统性金融风险防控指数分为金融稳定指数、金融风控指数和金融可持续发展指数三个子维度，具体如表6-5所示。

表 6-5　2019 年省域系统性金融风险防控指数得分及排名

省区市	总指数		金融稳定指数		金融风控指数		金融可持续发展指数	
	得分	排名	得分	排名	得分	排名	得分	排名
福建	65.30	1	18.86	5	24.98	5	21.46	6
河南	61.99	2	18.99	4	26.07	3	16.93	11
江苏	60.29	3	23.97	1	23.14	14	13.18	21
广东	59.08	4	12.63	20	17.99	25	28.46	1
河北	58.23	5	13.40	13	24.67	7	20.16	7
安徽	56.82	6	13.33	15	27.20	1	16.29	13
辽宁	56.04	7	13.40	13	21.14	17	21.50	5
天津	55.50	8	16.91	7	21.17	16	17.42	10
湖南	55.21	9	17.89	6	21.75	15	15.57	16
重庆	54.90	10	14.51	11	24.64	8	15.75	14
甘肃	52.67	11	10.92	25	23.46	13	18.29	9
广西	52.58	12	12.98	17	26.24	2	13.36	19
新疆	52.35	13	12.65	19	24.01	10	15.69	15
湖北	51.97	14	15.43	9	24.64	8	11.90	23
北京	51.29	15	9.13	28	17.87	26	24.29	3
上海	49.96	16	9.47	27	15.88	28	24.61	2
吉林	49.18	17	19.78	3	19.33	22	10.07	27
山东	48.81	18	20.36	2	11.62	31	16.83	12
西藏	48.78	19	11.22	24	23.86	11	13.70	17
江西	47.05	20	12.42	22	23.67	12	10.96	24
四川	46.91	21	13.24	16	20.63	19	13.04	22
浙江	46.86	22	10.69	26	14.30	30	21.87	4
黑龙江	46.73	23	12.67	18	25.41	4	8.65	29
青海	46.58	24	8.48	29	24.70	6	13.40	18
陕西	45.37	25	14.38	12	17.63	27	13.36	19
贵州	44.72	26	5.00	31	19.58	21	20.14	8
山西	44.40	27	15.31	10	18.46	23	10.63	25
内蒙古	41.07	28	16.11	8	14.55	29	10.41	26
云南	39.71	29	12.63	20	18.09	24	8.99	28
宁夏	38.54	30	11.89	23	20.74	18	5.91	31
海南	34.46	31	5.96	30	20.60	20	7.90	30
平均分	50.43		13.70		21.23		15.51	

表 6-6 根据省域系统性金融风险防控指数得分及排名，对各省份风险防控类型进行了具体划分。

表 6-6　2019 年省域系统性金融风险防控指数类型

类型	省份
总指数领先	福建、河南、江苏、广东、河北
金融稳定指数领先	江苏、山东、吉林、河南、福建
金融风控指数领先	安徽、广西、河南、黑龙江、福建
金融可持续发展指数领先	广东、上海、北京、浙江、辽宁

结果表明，福建、河南两省在总指标上得分最高，相对领先；江苏、山东等省份的金融稳定指数表现领先；安徽、广西等省区的金融风控指数得分较高；广东、上海、北京等省市金融可持续发展指数得分较高。可见，我国各省区市的区域系统性金融风险防控水平存在显著差异，呈现东强西弱态势。此外，很多省区市在总体指数和分维度指数上的表现也不尽相同。云南、宁夏、海南等省区的总指数得分虽不理想，但各维度表现比较均衡。各省区市应根据自身风险防控现状，完善区域金融监管体制，加强金融生态系统建设，支撑金融改革，有针对性地改善各维度表现。

二、地方政府债务风险与区域系统性金融风险

（一）地方政府债务风险的含义

地方政府债务风险可分为两种，分别是偿债风险和流动性风险。其中，偿债风险是指一些原因（如负债过多、短期融资不足等）导致的地方政府偿债困难（赵文举和张曾莲，2021）。流动性风险则是指即使其资产大于负债，但因缺乏流动性，仍存在无法按期偿还债务的可能性。我国各区域的地方政府债务风险差异较大，表现出复杂性。

从风险表现形式来看，地方政府债务风险可以通过规模风险、结构风险、效率风险和外部风险等方式暴露出来。其中，规模风险是指地方政府债务只能实现部分偿还。我国地方政府债务规模较巨大，部分地方政府的财政能力可能不足以支撑巨额债务。结构风险是指地方政府债务风险在不同环节的风险敞口不同。效率风险是指因债务资金流速慢或使用频率低而导致的风险。我国地方政府缺乏对债务的有效管理，加剧了地方政府债务的效率风险。外部风险是地方政府为偿还到期债务，可能需要借用他处资金进行运转，长此以往，便可能越来越难获得外部的资金支持，从而加剧地方政府债务风险。

从成因来看，地方政府债务风险产生的主要原因有如下几个：第一，地方政府借贷过多以致地方经济金融系统无法承受。借款规模应与区域的经济发展水平、财政收入、金融发展情况相适宜。第二，地方政府管理不足致使财政支出负担过重。例如，地方政府对建设项目预算管理不足，导致财政支出超标。第三，举债项目没有达到预期的经济效益。如果地方政府投资的项目未能达到预期收益，债务可能被拖欠，最终形成债务风险。

（二）地方政府债务转化为区域系统性金融风险的机制

地方政府债务可能成为区域系统性金融风险的重要源头之一，其转化机制主要体现在：第一，金融机构的"软约束"机制。政府通常被认为具有高信用和刚性兑付承诺，不存在政府无法偿还金融机构债务的情况。此外，为保障区域经济发展，地方金融机构也会持续对政府地方债务融资提供支持。金融机构的"软约束"可能会刺激地方政府更大规模地举债，进而积累区域系统性金融风险。第二，存在风险积聚的关联媒介。地方融资平台是地方政府与金融系统之间风险传导的关联媒介。由于我国地方政府难以自主举债，当政府需要资金运转以促进经济发展时，地方融资平台应运而生。当地方政府债务风险和债务规模不断增加时，地方政府会再次回到地方融资平台以获取债务融资，此时债务风险可能通过地方融资平台扩散到金融系统。此外，商业银行通过影子银行的方式向地方融资平台发放贷款，而影子银行缺乏有效监管，可能加剧地方政府债务风险转化为区域系统性金融风险。

三、各省部门杠杆率与区域系统性金融风险

（一）地方政府部门

地方政府杠杆率是地方政府债务余额与地区生产总值的比率，可以反映地方经济的债务承受能力。参照欧盟的《欧洲联盟条约》，国际上使用的警戒线为60%。分区域来看，东部地区以上海市为例，截至2019年底，上海市生产总值超过3.80万亿元，上海市人民政府负有偿还责任的债务是0.91万亿元，政府杠杆率为23.95%，低于国际警戒线，风险整体可控。东北地区以黑龙江省为例，截至2019年底，黑龙江省生产总值为1.36万亿元，黑龙江省人民政府负有偿还责任的债务是0.15万亿元，政府杠杆率为11.03%，风险较小。西部地区以云南省为例，截至2019年末，云南省生产总值为2.32万亿元，云南省人民政府负有偿还责任的债务是0.48万亿元，政府杠杆率为20.69%，风险整体可控。

但2020年在新冠疫情的冲击下，地方政府专项债额度大幅提高，全国地方政府债务余额增长至25.66万亿元，地方政府债务增速阶段性调整回升。截至2020

年末，近三分之一的省区市政府债务破万亿元，其中河北、贵州、湖北首次破万，多数省区市政府债务增速在 10%～30%，地方政府债务压力增大。除天津与湖北，其余省区市广义杠杆率普遍下降，呈现出城投债务正逐步被政府债务替代的过程，政府债务显性化程度提高。截至 2020 年底，各省区市地方政府的杠杆率已明显分化。杠杆率较高的省区市主要集中在西北、西南和东北地区。其中青海和贵州的杠杆率最高，超过 60%的警戒线，反映出债务规模与经济体量的不匹配；其他省区市杠杆率均在 50%以下，中部、东部地区的杠杆率普遍处于较低的水平，地方政府债务压力相对较小。

（二）企业部门

总体来看，2020 年我国宏观杠杆率上升了 23.6 个百分点，从 2019 年底的 246.5%上升到 270.1%。其中，非金融企业部门的杠杆率上升了 10.4 个百分点，从 2019 年底的 151.9%上升到 162.3%。分区域来看，东北、西北和西南地区的企业部门杠杆率压力较高。

（三）居民部门

从区域角度看，各省区市居民部门的杠杆率分布极不均衡。2018 年，居民部门杠杆率超过全国水平（60.4%）的省市依次为浙江（83.7%）、上海（83.3%）、北京（72.4%）、广东（70.6%）、甘肃（70.1%）、重庆（68.6%）、福建（65.8%）和江西（63.1%）。其中，杠杆率最高的浙江与杠杆率最低的山西相差 50 个百分点。上述地区中，浙江、上海、北京、广东、甘肃、重庆、福建的债务收入比也超过全国水平，居民债务负担较重。

第三节　区域系统性金融风险的防范启示

一、提升区域管理能力

首先，加快转变地方政府职能。一方面，调整政绩考核体系，加强区域与区域之间的合作，注重经济发展的可持续性。另一方面，落实服务型政府。相比于传统政府，服务型政府更为人性化，更注重提供公共产品和公共服务，保障监管的有效运行，减小贫富差距，使社会稳健发展。

其次，发挥好地方金融监管部门职责。为有效防控区域系统性金融风险，地方金融监督管理局的职能发挥尤为重要。一方面，应明确中央和地方的监管界限，做到良好合作，协同管理。另一方面，地方金融监管局要注重以市场化的金融资源配置为主导，大力建设适宜的金融生态环境，打造良好的信用环境。

最后，推进差异化管理。由于我国各区域经济发展和风险水平差异较大，因此不能采用"一刀切"的管理方式，宜结合各区域实际情况采用差异化监管。在中央与地方协同监管的前提下，将监管权力适当下放给地方，使地方金融监管局的职责更加具体化。

二、改革区域信用体系

根据我国信用体系现状，建立全国性的信用体系成为必然。为更好地衔接全国与地方的信用体系，需要注意以下几个方面：信用法律建设、信用信息数据库、信用评价方法、评价结果应用等。从地方层面来看，信用法规的制定需要遵循国家的相关规定和要求，并结合区域自身情况。另外，地方政府应积极推进信用信息数据库的建设和信用管理标准的统一。在保证各地的信用评价结果具有有效性、通用性的同时，也为建设全国性信用体系提供支撑。

三、完善区域社会保障体系

目前，各区域的经济和金融发展水平差异巨大，缩小区域之间的差异有助于防范系统性金融风险的传染。完善区域社会保障体系既可以缩小各区域差异，也有利于降低区域内的财政压力，实现风险分散，并将资金更有效地运用到地区经济建设上来。完善区域社会保障体系，首先是制度的改进和完善，其次是通过多方渠道改变资金不充足问题。特别地，完善对失业和破产的救助，解决潜在的社会问题，为居民和企业消除后顾之忧，更有保障地推进自身发展，助推经济增长新旧动能转型，化解系统性金融风险。

第四节　本 章 小 结

本章首先阐释了区域经济增长动能转换的含义和特征，以及区域系统性金融风险的内涵和生成机理。其次，量化分析了区域系统性金融风险的时序变化特征和空间分布特征。随后，从地方政府债务和各部门杠杆率等角度，分析了区域经济增长动能转换与区域系统性金融风险的关系。最后，在前文分析的基础上，提出防控区域系统性金融风险的对策。

第七章　系统性金融风险测量及其与经济"脱实向虚"的关系分析[①]

在微观经济层面上，"脱实向虚"主要体现在企业过度金融化，即非金融企业大量增加金融资产投资，而减少生产性投资的现象。本章从金融化企业由于充当"实体中介"而具有"系统重要性机构"属性的角度，更深入地阐述微观企业"脱实向虚"与系统性金融风险之间的关系。

具体而言，本章采用企业边际风险贡献的微观方法测度系统性金融风险，并将金融化企业视为系统重要性机构，从企业金融化引发的市场作用出发，揭示经济"脱实向虚"引致系统性金融风险的传导机制。

第一节　经济"脱实向虚"与系统性金融风险的现实背景

随着中国经济进入由高速增长转向高质量发展的关键时期，经济"脱实向虚"成为转型升级面临的严峻问题，而企业金融化正是其重要的微观表现方式（彭俞超等，2018）。一方面，旧增长动能逐渐消退，新动能尚未形成，在"破而未立"的新旧动能转换过程中，快速调整的金融体系与缓慢转型的实体经济之间便会出现各种不协调；另一方面，国际贸易摩擦、传统行业产能过剩等诸多问题导致内外需不足，使得实体经济投资回报率下降。因此，企业对金融领域的投资意愿明显高于实体投资，金融服务实体经济的功能逐渐丧失，进而积累系统性金融风险（何德旭和王朝阳，2017；李建军和韩珣，2019）。近年来，企业金融化的具体表现为：①企业通过投资、并购等多种手段大量涉足银行、证券公司等金融企业，使企业的股权链条、融资投资链条和业务链条越发复杂；②企业偏好理财产品等金融投资；③企业凭借自身的融资优势获得相对廉价的借入资金，再通过借款方式将资金投向其他低信用地位的企业，以获取资金差价，成为事实上的融资平台。上述金融化模式都会促使企业资产配置中的金融资产占比或金融渠道获利占企业利润的比例不断提高（范小云，2018）。

[①] 本章改写自崔惠颖，赵海文. 2023. 企业"脱实向虚"与金融风险：类金融机构角度的新解释[J]. 管理现代化，43(6): 39-49。

根据作者测算，2007～2020 年沪深两市非金融、非房地产类上市企业平均持有交易性金融资产、投资性房地产净额等类金融资产的规模由 45 760 万元上升到 165 000 万元。此外，早在 2016 年时，非金融上市企业平均已有超过 20%的利润来自金融渠道（张成思和张步昙，2016）。企业金融化行为也早已引起政府和学术界的广泛关注。习近平总书记在 2015 年底和 2017 年底的中央经济工作会议上，分别指出"要加强全方位监管，规范各类融资行为，抓紧开展金融风险专项整治"①和"打好防范化解重大风险攻坚战，重点是防控金融风险，要服务于供给侧结构性改革这条主线，促进形成金融和实体经济、金融和房地产、金融体系内部的良性循环"②。党的十九大报告也明确要求："深化金融体制改革，增强金融服务实体经济能力，提高直接融资比重，促进多层次资本市场健康发展。健全货币政策和宏观审慎政策双支柱调控框架，深化利率和汇率市场化改革。"③党的二十大进一步强调："强化金融稳定保障体系，依法将各类金融活动全部纳入监管，守住不发生系统性风险底线。"④因此，探究企业金融化的业务模式对金融风险的影响以及风险在不同渠道的传导机制，对于从微观视角理解经济"脱实向虚"如何引致系统性金融风险具有重要的理论和现实意义。

在经济增长动能转换伴随增速下降的过程中，金融市场不发达和特殊的体制机制导致的金融抑制、银行信贷歧视等问题，使得我国非金融类企业出现了金融化趋势。企业金融化又加剧了金融市场化改革进程中的风险，以及经济结构调整中的风险。与西方国家以大量银行等金融机构（债权方）倒闭的形式爆发系统性金融风险不同，企业金融化引致的风险更有可能是先从债务人方面发生崩溃，而形成直接的传染。也就是说，企业部门由于其特殊的脆弱性"体质"，我国的系统性金融风险更可能表现为债务人丧失融资能力的危机（范小云，2018）。企业金融化导致金融体系更加复杂，风险隐蔽性更高，金融体系的风险传染性和关联性更强。由于金融化的企业具有规模大或关联性高的特征，已经具备了与系统重要性金融机构相似的作用，这也成为引发金融不稳定的重要风险源头。尽管目前对企业金融化的研究相对丰富，但对企业金融化与微观金融风险的研究较少。更重要的是，鉴于国内"脱实向虚"的现实特点，从系统重要性机构的视角对企业金融化与企业风险贡献进行研究，可以为系统性金融风险的生成演化提供一个新的分析视角。此外，金融资产配置存在显著的结构化特征（刘贯春等，2018），并且可

能存在最优企业金融化水平（戴赜等，2018）。因此，本章拟在国内外关于系统重要性金融机构与金融风险研究的基础上，兼顾企业金融化的期限结构和非线性关系，从理论和经验层面探究非金融企业金融化对系统性风险的影响。

利用 2007～2020 年沪深 A 股非金融类上市公司的数据，实证检验非金融企业金融化对其自身风险贡献的影响，同时考虑金融资产配置的期限结构差异和非线性关系，以及在公司规模和企业风险关联性存在差异的企业中，企业金融化对企业边际风险贡献的异质性影响。然后，进一步从自身脆弱性、关联性等视角，检验企业金融化对系统性风险的传导机制。最后，根据实证结果针对性地提出抑制企业过度金融化、防范化解系统性金融风险以及促使经济"脱虚向实"的政策建议。与已有研究相比，本章的主要贡献在于：其一，与现有研究不同，本章将金融化企业视为系统重要性机构，从其金融化引发的市场作用出发，这是揭示经济"脱实向虚"引致系统性风险的一个新视角；其二，引入企业金融化的期限结构及其与风险贡献的非线性关系；其三，从理论和经验层面剖析企业金融化对其风险贡献的影响，并分析了两者之间不同的传导机制。

本章的结构安排如下：第二节针对企业金融化及其与系统性金融风险关系的相关文献进行梳理，并提出本章的研究假设；第三节是研究数据和研究设计；第四节是企业金融化与企业边际风险贡献的实证结果分析；第五部分是研究结论与政策启示。

第二节　企业金融化及其与系统性金融风险关系的相关文献

关于企业金融化的研究，大多集中于企业金融化的动机及其经济效应。对于企业金融化的动机解释，可以分为"蓄水池"理论、"投资替代"理论和"实体中介"理论。其中，"蓄水池"理论认为企业为防止现金流冲击带来资金链断裂风险，而持有金融资产（Smith and Stulz，1985；胡奕明等，2017）。然而，中国企业金融化的主要原因并不是为了流动性储备的"蓄水池"动机（张成思和张步昙，2016）。"投资替代"理论认为企业为追求利润最大化，当金融投资收益高于实体经济投资收益时，企业倾向于用金融资产投资替代实体经济投资（Demir，2009；胡奕明等，2017）。"实体中介"理论则针对新兴市场国家的企业金融化现象，Shin 和 Zhao（2014）认为由于银行的融资歧视，部分企业更易于从银行获得资金，但生产效率较低，因而将资金转贷给其他企业，进而成为"实体中介"。对于企业金融化的经济效应，可以分为包括优化企业部门的资金配置（Hsieh and Klenow，2009；Du et al.，2017）、分散企业风险（Demir，2009）、缓解财务困境（Denis and Sibilkov，2010）等在内的正面影响，以及包括抑制实体经济投资（Demir，2009；张成思和张步昙，2016）、提高融资成本（刘珺等，2014）、导致金融风险或资产价格泡沫（王永钦等，2015；张成思等，2014）等在内的负面影响。结合国内外学者关于企业金融化的正负面影响的相关研究，企业金融化很可能存在最优水平。也就是说，企业金融化与实体经济投资以及金融风险的非线性关系值得关注（戴赜等，2018；胡海峰等，2020）。

近年来，逐渐出现了一些关于企业金融化削弱金融稳定、引发金融风险的研究，此类研究为数不多，主要从如下三种视角进行阐述。其一，资产价格泡沫的视角。企业金融化导致资金不断从实体部门流入虚拟部门，诱发房地产价格和资本市场价格泡沫的形成，造成虚拟经济过度膨胀，进而引起金融系统的不稳定，诱导金融危机发生（成思危，2015）。其二，风险传染的视角。企业将从银行获得的资金投向金融活动，提高系统性金融风险。如果部分企业持有的金融资产发生大幅减值，则可能会引起连锁反应，导致金融化的企业陷入财务困境，进而影响银行体系的稳定性（王永钦等，2015）。此外，中国企业金融化行为具备显著传染效应，即部门同族企业的金融化策略对该企业产生显著正向影响，进而显著负向影响金融稳定（刘景卿和李璐，2021）。其三，彭俞超等（2018）指出企业金融投资可以通过提升股价崩盘风险来影响金融市场稳定，将研究视角聚焦于企业内外部的信息不对称问题。叶显等（2020）发现，金融资产配置对股价崩盘风险有着明显的期限结构异质性影响，短期金融资产配置显著地提升了企业的股价崩盘风险，而长期金融资产配置对其却有较强的抑制作用。这三方面研究为理解企业金融化与金融稳定之间的关系，提供了重要的理论和现实启示。然而，上述研究的共同点是仍将金融化的企业视为实体经济的组成部分。事实上，由于企业在"脱实向虚"的过程中越来越多地参与到金融系统之中，甚至已经承担了实质性的"金融中介"作用，因而这些金融化的企业已成为金融系统中的一部分，特别是其中规模较大、与其他企业和市场关联性较高的企业，已成为系统重要性机构（范小云，2018）。

因此，我们有必要从金融化企业的"金融属性"出发，重新审视企业金融化与系统性风险的关系，以及它们之间的传导机制。从金融视角来看，导致系统性金融风险的内部因素主要涉及金融系统内在的脆弱性（Minsky，1978）和金融机构之间的关联性（Chakravorti，2000）。前者主要是由信息不对称、缺乏流动性、金融市场的过度创新及杠杆工具的过度运用（包括影子银行）和市场主体的有限理性等因素造成的。后者则主要是由金融机构之间的业务、资产负债关联性和风险同质化等因素造成的。此外，2007年次贷危机之后，关于系统重要性金融机构的讨论成为解释系统性金融风险成因的热点领域。系统重要性金融机构由于规模性、复杂性和系统关联性等，一旦经营失败，便会给整个金融系统乃至实体经济带来显著破坏。据此，基于企业金融化及其风险贡献的特点，本章以将金融化的企业视为金融系统中的组成部分这一全新视角，从企业金融化导致的企业股价风险的内在脆弱性、企业风险之间的关联性两个维度，分析企业金融化对系统性风险边际贡献的传导机制。

鉴于以上分析，提出本章的三个假设。

假设 1：企业金融化与其系统性风险边际贡献的影响关系呈"U"形，即适度金融化可以降低企业边际风险贡献，过度金融化增加企业边际风险贡献。而且，该"U"形关系仅存在于短期金融资产配置中。

假设 2：企业金融化通过提高自身股价的内在脆弱性，进而加剧系统性金融风险。

假设 3：企业金融化通过增加企业风险之间的关联性，进而加剧系统性金融风险。

第三节　本章主要变量的测度与实证模型

一、研究数据

由财政部制定的《企业会计准则》自 2007 年 1 月 1 日起施行，后经多次修改和更新。考虑到企业金融投资变量指标的可获得性和财务数据口径的统一性，本章以 2007～2020 年 A 股上市公司为样本。另外，由于本章关注的是非金融企业"脱实向虚"的金融化投资行为，因此按照适合本章样本和时间范围的中国证券监督管理委员会 2012 版行业分类，剔除了金融业和房地产业上市公司。同时参照研究惯例，剔除了主要变量存在缺失值和相关数据少于 5 年的样本，以及处于 ST 类、退市等特殊状态的样本，共得到 13 383 个样本观测值。为了排除极端值的影响，本章对所有连续变量在前后 1%水平上进行了缩尾处理。本章选取的数据来源于国泰安数据库、万得（Wind）和中经网统计数据库。

二、变量定义与研究设计

（一）被解释变量

本章借鉴 Acharya 等（2017）的方法，使用 MES 表示单个企业对系统性风险的边际贡献。计算方法是：首先在给定的时间区间内（比如 1 年），确定市场收益最差的 5%个交易日，本章市场收益率由所有样本企业日收益率加权得到，权重为各企业的股本数；其次计算在这 5%个交易日内，任意给定上市企业股票收益率平均值的相反数。具体计算公式为

$$\text{MES}_{i,t} = -\frac{1}{\Theta\text{days}} \sum_{t':5\%\text{tail}} R_{t'}^i \qquad (7\text{-}1)$$

其中，$R_{t'}^i$ 为上市企业 i 在给定时间区间内市场收益最差的 5% 个交易日 t' 内的股票收益率；Θdays 为在给定时间区间内市场收益最差的 5% 个交易日（即 t'：5%tail）的天数之和。可见，MES 越大，该企业的边际风险贡献就越大。

（二）核心解释变量

对于企业从事金融投资活动程度的测算，现有文献主要采用基于财务报表的明细科目和资产、负债相关性两种方法。前者又可分为从资产和利润两个方面来度量企业金融化，而后者更适用于没有详细披露财务报表的非上市企业（戴赜等，2018）。鉴于本章的研究对象为非金融上市企业，为更全面、准确地测度企业金融化程度，本章将在回归分析中使用基于资产科目的度量方式。

现有大部分研究多采用企业资产负债表中的类金融资产（包括交易性金融资产、衍生金融资产、买入返售金融资产净额、发放贷款及垫款净额、可供出售金融资产净额、持有至到期投资净额、长期股权投资净额和投资性房地产净额）与期末总资产之比作为衡量企业金融化水平的指标（刘珺等，2014；宋军和陆旸，2015；彭俞超等，2018）。Demir（2009）进一步将企业金融化程度细分为短期金融化程度（SFin_inv）和长期金融化程度（LFin_inv）。为实现样本区间覆盖 2007～2020 年，同时兼顾 2017 年 3 月发布并于 2019 年开始执行的新金融工具准则，在已有研究基础上，本章将资产视角的企业金融化所涉及的类金融资产做相应补充，并以流动性区分短期金融资产和长期金融资产。具体计算方法见表 7-1。

表 7-1　类金融资产计算方法

类金融资产类别（按流动性划分）	新金融工具准则执行前类金融资产报表科目（2019 年前）	新金融工具准则执行后类金融资产报表科目（2019 年后）	类金融资产计算科目
短期金融资产	交易性金融资产 衍生金融资产 买入返售金融资产净额	交易性金融资产 衍生金融资产 买入返售金融资产净额	交易性金融资产 衍生金融资产 买入返售金融资产净额
长期金融资产	发放贷款及垫款净额 可供出售金融资产净额 持有至到期投资净额 长期股权投资净额 投资性房地产净额	发放贷款及垫款净额 债权投资 其他债权投资 长期股权投资净额 其他权益工具投资 其他非流动金融资产 投资性房地产净额	发放贷款及垫款净额 可供出售金融资产净额 持有至到期投资净额 长期股权投资净额 投资性房地产净额 债权投资 其他债权投资 其他权益工具投资 其他非流动金融资产

（三）模型设定与控制变量

为了验证假设 1，本章构建如下回归模型来考察企业金融化对金融风险的影响：

$$\text{MES}_{i,t} = \alpha_0 + \alpha_1 \text{Fin\_inv}_{i,t} + \alpha_2 \text{Fin\_inv}_{i,t}^2 + \lambda X_{i,t} + \varphi_i + \omega_t + \varepsilon_{i,t} \tag{7-2}$$

其中，下标 i 为企业，t 为年度；MES 为企业的边际风险贡献；企业金融化程度（Fin_inv）的一次项和二次项为核心解释变量；X 为一组控制变量；α_0 为截距项；α_1 和 α_2 分别为两个核心解释变量的回归系数；λ 为控制变量的回归系数；φ_i 和 ω_t 分别为控制了企业层面上非时变因素的企业固定效应和时间层面上不随企业变化的年度固定效应；$\varepsilon_{i,t}$ 为随机扰动项；模型对回归系数的标准误在企业层面进行了聚类处理。按照假设 1 预期，二次项系数 α_2 应显著为正。

此外，参照现有研究，本章加入的一系列企业层面控制变量包括：企业规模（Size）、净资产收益率（ROE）、企业上市年限（Age）、企业杠杆率（Leverage）、企业成长性（Growth）、股权结构（Ownershare）和托宾 Q 值（Q）。同时，在宏观层面加入可能影响企业投资决策的货币政策作为控制变量（Delta_M2）。

适度的企业金融化有助于降低企业对系统性风险的贡献，但是过度的金融化程度会导致风险积累。企业金融化加剧了我国金融体系的复杂性，导致我国金融体系的风险传染。由于自身规模和与金融市场的关联性，这些金融化的企业与系统重要性机构一样，已经构成系统重要性金融机构，应将其纳入系统性金融风险的管理体系（范小云，2018）。因此，探明企业金融化与企业边际风险贡献之间的理论逻辑和传导机制，有助于帮助企业和监管部门识别适度的金融投资程度，进而有利于防范化解系统性金融风险。更重要的是，已有研究关于金融系统如何生成系统性风险，为分析企业金融化与其边际风险贡献的传导机制提供了重要思路。从金融系统内部来看，自身的内在脆弱性和相互关联性是金融不稳定的关键诱因。据此，鉴于企业金融化及其风险贡献的特点，本章从内在脆弱性和关联性两个维度分析企业金融化对企业边际风险贡献的传导机制，具体构建了式（7-3）～式（7-8）进行实证检验。

$$\text{MES}_{i,t} = \beta_0 + \beta_1 \text{Fin\_inv}_{i,t} + \lambda X_{i,t} + \varphi_i + \omega_t + \varepsilon_{i,t} \tag{7-3}$$

$$\text{Ncskew}_{i,t} = \beta_0 + \beta_2 \text{Fin\_inv}_{i,t} + \lambda X_{i,t} + \varphi_i + \omega_t + \varepsilon_{i,t} \tag{7-4}$$

$$\text{MES}_{i,t} = \beta_0 + \beta_3 \text{Fin\_inv}_{i,t} + \beta_4 \text{Ncskew}_{i,t} + \lambda X_{i,t} + \varphi_i + \omega_t + \varepsilon_{i,t} \tag{7-5}$$

$$\text{MES}_{i,t} = \gamma_0 + \gamma_1 \text{Fin\_inv}_{i,t} + \lambda X_{i,t} + \varphi_i + \omega_t + \varepsilon_{i,t} \tag{7-6}$$

$$\text{Relevance}_{i,t} = \gamma_0 + \gamma_2 \text{Fin\_inv}_{i,t} + \lambda X_{i,t} + \varphi_i + \omega_t + \varepsilon_{i,t} \tag{7-7}$$

$$\text{MES}_{i,t} = \gamma_0 + \gamma_3 \text{Fin\_inv}_{i,t} + \gamma_4 \text{Revelance}_{i,t} + \lambda X_{i,t} + \varphi_i + \omega_t + \varepsilon_{i,t} \tag{7-8}$$

式（7-3）～式（7-5）用于检验企业金融化是否通过内在脆弱性这一传导机制，对边际风险贡献产生影响。被解释变量企业边际风险贡献采用 MES 来衡量，$\text{Ncskew}_{i,t}$ 为企业 i 在第 t 期的股价崩盘风险，反映了企业股价的内在脆弱性。在金融体系日益交错的情况下，企业金融化可以引起企业本身的股票价格崩盘（彭俞超等，2018），并通过一系列交叉传染，影响金融市场的稳定（Hong and Stein，2003）。若 β_2 显著且 β_4 系数为正，则说明企业金融化会加剧自身股价的内在脆弱性，进而增加企业边际风险贡献，支持假设 2。参照 Chen 等（2001）和彭俞超等（2018）的研究，本章利用负收益偏态系数测度股价的内在脆弱性，首先通过估计如下模型来计算股票的特质收益率。

$$r_{i,w} = \theta_0 + \theta_1 r_{m,w-2} + \theta_2 r_{m,w-1} + \theta_3 r_{m,w} + \theta_4 r_{m,w+1} + \theta_5 r_{m,w+2} + \varepsilon_{i,w} \tag{7-9}$$

其中，$r_{i,w}$ 为股票 i 在第 w 周的收益率；$r_{m,w}$ 为第 w 周的流通市值加权平均市场（m）收益率；得到该回归的残差项 $\varepsilon_{i,w}$，则股票 i 在第 w 周的特质收益率为 $ir_{i,w} = \ln(1 + \varepsilon_{i,w})$。其次，进一步计算负收益偏态系数 $\text{Ncskew}_{i,t}$：

$$\text{Ncskew}_{i,t} = -\frac{n(n-1)^{\frac{3}{2}} \sum w_{i,j}^3}{(n-1)(n-2)\left(\sum w_{i,j}^2\right)^{\frac{3}{2}}} \tag{7-10}$$

式（7-6）～式（7-8）用于检验企业金融化是否通过关联性这一传导机制，对边际风险贡献产生影响。Bernanke（2009）提出系统重要性机构有"太大而不能倒"和"太关联而不能倒"的问题，强调企业规模和关联性是评价系统重要性机构的关键指标。企业之间相互关联，一方面因为业务往来密切，另一方面则指公司间业务因其同质性而关联。从事金融投资需有较强专业性，实体企业在缺乏投资经验情况下，会模仿相关企业进行投资决策（Scharfstein and Stein，1990）。金融风险因模仿行为而放大的同时，模仿行为也成为公司之间的关联桥梁。同省份和同行业企业往往会成为被模仿的对象，因而本章选取短期金融资产配置的同省份均值和同行业均值衡量企业关联性，相关指标具体由剔除本企业后同省份或同行业的金融化水平后计算得到。本章主要的变量定义与描述性统计如表 7-2 所示。

表 7-2 变量定义与描述性统计

变量	变量含义	样本量	均值	标准差	最小值	最大值
MES	企业边际风险贡献，市场收益最差的5%个交易日内个股收益率平均值相反数	13 383	0.054 7%	0.020 3%	0.014 1%	0.099 9%
Fin_inv	企业金融化程度，类金融资产/总资产	13 383	0.094 2%	0.119 0%	0.000 2%	0.611 0%

续表

变量	变量含义	样本量	均值	标准差	最小值	最大值
SFin_inv	短期金融化程度，流动性类金融资产/总资产	13 383	0.084 0%	0.111 0%	0	0.577 0%
LFin_inv	长期金融化程度，非流动性类金融资产/总资产	13 383	0.009 1%	0.030 8%	0	0.205 0%
Size	企业规模，企业期末总资产的对数	13 383	22.260 0%	1.183 0%	19.740 0	25.620 0
ROE	净资产收益率，企业净资产回报率与普通股股东权益收益率之比	13 077	0.044 6%	0.169 0%	–1.027 0%	0.354 0%
Age	企业上市年限，当年减去企业上市年份加1后取对数	13 383	2.569 0%	0.413 0%	1.792 0%	3.434 0%
Leverage	企业杠杆率，权益乘数	13 210	2.262 0%	1.360 0%	0.967 0%	9.885 0%
Growth	企业成长性，企业本期主营业务收入/上期主营业务收入–1	13 180	0.174 0%	0.541 0%	–0.630 0%	3.864 0%
Ownershare	股权结构，企业实际控制人拥有上市公司所有权的比例	11 626	31.530 0%	16.140 0%	0.004 3%	89.890 0%
Q	托宾 Q 值，公司市场价值/资产重置成本	12 862	2.130 0%	1.445 0%	0.864 0%	9.413 0%
Delta_M2	宏观货币政策，本年货币供给量–上年货币供给量	13 223	14.030 0%	3.443 0%	5.786 0%	20.030 0%
Ncskew	股价崩盘风险，计算方法详见正文	13 383	–0.375 0%	1.070 0%	–2.797 0%	2.099 0%
Relevance	系统性风险关联性，企业金融化的同群效应：同省份金融化水平	13 383	0.009 0%	0.012 6%	0	0.043 5%
	系统性风险关联性，企业金融化的同群效应：同行业金融化水平	13 383	0.011 1%	0.012 9%	0	0.049 8%

第四节　企业金融化与边际风险贡献的实证结果分析

一、基准模型

首先，本章对式（7-2）中的企业金融化程度与企业边际风险贡献的关系进行检验，控制企业固定效应和年度固定效应情况下的回归结果如表 7-3 所示。第(1)、(4)列考察按照 12 项类金融资产科目合并计算的企业金融化程度（即包含长期和短期企业金融化在内的总金融化指标）与企业边际风险贡献之间的关系。在纳入控制变量集之后，Fin_inv^2 系数无法通过统计显著性检验，实证结果并不支持企业整体金融化水平与边际风险贡献存在"U"形关系。导致这一结果的原因可能在于，企业各项金融资产在性质、流动性、期限结构等方面存在较大差异，宽口径下的金融化指标可能掩盖了各类金融资产所包含的信息特征。若要进一步挖掘金融化水平对企业边际风险贡献的影响，还需要对数据进行细分检验。列（2）、（5）和列（3）、（6）分别为依据流动性划分的长期金融资产和短期金融资产而计算的企业金融化对边际风险贡献的回归结果。可以发现，长期金融资产计算得出的金融化指标（LFin_inv）仍旧无法通过显著性检验，而短期金融资产计算得出的金融化指标（SFin_inv）在回归模型中的一次项和二次项系数，均在 1%的水平上显著。由此可见，企业金融化与其边际风险贡献之间的关系，确实受到了金融资产期限结构的影响。

表 7-3　企业金融化程度与边际风险贡献

变量	MES					
	(1)	(2)	(3)	(4)	(5)	(6)
Fin_inv	$-0.008\ 8^{**}$			$-0.009\ 7^{**}$		
	(0.003 6)			(0.004 0)		
Fin_inv^2	$0.013\ 2^{*}$			0.012 3		
	(0.007 0)			(0.007 8)		
LFin_inv		$-0.000\ 5$			$-0.000\ 9$	
		(0.003 9)			(0.004 4)	
LFin_inv^2		0.003 5			0.002 2	
		(0.008 2)			(0.009 1)	
SFin_inv			$-0.111\ 4^{***}$			$-0.099\ 8^{***}$
			(0.012 0)			(0.013 3)
SFin_inv^2			$0.502\ 3^{***}$			$0.419\ 6^{***}$
			(0.065 2)			(0.072 7)
Size				$-0.000\ 7^{***}$	$-0.000\ 6^{**}$	$-0.000\ 6^{**}$
				(0.000 2)	(0.000 2)	(0.000 2)
ROE				0.000 2	0.000 2	0.000 1
				(0.000 7)	(0.000 7)	(0.000 7)
Age				$-0.000\ 3$	$-0.000\ 7$	$-0.000\ 3$
				(0.001 6)	(0.001 6)	(0.001 5)
Leverage				0.000 2	0.000 2	0.000 2
				(0.000 1)	(0.000 1)	(0.000 1)
Growth				$-0.000\ 3$	$-0.000\ 2$	$-0.000\ 2$
				(0.000 2)	(0.000 2)	(0.000 2)

续表

变量	MES					
	(1)	(2)	(3)	(4)	(5)	(6)
Ownershare				0.000 0	0.000 0	0.000 0
				(0.000 0)	(0.000 0)	(0.000 0)
Q				−0.000 1	−0.000 1	−0.000 1
				(0.000 1)	(0.000 1)	(0.000 1)
Delta_M2				−0.002 3***	−0.002 3***	−0.002 3***
				(0.000 1)	(0.000 1)	(0.000 1)
截距项	0.076 6***	0.076 1***	0.076 3***	0.105 7***	0.102 8***	0.102 6***
	(0.000 5)	(0.000 6)	(0.000 5)	(0.005 6)	(0.005 7)	(0.005 6)
样本量	13 383	13 383	13 383	11 050	11 050	11 050
调整的 R^2	0.785	0.785	0.787	0.798	0.798	0.800
年份和个体固定效应	控制	控制	控制	控制	控制	控制

注：括号内为稳健标准误

*、**和***分别代表在 10%、5%和 1%的水平上显著

无论是否加入控制变量，短期金融资产配置二次项指标（SFin_inv^2）的系数均在 1%的水平上显著为正（0.5023、0.4196），表明其对企业边际风险贡献的影响关系呈"U"形，即企业适度配置短期金融资产可以降低企业边际风险贡献，过度配置短期金融资产则会增加企业边际风险贡献。同时，SFin_inv 指标系数显著为负（−0.1114、−0.0998），该"U"形曲线的转折点为 SFin_inv=0.1189，恰好位于本章研究样本观测值[0, 0.577]区间内，能够有效解释短期金融资产配置与企业边际风险贡献之间的"U"形关系。具体而言，当企业的短期金融资产配置率超过 11.9%时，随着金融资产的继续配置，企业对边际风险贡献将逐渐加大，这一结论验证了本章的假设 1。

二、稳健性检验

为进一步证明估计结果的有效性，本章运用替换被解释变量、工具变量检验以及倾向评分匹配（propensity score matching，PSM）检验等方法，进行稳健性检验。

（一）变量替换法

前文在衡量企业对系统性风险的边际贡献时，采用的是 MES 指标。在稳健性检验部分，参考 Armstrong 和 Vashishtha（2012）的研究运用股价波动捕捉企业

风险的做法，通过资本资产定价模型（capital asset pricing model，CAPM）将企业股票收益率分解为市场收益率解释的部分和非市场收益率解释的部分，并定义个股系统性风险为被市场所解释的收益率标准差，具体的计算公式如下：

$$r_{it} = \lambda_0 + \lambda_1(\mathrm{mr}_t - \mathrm{rf}) + \eta_{it} \tag{7-11}$$

其中，r_{it} 为个股 i 在第 t 日的股票收益率；mr_t 为根据总市值加权后的市场收益率；rf 为用一年期存款利率表示的无风险利率；λ_0 为截距项；λ_1 为市场组合超额收益的回归系数；η_{it} 为随机扰动项。本章选取各企业每年日度收益率对式（7-11）进行回归，再利用回归结果分年度计算 λ_1 拟合值的标准差，得到替换 MES 的新企业风险贡献测度指标 RISK，再重新进行基础回归。替换被解释变量的稳健性检验结果如表 7-4 所示。

表 7-4　稳健性检验（1）：替换被解释变量

变量	RISK					
	(1)	(2)	(3)	(4)	(5)	(6)
Fin_inv	−0.0098			−0.0155		
	(0.0082)			(0.0130)		
Fin_inv^2	0.0228			0.0324		
	(0.0146)			(0.0228)		
LFin_inv		−0.0115			−0.0168	
		(0.0087)			(0.0138)	
LFin_inv^2		0.0269			0.0364	
		(0.0164)			(0.0253)	
SFin_inv			−0.0233*			−0.0400*
			(0.0140)			(0.0206)
SFin_inv^2			0.1439**			0.2259**
			(0.0720)			(0.1060)
控制变量	未控制	未控制	未控制	控制	控制	控制
截距项	0.0269***	0.0270***	0.0266***	0.0370**	0.0375**	0.0342**
	(0.0006)	(0.0006)	(0.0004)	(0.0185)	(0.0190)	(0.0161)
样本量	9057	9057	9057	7447	7447	7447
调整的 R^2	0.077	0.077	0.077	0.069	0.069	0.069
企业和年份固定效应	控制	控制	控制	控制	控制	控制

注：括号内为稳健标准误

*、**和***分别代表在 10%、5%和 1%的水平上显著

列（1）～（3）分别为总金融资产、长期金融资产和短期金融资产口径下的金融化水平与企业风险贡献之间的回归结果。同样，仅有列（3）表示的短期金融资产配置与风险之间的二次项系数在 5%的水平上显著，即短期金融资产配置与金融风险之间存在"U"形关系。列（4）～（6）显示在加入控制变量之后回归结果不变，说明前述检验结果是稳健的。

（二）内生性问题

为了克服反向因果、遗漏变量等导致的潜在内生性问题对实证结果的影响，本章参考李建军和韩珣（2019）的研究，以解释变量滞后项作为工具变量的检验思路，将解释变量短期企业金融化水平的滞后两期作为工具变量（L2.SFin_inv），进行内生性检验。企业决策具有一定路径依赖性质，当期金融投资决策会受前期金融决策的潜在影响，满足工具变量相关性假设。同时，金融资产配置对企业边际风险贡献的影响可能具有一定时滞性，因而本章选取被解释变量滞后两期数据作为工具变量，在一定程度上隔离变量间的时滞效应，满足排他性假设。考虑到个体层面异方差和个体扰动项之间的相关性，回归过程进行了聚类调整。基于两阶段最小二乘法的工具变量检验结果如表 7-5 所示。

表 7-5　稳健性检验（2）：工具变量检验

变量	一阶段		二阶段
	(1)	(2)	(3)
	SFin_inv	SFin_inv^2	MES
SFin_inv			−3.7300***
			(0.1221)
SFin_inv^2			2.5124***
			(0.9642)
L2.SFin_inv	8.7300***	4.3600***	
	(0.1072)	(0.0214)	
控制变量	控制	控制	控制
截距项	−0.0239***	−0.0006***	0.1038***
	(0.0068)	(0.0012)	(0.0039)
样本量	6500	6500	6500
F 值（一阶段）	97.64	38.72	
调整的 R^2（二阶段）			0.667
年份和个体固定效应	控制	控制	控制

注：括号内为稳健标准误

***代表在 1%的水平上显著

表 7-5 中列（1）、（2）表明，在第一阶段回归中，工具变量（L2.SFin_inv）对 SFin_inv 和 SFin_inv^2 的回归均在 1%的水平上显著，且 F 值分别为 97.64 和 38.72，表明工具变量与内生解释变量均高度相关。列（3）为第二阶段回归结果，短期金融资产配置二次项系数在 1%的水平上显著为正，表明假设 1 的回归结果较为稳健。

进一步选用两阶段最优广义矩估计（generalized method of moments，GMM）进行同步检验，如表 7-6 所示，检验结果依然稳健。

表 7-6　稳健性检验（3）：工具变量检验

变量	一阶段		二阶段
	（1）	（2）	（3）
	SFin_inv	SFin_inv^2	MES
SFin_inv			−0.4551***
			(0.1221)
SFin_inv^2			2.5124***
			(0.9642)
L2.SFin_inv	0.9358***	0.0932***	
	(0.1073)	(0.0214)	
控制变量	控制	控制	控制
截距项	0.0715***	0.0124***	0.0651***
	(0.0158)	(0.0029)	(0.0056)
样本量	6500	6500	6500
F 值（一阶段）	25.65	11.72	
调整的 R^2（二阶段）	0.261	0.164	0.667
年份和个体固定效应	控制	控制	控制

注：括号内为稳健标准误
***代表在 1%的水平上显著

（三）倾向评分匹配法

倾向持有短期金融资产配置的企业，可能本身对风险的边际贡献相对较大，样本可能存在选择性偏差导致的内生性问题。本章采用倾向评分匹配法进行稳健性检验，以分析结论的可靠性。具体以是否配置短期金融资产为匹配标准，构建虚拟变量 SFin_inv_DUM，其取值为 1 代表企业配置短期金融资产，取值为 0 代表企业未配置短期金融资产。将全部控制变量设定为协变量后进行 logit 回归，匹配后样本组与控制组协变量标准化误差的取值均小于最大值 4.9,匹配结果能够通过平衡性检验。基于匹配后样本再次回归的结果如表 7-7 所示，$SFin\_inv^2$ 回归系数为 0.3624，表明在排除潜在选择性偏误影响后，短期金融资产配置与企业边际风险贡献之间的"U"形关系仍然在 1%水平上显著成立。

表 7-7　稳健性检验（4）：倾向评分匹配法

变量	MES
SFin_inv	−0.0844***
	(0.0187)
$SFin\_inv^2$	0.3624***
	(0.1007)
控制变量	控制
截距项	0.1122***
	(0.0056)
样本量	5190
调整的 R^2	0.008
年份和个体固定效应	控制

注：括号内为稳健标准误

***代表在 1%的水平上显著

三、异质性检验

本章进一步分析企业个体特质是否对短期金融资产配置与边际风险贡献之间的关系存在异质性影响。依据系统重要性机构所具有的重要特征，本章从企业规模（Size）和系统性风险关联性（Relevance）两个角度出发，对短期金融资产配置与企业边际风险贡献的关系进行分组检验。

首先，根据企业规模（Size）均值，将企业平均分为小规模组（S_Size）和大规模组（B_Size）。其次，计算系统性风险关联性（Relevance）的同省份关联性（Relevance_P）和同行业关联性（Relevance_I）。分别按照关联性中的同省份关联性均值，将企业平均分为省内低关联组（L_Relevance_P）和省内高关联组（H_Relevance_P），以及按照同行业关联性指标（Relevance_I）均值将企业平均分为行业低关联组（L_Relevance_I）和行业高关联组（H_Relevance_I）。各分组的检验结果如表 7-8 所示。

表7-8　异质性检验：分组检验结果

变量	MES					
	S_Size	B_Size	L_Relevance_P	H_Relevance_P	L_Relevance_I	H_Relevance_I
	(1)	(2)	(3)	(4)	(5)	(6)
SFin_inv	−0.0744***	−0.1371***	−0.1177***	−0.0953***	−0.1055***	−0.0962***
	(0.0197)	(0.0208)	(0.0308)	(0.0166)	(0.0336)	(0.0174)
SFin_inv^2	0.3085***	0.6073***	0.6061***	0.4132***	0.4495**	0.3963***
	(0.1028)	(0.1214)	(0.1828)	(0.0890)	(0.2228)	(0.0921)
控制变量	控制	控制	控制	控制	控制	控制
截距项	0.1132***	0.0960***	0.0815***	0.0972***	0.1046***	0.1006***
	(0.0122)	(0.0130)	(0.0099)	(0.0078)	(0.0091)	(0.0092)
样本量	5624	5426	5785	5265	5835	5215
调整的 R^2	0.797	0.800	0.816	0.740	0.816	0.762
年份和个体固定效应	控制	控制	控制	控制	控制	控制

注：括号内为稳健标准误

和*分别代表在5%和1%的水平上显著

　　表7-8内列（1）、（2）中，无论规模是在均值以下的企业（S_Size），还是均值以上的企业（B_Size），SFin_inv^{2}系数均在1%的水平上显著为正，这说明对于不同规模的企业而言，短期资产配置与企业边际风险贡献均呈现"U"形关系。结合图7-1(a)，按照规模分组回归的"U"形关系拐点分别为TP1:SFin_inv =12.06%和TP2:SFin_inv =11.29%，均落在合理区间，依然支持假设1。但规模存在差异的企业，关联性水平对边际风险贡献的边际影响不同，如图7-1（b）所示，在规模较大企业中，其边际风险贡献对短期金融资产配置的变化相对更加敏感。规模较大的实体企业增加短期金融资产的持有量，其对系统性风险造成的影响要大于小规模企业增加同等百分比短期金融资产带来的影响。

　　列（3）、（4）为同省关联性分组回归结果，列（5）、（6）为行业关联性分组回归结果。其中，SFin_inv^{2}系数均显著为正，说明对于关联性处于不同水平的企业而言，短期资产配置与企业边际风险贡献的"U"形关系依旧存在。如图 7-1（c）、（e）所示，各组关联性回归的"U"形关系分别为TP3:SFin_inv =9.7%、TP4:SFin_inv =11.53%、TP5:SFin_inv =11.74%、 TP6:SFin_inv =12.14%，均落在合理区间内，假设1依然成立。

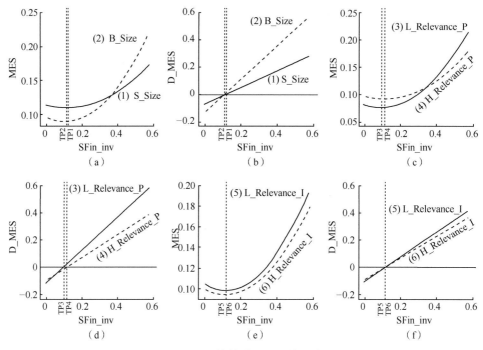

图 7-1 异质性检验：分组检验结果

图（a）（c）（e）分别为各组回归的"U"形关系图，图（b）（d）（f）为各组对应的边际效应图，D_MES 代表
MES 的边际值，TP 代表曲线拐点

但对不同关联性水平而言，短期金融资产配置对边际风险贡献的影响表现出不同特质。图 7-1（d）、（f）中，同省和同行业关联性水平较低的企业，边际风险贡献对短期金融资产变化更加敏感，边际效应更大。可能的原因在于：一方面，对于企业而言，同省或同行业企业短期金融资产持有量较低，表明该企业所处的中观环境仍以实体经济为主，较少涉足金融活动。这类企业增加短期金融资产配置，意味着逐步从实体经济转向虚拟经济，其对系统性风险的影响要大于原本已从事虚拟经济的企业增持短期金融资产。另一方面，企业管理者可能出于从众行为，而非基于掌握的信息进行投资决策（Banerjee，1992），关联性小的企业增持短期金融资产这一行为，可能导致同省、同行业企业模仿投资，进而在低关联性的企业群体中进一步扩大"脱实向虚"的影响，加剧系统性风险。总而言之，规模越大，同省、同行业关联性水平越低的企业，过度配置短期金融资产行为对系统性风险的边际影响越大。

四、进一步讨论：传导机制分析

前文通过分析短期金融资产配置对企业边际风险贡献的影响发现，企业适当

配置流动性较强的短期金融资产，能够降低系统性风险，过度配置则加剧系统性风险。可见，短期金融资产的灵活配置，可以调节非金融企业的系统性风险。如何合理利用短期金融资产配置，充分发挥金融化的积极作用，促进实体经济的稳定高质量发展，识别过度金融化对系统性风险的传导机制对回答上述问题十分关键。本章尝试从系统重要性机构特征出发，以股价崩盘风险（Ncskew）和系统性风险关联性（Relevance）为分析视角，探讨企业金融化与系统性风险之间的传染渠道。针对模型的"U"形特征，本章将短期金融化程度（SFin_inv）与"U"形拐点值（TP）之差的绝对值（$|\text{SFin\_inv}-\text{TP}|$）作为解释变量，采用中介效应分析方法进行研究。

（一）股价崩盘风险

式（7-3）至式（7-5）是对企业股价崩盘风险如何影响短期金融化程度与边际风险贡献之间关系的检验，回归结果如表7-9所示。在列（2）中，过度短期金融资产配置指标$|\text{SFin\_inv}-\text{TP}|$对 Ncskew 的回归系数为 2.0909。在列（3）中，前二者共同参与回归的系数分别为 0.0547 和 0.0009，均达到 1% 的显著性水平。这说明企业过度进行短期金融资产配置，会导致股价崩盘风险的上升，并进一步提高企业对系统性风险的边际贡献。在"U"形拐点右侧，股价崩盘风险在企业金融化与边际风险贡献的关系中起不完全中介效应。

表 7-9　中介效应检验（1）：股价崩盘风险

变量	MES	Ncskew	MES
	(1)	(2)	(3)
$|\text{SFin\_inv}-\text{TP}|$	0.056 5***	2.090 9***	0.054 7***
	(0.007 7)	(0.743 1)	(0.007 7)
Ncskew			0.000 9***
			(0.000 1)
控制变量	控制	控制	控制
截距项	0.096 1***	−1.765 6***	0.097 7***
	(0.005 7)	(0.547 3)	(0.005 7)
样本量	11 050	11 050	11 050
调整的 R^2	0.800	0.143	0.801
年份和个体固定效应	控制	控制	控制

注：括号内为稳健标准误

***代表在1%的水平上显著

（二）系统性风险关联性

表 7-10 给出了式（7-6）至式（7-8）中介效应的相关检验结果，列（1）～（3）为同省份关联性回归结果，列（4）～（6）为同行业关联性回归结果。在列（2）和列（5）中，过度短期金融资产配置指标 $|SFin\_inv - TP|$ 与系统性风险关联性回归系数达到 10% 的显著性水平，说明企业短期金融资产配置与同省份、同行业短期金融资产配置均存在正向促进关系。在列（3）中，过度短期金融资产配置指标对企业边际风险贡献的回归系数为 0.0617，同省份关联性对企业边际风险贡献的回归系数为 0.0504，系数均在 5% 的水平上显著。在列（6）中，过度短期金融资产配置指标对企业边际风险贡献的回归系数为 0.0619，同行业关联性对企业边际风险贡献的回归系数为 0.0417，达到 5% 的显著性水平，结果与列（3）相一致。这说明在决策者投资模仿行为影响下，企业过度短期金融资产配置，会通过提高同省份和同行业关联性这一渠道而放大金融风险，关联性起部分中介效应。

表 7-10　中介效应检验（2）：关联性

变量	MES	Relevance_P	MES	MES	Relevance_I	MES
	(1)	(2)	(3)	(4)	(5)	(6)
$\|SFin\_inv - TP\|$	0.062 2***	0.010 0**	0.061 7***	0.062 2***	0.007 7*	0.061 9***
	(0.007 1)	(0.004 1)	(0.007 1)	(0.007 1)	(0.004 5)	(0.007 1)
Relevance_P			0.050 4**			
			(0.023 5)			
Relevance_I						0.041 7**
						(0.021 2)
控制变量	控制	控制	控制	控制	控制	控制
截距项	0.090 3***	−0.014 8***	0.091 1***	0.090 3***	−0.015 0***	0.091 0***
	(0.005 3)	(0.002 8)	(0.005 3)	(0.005 3)	(0.003 1)	(0.005 3)
样本量	12 738	12 738	12 738	12 738	12 738	12 738
调整的 R^2	0.786	0.909	0.786	0.786	0.874	0.786
年份和个体固定效应	控制	控制	控制	控制	控制	控制

注：括号内为稳健标准误

*、**和***分别代表在 10%、5% 和 1% 的水平上显著

第五节 本 章 小 结

随着增长动能转换阶段出现的经济"脱实向虚"现象，金融化的企业已成为金融系统的重要组成部分，企业过度配置金融资产将引致系统性金融风险。基于系统重要性机构的新视角，本章利用 2007～2020 年沪深两市 A 股非金融类上市公司微观数据，运用固定效应模型、两阶段最小二乘法、广义矩估计、倾向评分匹配和中介效应模型等方法，在引入期限结构的基础上，实证检验了非金融类企业金融化对系统性风险影响的非线性关系，以及在规模和关联性不同的企业中，金融资产配置对边际风险贡献的异质性影响，并进一步从内在脆弱性和关联性等视角，分析了企业金融化与边际风险贡献之间的传导机制。

实证结果表明：第一，企业金融化对其风险边际贡献的影响呈"U"形关系，且该"U"形关系仅存在于短期金融资产配置中，即企业适度的短期金融资产配置可以降低其边际风险贡献，而过度配置短期金融资产则增加企业边际风险贡献，导致系统性风险的升高。上述结论在多重稳健性检验下依旧成立。第二，短期金融资产配置与边际风险贡献的"U"形关系在不同企业中存在异质性。规模越大，同省份、同行业关联性水平越低的企业，过度配置短期金融资产行为对系统性风险的边际影响越大。第三，企业短期金融资产的过度配置将提高自身股价的内在脆弱性，进而加剧系统性金融风险。第四，企业在资产配置上存在模仿行为并导致企业间的关联性增强，而过度金融资产配置风险将借助关联性进行传递并被放大，进而加剧系统性金融风险。

综合以上分析，可获得相关启示：一方面，从系统性风险角度来看，金融化企业已经成为金融系统的重要组成部分，因而监管政策应辐射实体企业，并关注其金融资产的期限结构。特别是，应将监管重心置于企业的短期金融资产配置上，以防止从债务人层面引致系统性金融风险。对于不同规模和不同条件环境下的企业，应坚持差异化政策导向，合理辩证地把握短期金融资产配置对系统性风险的"U"形关系，在兼顾金融资产配置的"蓄水池"功能的同时，也要合理控制金融风险。另一方面，企业在进行金融投资决策时，应更多关注过度配置短期金融资产给企业带来的潜在风险，及时根据企业情况进行合理调整，避免盲目模仿同省份和同行业企业的金融投资决策。

第八章　经济增长动能转换引致系统性金融风险的国际比较

第一节　经济增长动能转换引致系统性金融风险的典型案例

一、次贷危机

（一）次贷危机爆发的原因

在经历了经济大萧条后，美国政府采取货币政策扶持经济，其中包括降低联邦基金利率，对经济增长起到了促进作用。但当联邦基金利率接近"零利率下限"时，经济又恢复疲软无力的状态。同时为缓解中低收入群体住房紧张的问题，美国政府采取低首付和低利率贷款的政策。随着美联储连续降息及房价的连续上涨，贷款机构一方面向房地产商提供贷款，支持房地产开发，另一方面降低购房贷款条件，扩大贷款需求，允许发放贷款给信用等级低或是支付能力差的人，让其进行贷款购买房屋。美国政府的降息行为为房地产商提供低利率贷款，从而促进房地产商进行房产开发，催生出供大于求的房产过剩问题。

在此过程中，金融中介开始对次贷进行包装，形成次级抵押贷款衍生品后，投放于市场来获取利益，这种市场行为成为引发次贷危机的导火索。当美国政府采取持续加息政策和房地产市场降温时，次级抵押贷款人难以支付高额利息，到2006年违约率高达16%。

（二）次贷危机后美国政府采取的措施

在这次危机中，美国房价大跌，多家投行倒闭，通用、克莱斯勒等巨头公司也隐现破产危机，甚至对全球经济产生深远影响。面对重大金融危机，美国政府采取了一系列应对措施：①多次下调联邦基金利率，通过宽松的财政政策和货币政策刺激经济复苏；②向银行系统大量注入资金，缓解流动性风险，恢复市场信心；③向房地产行业提供大量资金，保证资金链稳定，避免发生风险传导的行为。

二、欧洲主权债务危机

（一）欧洲主权债务危机爆发的原因

在全球经济一体化的大背景下，美国和欧洲金融市场以及实体经济有着密不可分的关系。因此，美国次贷危机出现后，欧洲也受到波及。同时欧洲银行业的经营情况也在这场主权债务危机中起着不可忽略的影响，这场债务危机由金融机构蔓延到了主权债务。

最早出现主权债务危机的国家是希腊，2009 年希腊主权债务危机开始显现，主要表现为低迷的增长预期以及高失业率，希腊的财政赤字占 GDP 的 12.7%，超过欧盟《稳定与增长公约》规定的 3%的上限，其公共债务占 GDP 的比例为 113%，也超过了《稳定与增长公约》规定的 60%的上限。随着时间的推移，希腊、爱尔兰、葡萄牙、西班牙与意大利这五国的主权债务危机逐步升级与爆发，欧洲高债务所产生的风险在希腊主权债务危机中充分显示出来。

欧洲债务的起源是银行业，为救助金融危机中的银行业，各国政府的财政赤字迅速攀升。与此同时，在金融危机中，欧洲各国银行为保稳定，购入大量欧元国债，使得主权债务危机与银行业危机相互交织。

（二）次贷危机到欧洲主权债务危机的传导机制

美国次贷危机发生后，导致美国各大金融机构流动性紧缩，金融危机蔓延，欧洲银行业出现了大量与次贷相关的资产减记、损失等。市场利率上行，政府为保障金融机构利益，采用一揽子政策，大力担保、注资刺激其经济活力，或者是大规模发行国债。但由于欧洲国家整体储蓄率较低，政府主要依赖外部融资。在这种经济环境下，政府的对外举债为金融机构提供担保的高额支出与政府实际收入不成比例，以至于赤字率攀升，导致政府无法通过借新债、还旧债的手段来抵御风险，最终造成了债务率无法维持的负反馈。整个传导过程如图 8-1 所示。

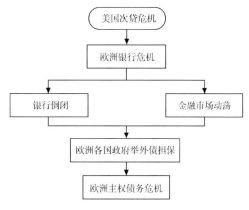

图 8-1　次贷危机向欧洲主权债务危机的传导过程

三、日本失落的二十年（1980～2000年）

（一）20世纪90年代日本金融危机的起源

20世纪80年代初，日本的利率政策放开、汇率自由化、资本项目开放、证券市场管制相对宽松。同时为了应对经济低迷，日本政府采取了宽松的货币政策。1986年到1987年，中央银行贴现率降至世界主要国家最低水平，商业银行大量投放贷款，居民、企业部门杠杆率快速攀升，至1990年两个部门的杠杆率已分别上升到69.5%和141.6%。股市与楼市价格也在快速上涨，资产价格泡沫迅速膨胀。

（二）20世纪90年代日本金融危机的导火索

为了抑制资产价格泡沫，日本央行从1989年开始连续加息，同时减少货币供应量。除此之外，日本政府严格控制房地产贷款和土地交易。到1991年，日本房地产商几乎被切断了商业贷款，日本政府对收益税进行了严格调控并控制资源的向下流动，导致1989年到1991年，股市和房价大幅度下跌。

（三）20世纪90年代日本金融危机的传导和影响

从传导过程来看，在1990年房地产泡沫时期，日本的房地产市场和银行已存在流动性风险，而流动性风险的深化和蔓延最终形成了系统性金融风险。风险传导机制涉及资产负债表恶化和"债务—通缩"循环两个过程。

从经济金融影响来看，在1993年到2000年之间，由于金融危机的影响，日本的股市以及房地产行业价格大幅度下跌，导致金融机构资产负债表情况恶化，银行坏账迅速攀升。相比于1993年，2000年的银行坏账上涨了1.38倍。在1990～2000年这段时间，日本的CPI和GDP同时下降且下降幅度较大。特别是，1990年开始进入低速增长，1990～1999年平均增速仅为1.5%。

四、1997年亚洲金融危机

（一）1997年亚洲金融危机发生的原因

1997年亚洲金融危机的源头在于泰国政府放弃固定汇率制度，引发自身汇率动荡和泰铢贬值，并引发了一场遍及东南亚的金融风暴。菲律宾、马来西亚等国家均受到波及，最终演变为一场跨境传播的金融危机。关于此次金融危机产生的原因主要有以下几点。

第一，由于房地产行业利润高、回报大，东南亚国家在追求经济体制自由化的过程中，吸引到大量投资，但导致房价过高，最终形成房地产泡沫。

第二，东南亚国家存在外贸商品结构单一的问题，导致商品在出口时处于被动地位，很容易受到国际环境变动的影响。例如，1996 年泰国电子产品出口遭受的严重打击。

第三，东南亚国家普遍实行以钉住美元为主的一篮子货币汇率制度，导致东南亚各国央行根据内外市场变化来调节汇率的能力较弱。例如，1995 年和 1996 年出现了泰国希望调节泰铢汇率而无法实现的局面。

第四，政府式经济对亚洲金融危机造成了严重影响。以泰国为例，其房地产行业与政府关系密切。即使在市场经济不景气的情况下，这一行业也能够获得大量贷款。国外资本家看准这一特点，迅速加入投资市场，引发房地产泡沫。

（二）1997 年亚洲金融危机发生的内在机理

回顾 1997 年亚洲金融危机的过程，不难发现，政府在其中起着隐形引导的作用，而危机根源在于东南亚国家经济结构的失衡。亚洲金融危机发生的内在机理如图 8-2 所示。

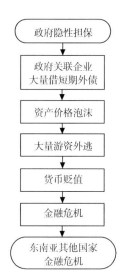

图 8-2　1997 年亚洲金融危机发生的内在机理

五、拉美国家金融危机

20 世纪 30 年代至 50 年代，拉美国家纷纷制定本国经济发展的政策方针，大力扶持民族工业，在一段时间内拉美经济整体向好。随着经济规模不断扩大，部分拉美国家的企业并未按照方针预设地形成贸易多样化，而是越来越依赖外国资本，导致外债高筑乃至无力偿还。

在美国加息政策的影响下，外商投资纷纷撤资返回美国。一方面是源自墨西哥实行固定汇率制度，受通货膨胀的影响，墨西哥贸易逆差加大；另一方面，因为墨西哥举债过多。墨西哥政府在 1994 年底宣布墨西哥比索贬值 15.3%，加剧外国投资者纷纷撤离，最终引发金融危机。随后，巴西和阿根廷也重蹈覆辙，分别于 1999 年和 2001 年爆发了金融危机。图 8-3 为拉美国家爆发金融危机的过程。

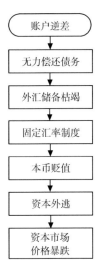

图 8-3　拉美国家爆发金融危机的过程

第二节　次贷危机下美国金融稳定的治理框架

一、常规货币政策工具的运用

美国货币政策经过多年不断地演化，发展出较为完善的货币政策框架，其中主要的常规货币政策工具包含：①联邦基金利率；②贴现率；③公开市场操作等。

首先，在次贷危机之前，美联储为了有效应对"9·11"事件以及房地产泡沫带来的经济危机，开启连续降息，基准利率由 2000 年 10 月的 6.51% 降至 2004 年 3 月的 1%。在次贷危机期间，美国政府通过充分运用常规货币政策来激发市场经济活力，特别是下调联邦基金利率。2008 年 12 月到 2015 年 11 月，联邦基金利率维持在 0～0.24%，达到了"零利率下限约束"。

其次，在次贷危机之前，为防止商业银行过度使用信贷资金，美联储将贴现利率维持在较高的水平。但当次贷危机发生后，央行为客户扩大了贴现票据可接受的范围，同时延长贴现窗口办理时间。央行作为最后贷款人采取了一系列措施来减少再贴现率与市场利率的差，以保证商业银行的正常稳定运行。

最后，危机之前，美联储主要通过公开市场操作调节联邦基金利率，而危机之后由于大规模资产购买计划的实施，银行系统存在大量超额准备金，公开市场操作已无法有效影响联邦基金利率,美联储开始更多地使用非常规货币政策工具。

二、美国量化宽松货币政策的运用

(一)量化宽松货币政策实施的背景

次贷危机后,面对市场投资的谨慎性,美国政府增加货币供应量,即通过调节政策利率来获得供求平衡,但事实证明美国调节联邦基金利率没有从根本上解决货币供需平衡的问题,因而逐渐转向采用量化宽松货币政策。图 8-4 对比了常规货币政策与量化宽松货币政策。

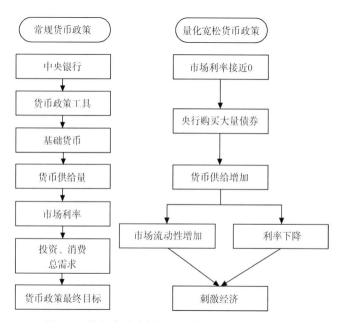

图 8-4　常规货币政策与量化宽松货币政策的对比

(二)量化宽松货币政策的演变

由于使用常规货币政策工具未能有效调节市场经济,美联储开始使用创新性的货币政策,以给市场注入新活力。其中包括前瞻性指引、流动性支持项目、大规模资产购买计划等货币政策工具,即采用了非常规货币政策——量化宽松货币政策。这一政策突破了"零利率下限约束",更好地增加了市场流动性。在次贷危机后,美国经历了漫长的四轮量化宽松货币政策,并在 2014 年 10 月 29 日退出第四轮量化宽松货币政策,具体历程如下。

2008 年美联储购买中长期债券产品,共计 1.725 万亿美元,其中包括 1750亿美元的联邦机构债、12 500 亿美元的按揭抵押债券和 3000 亿美元的长期国债。

在实施第一轮量化宽松货币政策期间，2009 年美国失业率为 8.3%，GDP 增长率为–6.7%，从 2010 年开始，经济复苏比较明显。2010 年美国失业率为 9.5%，GDP 增长率为 3.7%。

2010～2011 年美国开始第二轮量化宽松货币政策，旨在稳定杠杆，使美国摆脱"经济陷阱"，从而修复企业及银行的资产负债表。

2011～2012 年，在全球经济一体化背景下，欧洲主权债务危机的影响蔓延，美国开始实施第三轮量化宽松货币政策，虽然美国经济增长缓慢，但整体形势向好。2012 年，美国失业率为 6.5%，GDP 增长率为 2.2%。

2012～2013 年，美联储宣布进行第四轮量化货币宽松政策。与前几次相比，这次调控的目标因素还加入了通胀率及量化宽松规模。在经济表现出实质性提升后，美国宣布退出第四轮量化宽松货币政策。

三、美国宏观审慎框架的演变

（一）次贷危机前的审慎监管机制

2008 年次贷危机前，美国政府采取的是"双层多头"的金融监督体系。在该金融体系下，由于联邦和各州都有金融监管的权力，美联储、货币监理署、联邦存款保险公司、证券交易委员会等机构均承担监管职责，属于分业监管模式。随着金融自由化和混业经营的加深，分业监管模式已无法适应新的金融环境。次贷危机的爆发揭示了微观审慎监管和宏观审慎监管的不协调，重微观、轻宏观的监管模式加大了金融体系的脆弱性。

（二）次贷危机时期宏观审慎框架的改进

美国政府于 2009 年 6 月正式发布了《金融监管改革——新基础：重建金融监管》，成为美国将理论转变为实践的重要金融改革立法提案。2010 年 7 月美国总统奥巴马正式签署《多德-弗兰克华尔街改革与消费者保护法案》，标志着 2008 年次贷危机后美国对金融稳定政策做出的重大决策。当国会根据该法案确立宏观审慎标准后，在机构设置、金融风险监测分析以及运用的宏观审慎金融工具等方面展开改进。主要措施如下：①新增金融监管机构——金融稳定监管委员会（Financial Stability Oversight Council，FSOC），该委员会的成员设置主要包括 10 名投票成员和 5 名无投票权成员。其主要目的是识别系统性金融风险，以及决定是否采取相应措施。②强化金融监测。FSOC 作为促进联邦和各州之间协调的连接点，在不稳定的金融市场中测量金融风险，同时进一步改革压力测试框架，使其可以在基于数据建模支撑的框架下进行更加动态化的监管。③运用宏观审慎工具，同时将宏观审慎与压力测试相结合。通过增加压力测试前期假设的情况，如房价下跌、股价下跌，从而增加了可检测到的风险种类。两者工具的结合大大提高了对金融稳定性的监管力度。表 8-1 总结了 FSOC 的成员、职能及政策工具。

表 8-1　FSOC 的成员、职能及政策工具

项目	具体内容
成员	财政部等 10 个单位组成的代理委员会、5 个单位组成的专业委员会
委员会职能	识别影响金融稳定市场的因素
跨行	跨行业维度风险防范的政策设计
	监管权力的协调
三大工具	对全球系统重要性银行的风险预警
	沃尔克法则
	建立破产清算机制

四、对我国"双支柱"调控框架的启示

（一）宏观审慎机构的设置

2018 年，中国构建了"一委一行两会"的宏观审慎框架，其中一委是国务院金融稳定发展委员会，一行是中国人民银行，两会是中国银行保险监督管理委员会和中国证券监督管理委员会。2023 年 3 月，《党和国家机构改革方案》对金融监管框架再次进行调整，将"一委一行两会"调整为中央金融委员会和中央金融工作委员会领导下的"一行一局一会"。

与中国宏观审慎框架相比，美国政府加强了美联储的地位，同时对美联储的权力进行界定，职责进行细分。国际货币基金组织经研究发现，我国央行传达信息更具有准确性和有效性。从 2005 年开始，中国人民银行牵头对金融体系进行风险评估，同时发布《中国金融稳定报告》，但没有对我国"双支柱"金融框架进行详细解读。完善各部门的角色与定位是我国金融监管体系今后进一步优化的方向。

（二）宏观审慎工具的创新

在宏观审慎工具方面，我国应该加强工具创新。国际货币基金组织在 2001 年提出，宏观审慎监管的主要工具分为压力测试、情景分析以及金融稳定指标与宏观经济的关系分析等。我国自次贷危机以来一直在探索并尝试宏观审慎体制的改革。图 8-5 为中国金融监管体制改革的时间轴。根据美国宏观审慎工具的创新经验，监管压力测试与宏观审慎工具的结合创新对防范系统性金融风险有重要意义。我国监管部门可以根据金融系统和实体经济情况展开创新。

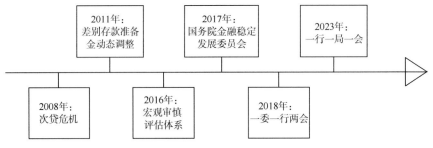

图 8-5　我国金融监管体制改革时间轴

第三节　欧洲主权债务危机下欧元区金融稳定的治理框架

一、欧洲量化宽松货币政策的演变

（一）量化宽松货币政策之前的基准利率变化

次贷危机爆发后，很多发达经济体都采用了量化宽松货币政策。自 2008 年开始，美联储实施了四轮量化货币宽松政策，直至 2013 年美国经济得到了实质性提升后，美联储宣布退出第四轮量化宽松货币政策。日本央行 2013 年施行了短短五个月的量化宽松货币政策，在很大程度上缓解了房地产泡沫危机。在受到次贷危机和欧洲主权债务危机影响后，欧洲央行多次下调基准利率，截至 2009 年 5 月 13 日，主要再融资利率降至 1.00%。2011 年 7 月基准利率上升至 1.5%，然而，好景不长，2012 年 7 月基准利率低至 0.75%，接近零利率，随后又进入负利率时代。无奈之下开始效仿美国和日本的货币政策以刺激经济，欧洲央行先后以不同方式在不同时期实施量化宽松货币政策，并于 2015 年正式推行量化货币宽松政策相关法案。图 8-6 为欧洲主权债务危机后欧洲基准利率的调整情况。

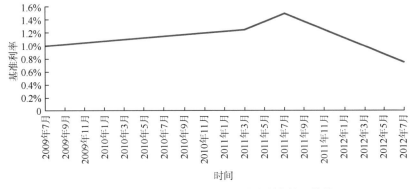

图 8-6　欧洲主权债务危机后欧洲基准利率的调整情况

资料来源：Eurostat 数据库

（二）量化宽松货币政策的发展

在基准利率没有继续下降空间的情况下，依照发达经济体美国、日本等国家采取非常规货币政策刺激经济的国际经验，2015 年欧洲央行也开始采取量化宽松货币政策。为更清晰地理解量化宽松货币政策的优势，对 2009 年至 2015 年欧洲货币政策的发展历程进行梳理。

在 2009 年至 2010 年期间，欧洲央行主要采取的是比较传统的信贷宽松政策，通过购买担保债券的方式来减轻金融风险对欧洲银行业的冲击。信贷量化宽松货币政策在一定程度上可以抑制通货膨胀，刺激经济增长，加快整个银行体系的流动性。

在 2010 年至 2012 年期间，欧洲央行为缓解国家融资的成本和还款压力，购买了政府负担较重的欧洲国家的政府债券，同时为进一步提升银行的流动性，升级资产担保债券购买计划，即启动新一轮的延长到期日的长期再融资操作（long-term refinancing operation，LTRO），为上百家银行提供 4000 亿欧元以上的贷款。

在 2012 年 9 月至 2014 年底，欧洲央行采取直接货币交易计划（Outright Monetary Transactions，OMT）更加有效地改善国债面临违约风险的这部分国家的情况。在银行流动性方面，继续采取升级延长到期日的长期再融资操作及继续施行资产担保债券购买计划（Covered Bonds Purchase Programme，CBPP）。采取直接货币交易计划，使西班牙和意大利债券收益率大幅下降。

在 2015 年欧洲央行继续采取扩展现有计划，并开始实施大量购买欧洲主权债券，以此来支持欧元区各国政府的经济。欧洲央行自 2015 年提出实施量化宽松货币政策后，截至 2016 年 9 月欧洲央行已购买了超过 1 万亿欧元的债券。

欧洲央行从国家层面和银行体系流动性方面进行量化宽松货币政策的制定，坚持对银行体系流动性的改革，从德国、法国、西班牙等国家的不良贷款率数据可以看出欧洲央行货币政策的有效性。图 8-7 展示了 2013～2015 年三国不良贷款率逐渐向好的情况。

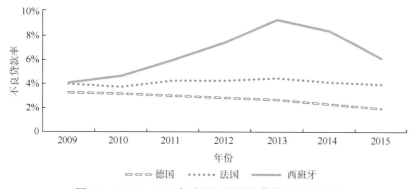

图 8-7　2009～2015 年欧洲三国不良贷款率变化情况

资料来源：世界银行网站

二、欧洲金融监管体系的改革

（一）欧洲主权债务危机下欧洲各国的金融监管政策

在欧洲主权债务危机后，欧洲各国开始将金融监管重心放在宏观审慎监管上，欧洲央行与美联储采取的措施类似，建立了欧洲系统性风险委员会（European Systemic Risk Board，ESRB）。该委员会主要负责在宏观层面上识别、评估、监控系统性风险。与 ESRB 配合的微观审慎机构是欧洲各行业监管机构等组成的欧洲监管当局，微观审慎机构主要负责解决各成员之间的监管分歧，更好地协助 ESRB 对金融市场进行整体监督，同时 ESRB 始终保持其独立性。欧洲宏观审慎与微观审慎的合作方式如图 8-8 所示。

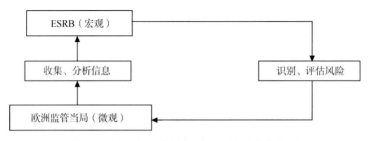

图 8-8　欧洲宏观审慎与微观审慎的合作方式

（二）欧洲主权债务危机下的希腊与德国

1. 希腊主权债务危机的应对措施与效果评析

欧洲主权债务危机波及了多个欧洲国家，如西班牙、希腊、意大利、葡萄牙、爱尔兰等。除意大利之外，其他国家主要是主权信用评级下降，而希腊发生了主权债务危机问题。引起希腊主权债务危机成因的说法各不相同：有的学者认为其中一个原因是希腊在享受欧洲低利率的条件下，实行高福利政策，通过大量外部借款来刺激国内市场的消费水平。除此之外，希腊产业结构单一，制造业落后，过多地依赖于外部环境，缺乏系统性金融风险防范机制。还有的学者认为引发希腊主权债务危机的原因是希腊本国生产效率低，即制造业和服务业颓靡，而经济增长的重要动力是制造业生产效率的提高。

2010 年 1 月希腊政府宣布本国财政赤字达到 GDP 的 13.6%，标志着欧洲主权债务危机的全面爆发。危机应对的措施主要分为三轮：①2010 年 5 月欧盟向希腊提供了 1100 亿欧元的援助。虽然附带条件苛刻，但第一轮的援助计划使希腊没有发生债务违约。②经历第一轮的援助后，虽然希腊债务违约的问题得到了有效缓解，但经济衰退变得更加严重。苛刻的财政紧缩政策使国内经济市场发展混乱，失业率上升，GDP 依然处于负增长阶段。截至 2011 年 11 月，希腊政府的债务高达 3500 亿欧元。经过欧盟的谈判，决定于 2012 年援助希腊政府 1300 亿欧元。③虽然经过第二轮援助，希腊政府因债务到期未能偿还导致再次违约，陷入了更深的经济危机。在 2015 年欧盟与希腊政府进行谈判后，通过相互妥协确定希腊需要完成的财政紧缩政策后，2015 年欧盟决定援助希腊 850 亿欧元。在 2016 年 1 月，希腊经济增长有了自债务危机爆发以来比较明显的提升，但仍然没有摆脱经济危机。图 8-9 为 2010～2015 年希腊失业率和 GDP 增长率情况。

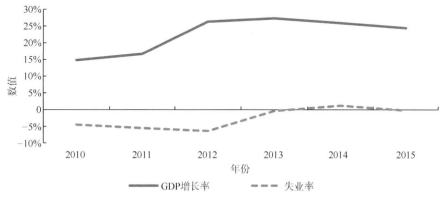

图 8-9 2010～2015 年希腊失业率和 GDP 增长率

资料来源：Eurostat 数据库

2. 欧洲主权债务危机下的德国

（1）德国在欧洲主权债务危机中的角色。作为欧洲经济的"火车头"，德国在欧洲主权债务危机中既是领导者又是监督者，还是政策执行者。在希腊第一轮向欧盟求助的过程中，德国承担了 1100 亿欧元债务中的 28%，同时在政策上要求希腊遵循改革内部制度的承诺及进行有效自救。德国参与欧洲主权债务危机治理中的"三驾马车"即欧盟委员会（European Commission，EC）、欧洲央行（European Central Bank，ECB）和国际货币基金组织积极合作应对欧洲主权债务危机。在欧洲主权债务危机最紧张的时候，德国带头建立欧洲稳定机制（European Stability Mechanism，ESM）。同时德国对欧洲央行最后贷款人的身份提出建议，希望欧洲央行能起到稳定金融市场的作用，欧盟的救助态度也随德国而积极转变。

（2）德国的金融监管政策。德国宏观审慎调控的总指挥者是国会，国会下设金融稳定委员会，金融稳定委员会的职责是对下属的委员会成员提出警告和建议。金融稳定委员会的主要成员有联邦财政部、联邦金融监管局、央行。其中，央行可以保持自己的独立性，同时央行需要扮演好监督市场金融风险的角色，按时保质提交年会报告，对其他部门提出的方案进行评估，并提出建议措施。联邦金融监管局主要具有提出建议权，但联邦财政部、联邦金融监管局都无权干涉央行的决定，图 8-10 为德国宏观审慎监管框架。

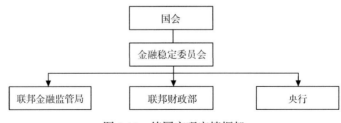

图 8-10　德国宏观审慎框架

三、对我国金融监管政策动态改革的启示

欧洲金融监管体系改革给我国的启示包括：①应建立符合国情的金融监管体系，并充分发挥其在本国的独特作用。②将去杠杆和促进经济良性循环紧密结合在一起，国民经济的良性循环对于政府宏观调控杠杆率具有深远的作用。③维护金融多样性并为其提供保障，在保证为本国经济带来利益的同时允许多种金融机构和金融产品协调发展。这样可以保持金融稳定的长久性，在一定程度上避免金融同质化和顺周期的重叠。④需将货币政策和财政政策紧密结合，仅依靠货币政策不能实现经济长期稳定发展。货币政策和财政政策的目的是物价稳定和金融稳定，两者缺一不可。同时，针对我国国情，坚持"双支柱"调控的金融监管体制。

第四节　多次金融危机下日本金融稳定的治理框架

一、20世纪90年代金融危机时期的货币政策

在进入 20 世纪 80 年代后，日本陷入不良债权引发的金融危机中，由于大量资金投入股票、债券市场以及房地产市场，实体经济与金融发展趋势脱节，产生了严重的房地产泡沫。日本央行在房地产泡沫形成之前疏于金融管控，后结合货币政策和改革金融监管等方式应对房地产泡沫。

日本政府在 1989 年实施了货币收缩政策以及加息政策，同时针对房地产方面发布了遏制土地价格的相关法律条例，使得房价指数大幅度下降。股市与房产价格紧密相连，股价的日经指数在经历了 11 年的连续上涨后开始暴跌。与 1989 年相比，1992 年日经指数下降了 64%，同年日本央行实施了零利率政策。以 1990 年为界，日本经济陷入了长达十年的疲软状态，房地产、股市均陷入低迷，银行利率低，但房贷却没有变化，导致日本民众陷入了与美国次贷危机时期相似

的信贷危机。

二、2008 年次贷危机前后的货币政策

2000～2010 年，日本国内经济增速呈现负增长态势，其下降趋势超过了美国。银行不良贷款率在 2000～2002 年，从 5.4%上升到 8.2%；在 2002～2010 年，又重新下跌至 2.6%。诱发这一现象的原因是在经济低迷期间，日本大量优质企业仍然具有偿还债务的义务，这一举措会导致银行借贷业务缩小，进一步导致通货紧缩。2001 年，日本央行实施了第一轮量化宽松货币政策，这一量化宽松政策持续了 5 年，2006 年和 2007 年日本 CPI 恢复至 0.2%和 0.4%。

2008 年次贷危机席卷全球，日本经济衰退的程度远远超过发源地美国以及受到严重冲击的欧洲。日本央行开始实施一系列的量化宽松货币政策，将隔夜拆借利率由 2008 年的 0.5%降至 2011 年底的 0～0.1%，这意味着零利率政策再一次到来。同时降低基准贷款利率。为确保金融市场稳定和方便企业融资，日本央行增加了对国债的购买，以及在有效期内扩大合格抵押品和补充性存款工具的范围。

次贷危机后，2011 年日本央行进一步增强量化宽松货币政策的流动性，即继续实行零利率货币政策，同时采取了低利率向市场投放贷款的方式来激发市场经济活力。在对外贸易方面，日本政府启动了双边货币交换协议。

三、2008 年次贷危机下的宏观审慎改革

在次贷危机之前，日本政府对金融体制干预过多。在此之后，日本开始重新审视原有的金融体制，在政策和审慎监管方面进行了改革。

在相关政策方面，日本央行将原来每年发布的《金融系统报告》和《金融市场报告》合二为一，整合为《金融系统报告》，每半年公开发布一次，旨在分析预警指标，观测并分析国内外金融衍生品和金融证券，判断其是否会给金融市场带来风险，进而分析国内外金融风险对本国金融系统的影响，以及与实体经济之间的联系。

在审慎监管方面，日本由微观审慎转向宏观审慎。日本政府对金融机构进行现场检查和评估，起到督促监测的作用。除此之外，日本央行对金融机构的支付清算系统进行监管，发挥了及时发现漏洞并且防止风险进一步扩散的作用。同时，日本政府要求日本央行在市场低利率形势下向经济低迷的商业银行提供贷款支持，减少金融机构之间的竞争，维持金融机构的稳定性。图 8-11 为日本宏观审慎机构设置情况。

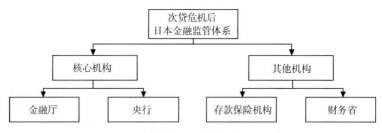

图 8-11　日本改革后的宏观审慎机构框架

日本在应对次贷危机时的举措与其他发达经济体有相似之处。比如，在次贷危机时期，美国、英国均首先采用常规货币政策，降低基准利率。日本央行也以低利率进行放贷，维持金融市场的稳定性。在货币利率达到零利率时，三国都采取了非常规货币政策进行进一步的宏观调控，并实施宏观审慎政策。美国、英国和日本均有多个部门参与到宏观审慎调控框架。日本与美国、英国的差异在于宏观审慎和微观审慎部门之间的相关协调情况。日本、美国、英国三国宏观审慎主体框架如表 8-2 所示。

表 8-2　日本、美国、英国的宏观审慎主体框架

国家	宏观审慎部门	微观审慎部门
日本	金融厅、日本银行	金融厅、日本银行
美国	FSOC、美联储	证券交易委员会等
英国	财政部、英格兰银行	金融服务管理局

四、日本货币政策对我国的启示

日本货币政策体系框架分为两部分，分别是常规货币政策框架和量化宽松货币政策框架。其中，常规货币政策传导机制最核心的内容是，通过利率目标制来实现物价稳定，使用的中介因素是 CPI。区别于传统货币政策的量化宽松政策的传导机制核心是，通过基础货币目标制来实现调控目的。两者的中介因素、最终目标基本相同。

日本在经历了次贷危机后，采取的一系列货币政策中的无担保拆借利率等工具具有很强的实用性。直到 2013 年日本政府转变金融市场调节的操作工具，由无担保拆借利率转为与基础货币相关的整个过程中，始终将 CPI 作为参考值，通过 CPI 变化反映该段时间内货币政策目标的实现情况。

根据日本货币政策演变的经验，值得我国借鉴的是灵活的货币政策。2018 年至 2020 年，我国 CPI 当月同比增长维持在 2%～5%，涨势较好。但在进入 2021

年来，CPI 出现负增长，2 月增长率为−0.2%。这一状况需引起关注，并识别出现金融风险的可能因素，如地方债务负担过重、房价风险等问题。我国可以将传统货币政策和量化宽松货币政策相结合，根据金融市场的变化，及时改变或更新操作工具，以实现金融稳定、物价稳定的目标。

五、日本金融监管对我国的启示

多次金融危机给日本经济带来了不小的冲击，在一段时间内甚至比美国、欧洲等其他发达经济体的损失还要惨重。不过日本政府采取措施的速度很快，在短时间内实现了 CPI 的增长，其中货币政策和宏观审慎政策都功不可没。本节主要从宏观审慎和金融监管的角度来说明对我国的启示。

（一）宏观审慎框架的完善

1. 监测系统性金融风险的关键指标

由于日本央行在金融危机发生后，会定期对条件在险价值、边际期望损失进行监测，日本在近年来发生系统性金融风险的概率降低。对于我国来说，中国人民银行可以借鉴这一做法，定期对重要金融机构的关键指标进行监测，做到有效防范金融风险由外部扩散到内部，从而对金融系统稳定起到一定的保护作用。

2. 压力测试指标与经济变量相对应

日本对 100 多家银行及 258 家信用金库进行了压力测试，其目的是评价压力状态下金融系统的稳定性和金融机构的资本充足性。我国可以借鉴使用压力测试来测定系统性金融风险水平，尤其需要注意的是，一些压力测试指标可能反映的是当前形势下经济的稳定性，与预测指标不太吻合。所以在选择宏观经济变量时，需选择与宏观压力测试指标具有一致性的变量。

（二）金融监管体系的改进

日本的金融监管体系相较于欧美更为稳定的原因主要有以下几个方面。首先，日本政府通过设立专门的金融部门来监督需要整改、整顿的金融机构，使监管权高度集中。其次，为避免法律真空地带，实施全方位的行业监管框架。日本政府将原本专注于行业监管的模式转变为兼顾保护投资者的监管模式，最终形成一套全方位的能够有效应对金融危机的监管机制。

次贷危机对日本的冲击几乎都来源于外部。受到次贷危机的影响，日本央行布局了短期和长期金融监管的措施。在短期措施方面，不断帮扶中小企业，通过注入资金等方式，确保企业存活，同时加强对借贷的监督，保证金融机构正规合理运行。在长期举措方面，日本金融厅对资产证券化的基础资产进行风险管理，并且严格监督信用评估机构，更好地维护投资者权益。设置专门的检查小组监督国内重大金融集团的跨境业务，以保证外部危机不会进一步扩散至日本，同时积极调整保险公司赔付标准。这些应对外部风险的措施，都值得我国借鉴。

第五节　亚洲金融危机下东南亚国家金融稳定的治理框架

一、货币政策和财政政策的结合

美元本位和浮动恐惧是东亚各国汇率制度的两大特点。在经历了亚洲金融危机后，泰国政府决定坚持浮动汇率制，马来西亚则采取的是钉住美元汇率制。菲律宾和越南央行则主要采取紧缩性货币政策来抑制由亚洲金融危机引起的通货膨胀。东南亚各国的经济结构相似度比较高，从经济学理论的角度来看，相同的汇率制度适用于经济结构相似的国家，可以避免因汇率制度不同而产生国家地位上的差异。东南亚各国采取了一系列措施应对亚洲金融危机。

（1）越南在应对1997年亚洲金融危机时，决定将固定汇率制度转变为管理浮动汇率制度，希望通过更加灵活的汇率制度来应对外部的冲击。在这一时期内通胀率明显下降，同时GDP增长率由1997年的4.8%增长到2000年的6.75%。2008年全球金融危机来临，越南的经济状况严重恶化，通货膨胀率急速攀升。越南央行为应对这种情况决定调整越南盾对美元的官方汇率。在2008~2012年进行了6次调整，汇率累计贬值高达24.9%，用交易区间调整作为辅助。在财政政策方面，越南从2008年起对中小企业进行税赋减免。同时加大对中小企业的扶持力度，加大投资基建设施，与货币政策共同调节以达到促经济、保民生的目标。

（2）自1981年开始，新加坡实现管理浮动的汇率制度。新加坡元在2001~2011年，汇率波动幅度不大，稳步升值，因此新加坡成为成功依靠货币政策应对金融危机、石油危机的亚洲国家。在2001~2011年唯一一次的货币贬值发生在2008年，贬值2.84%，但到2009年，货币升值6.21%，这说明新加坡在面对金融危机时，较好地控制了风险。汇率变动对国内消费指数的影响是直观的，在2001~2010年，除了2008年以外，消费者指数都比较稳定，这充分说明了汇率变化与物价稳定保持正向相关的关系。在财政政策方面，新加坡政府坚持稳健的财政政策，通过有效控制财政赤字，增大国家财政盈余的方式来拉动国家经济，并且强制执行中央公积金计划。同时为了增强应对外部冲击的能力，在不同时期实行灵活的工资制度。正是因为对灵活货币政策与稳健财政政策的重视，使新加坡能够在不同时期拥有稳定的经济增长态势。

（3）在亚洲经济危机期间，泰铢随着美元升值，导致泰国商品出口变少，出现了出口贸易逆差的情况。在 1997 年 2 月，泰国央行决定采用浮动汇率制度。亚洲国家中马来西亚、泰国等国家在实现汇率浮动制度的同时还需要避免公众对政府汇率干预标准的掌握。在财政政策方面，泰国政府实行双轨型经济，在大量引入外资的同时加强对外资的管控，以避免亚洲金融危机时期大量短期外来资本注入泰国的房地产市场和证券业而导致泡沫危机。双轨型经济制度促使泰铢升值，使泰国成为最快摆脱亚洲金融危机的东南亚国家。

（4）马来西亚在经历亚洲金融危机后，仍然实行钉住美元汇率制度，但林吉特对美元汇率在危机前后发生了变化，由危机前的 1 林吉特兑换 0.855 美元降低至 2005 年的 1 林吉特兑换 0.683 美元。自 2010 年 6 月中旬后，林吉特对美元汇率为 1 林吉特兑换 0.895 美元。在 2013 年 2 月，林吉特对美元汇率减少到了 1 林吉特兑换 0.758 美元。此现象一方面说明马来西亚的汇率制度随着时间和全球经济形势的推移，发生了灵活的变化；另一方面说明在遭遇 2008 年次贷危机后，马来西亚希望在汇率制度方面减少对美国的依赖。马来西亚政府在亚洲金融危机之后实施紧缩财政支出的政策，其中主要涉及消除银行不良贷款。同时加强银行监管，对不良债权进行控制，定期审查股票市场。

（5）菲律宾是唯一一个在亚洲金融危机中没有发生大幅度经济衰退的国家。不过，泰国引发的亚洲金融危机的扩散效应，依然导致菲律宾受到一系列影响，包括菲律宾比索大幅贬值，经济增长率下降，通货膨胀率上升，货币供应量从 1997 年到 1998 年下降了接近 14%。菲律宾央行采取了一系列措施，包括降低商业银行隔夜外汇借入比例以及放宽银行隔夜外汇贷出比例限制；增加流动资金储备利率，以此降低国内利息率；降低银行法定金比率。通过这些措施旨在稳定汇率，恢复信用。

二、宏观调控与金融稳定的结合

在经历亚洲金融危机和次贷危机后，东南亚各国开始调整本国货币政策、汇率制度、财政政策等，目标是维持物价稳定和金融稳定。对于中央银行来说，应当保持自身的独立性，明确自身的权力、边界地位以及把握全球经济发展实时动态，及时对货币政策目标体系进行调整，更好地发挥宏观调控和金融稳定的职能。本节以马来西亚和泰国作为典型代表进行分析。

马来西亚央行在宏观调控和金融稳定层面有不同的侧重点，但主要目的都是有效防范系统性金融风险。首先，在宏观调控层面，马来西亚政府主要保持中央银行的独立性，在人事、财务、货币政策执行权等方面保持独立。其次，在金融稳定层面，马来西亚银行涉及的监管内容较多，主要包含四点：①掌握金融监管信息。马来西亚央行规定任何金融机构，包括独立的、关联的金融机构在央行的认定下，如果可能存在金融风险，即需要向央行提供交易、客户等信息。②采取风险防控措施。马来西亚央行规定，在已掌握的金融监管信息基础上，如果央行监测到相关风险，那么央行有权力要求各个层面的金融中介采取防范金融风险的措施。③行使特殊权利。马来西亚央行可以向任何金融机构提供流动性援助以及对相关机构进行融资。④设置职能部门。马来西亚设立了马来西亚金融市场委员会进行监督、发布政策和提供建议等。马来西亚中央银行所发挥的职能如图8-12所示。

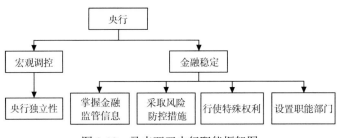

图 8-12　马来西亚央行职能框架图

泰国央行在发挥两项职能时与马来西亚存在相似之处，其职能重点也是有效防范系统性金融风险。首先，在宏观调控层面，泰国政府也将央行的独立性作为宏观调控的基础。《泰国银行法》对泰国央行行长任命的规定保证了人事独立性；泰国央行完全独立于政府预算，保证了财务独立性；泰国央行同样拥有货币政策自主权。其次，在金融稳定层面，泰国央行的职能主要有三点：其一，当金融机构面临流动性风险时，泰国央行将会对金融机构提供资金援助或者贷款；其二，在国家可能面临系统性金融风险时，央行应当与财政部等其他部门积极沟通，提出解决方案；其三，泰国央行需定期提交相关报告。

三、对我国防范系统性金融风险的启示

马来西亚央行和泰国央行在宏观调控与金融稳定方面的改革措施，对我国的启示主要有以下几点。

第一，在保持央行独立性的基础上，完善保护其金融稳定职能的法律框架。尤其注重保持央行与金融机构、金融中介的信息对称性，明确规定金融机构向央行提供自身运营等信息的义务。这有利于央行高效地获取金融机构和金融市场的风险信息，有助于提前防控系统性金融风险。

第二，在开放金融市场方面，我国应当吸取东南亚国家的教训，避免经济"脱实向虚"。引发泰国金融危机的一个重要原因是大量外资进入本国房地产市场和证

券行业，使虚拟经济增长过快，与实体经济发展不匹配，最终引发了房地产泡沫和证券市场崩盘。泰铢的贬值、经济增长下降、通货膨胀加剧，这些促使泰国成为引发亚洲金融危机的源头。我国应采取适合本国的汇率制度，开拓国内市场，合理配置外债的规模和结构。

第三，大力培育货币市场。根据东南亚国家的经验，通过公开市场操作的方式调节利率，可以有效地调节汇率。而不是仅仅依靠浮动的汇率制度来调节市场汇率，这在一定程度上能更好地实现国内外经济的平衡发展。

第四，注重预期管理。货币政策的适度透明能够发挥稳定市场通货膨胀预期的作用，引导公众了解货币政策，为经济结构改革留下更多的时间和空间。

第五，完善金融部门改革。及时关注金融监管的发展，使政策与金融、实体经济发展同步。通过存款担保来提升金融机构资产的质量，强化债务重组的程序。同时改善税务配套政策，加强风险管理，减少惜贷现象的长期产生。在对外沟通过程中，应当积极融入国际市场体系，但也要避免过度开放金融市场，避免国外大量资本造成本国房地产市场和证券市场泡沫。

第六节　拉美国家防范金融风险的治理经验

一、拉美国家货币政策的演变

墨西哥政府起初采用钉住美元的汇率制度，这一政策使墨西哥的通货膨胀率大幅下降，由 1987 年的 157.2%降至 1994 年的 7.1%，但同时也带来了诸多问题。例如，墨西哥比索对美元的汇率升高，形成了积极进口、抑制出口的经济模式，使墨西哥的贸易逆差变大。然而，在以出口作为拉动经济内需的经济模式下，贸易逆差巨大使得墨西哥国际收支严重不平衡，举借外债过多。

在此期间，墨西哥政府在 1992 年实行了钉住美元汇率制度浮动区间，意味着汇率可以在一定范围内浮动，但却对抑制通货膨胀和墨西哥比索大幅升值的影响不大。1994 年，墨西哥政府为防止高债继续侵蚀本国经济，决定实施紧缩性货币政策，并提高银行基准利率。最终在 1994 年 12 月，墨西哥政府确认实现墨西哥比索汇率自由浮动制度。

通过墨西哥货币政策的演进可以看出，钉住美元汇率制度在一定程度上与开放资本市场存在冲突。钉住汇率制度意味着汇率保持不变，但是开放资本市场吸引外资却无法保证外资能够投资在本国实体经济中，如制造业等行业，以促进、刺激本国经济增长；反而在开放资本市场后，由于金融自由化，会产生更多的投机性投资。

1980 年之前，巴西采取的是扩张性货币政策，在一定程度上使本国通货膨胀率激增。1982 年拉美金融危机爆发后，巴西央行考虑货币政策转型。在 1991 年，阿根廷政府实施固定汇率制度，在这一政策下政府无法采取货币贬值或者说是进一步采取新的政策来改变阿根廷的经济。阿根廷本身存在过度依赖外资的问题，导致国内 10 家银行中有 7 家都是外资银行，这样的经济特征意味着阿根廷经济一旦受到影响，便会导致外资直接撤资，使得阿根廷再次陷入金融危机。

到 1993 年末，巴西政府颁布的雷亚尔计划在一定程度上降低了通货膨胀率。此时巴西货币政策以高利率为主，继续实行钉住汇率制度，导致本国货币升值，增大了出口贸易逆差，向外举债造成财政赤字，最终再次陷入金融危机。

1996 年，巴西政府决定放弃钉住制度和银行基准利率。1999 年巴西政府宣布实行通胀目标制的货币政策，其是以短期利率为核心的货币政策。1999 年金融危机波及阿根廷，使阿根廷也出现了上述情况，导致外资撤离。阿根廷政府为维持本国经济发展，加大对外借债，但由于阿根廷依赖于外资的状态，国际上对阿根廷的偿债能力产生了怀疑。一时之间阿根廷的国家信誉大幅降低，阿根廷由于债务问题陷入了经济衰退的泥潭，阿根廷陷入金融危机后，采取紧缩性财政政策，并对银行提取资金进行了限制，以限制外资撤离但未能起到实质性作用，阿根廷经济出现下滑。

二、拉美国家银行业的改革

拉美国家在面对 2008 年金融危机时，保持了经济的稳定增长。学者经过研究认为，此次应对危机的从容主要与拉美国家银行业体制健全、制度完善密切相关。

在 1990～2003 年，拉美国家进行市场化改革，带动了银行体制的改革。拉美银行依据国内形势，开始实行金融自由化，主要是将国有银行转化为私人银行，同时以开放的态度对待外来银行。这一行为诠释了拉美国家为何可以在如此短的时间内做到金融市场自由化改革程度远高于其他国家。

多位学者调查发现，外资银行进入拉美国家后的私有化对拉美国家经济的增长作用很小，虽然初衷是通过引入外资银行加剧国内银行竞争，但事实证明此举与之前的愿望是相违背的。经过研究发现，只有提高拉美国家银行整体的管理机制水平和合理受政府管控的程度，才能从根本上提高本国银行的效率。

在 2003～2008 年，拉美国家银行业的改革在一定程度上提高了银行系统的效率。首先，以资本充足率为例，分析拉美国家银行系统抵御风险的能力。在此期间拉美国家银行系统的资本充足率虽比欧洲国家低，但是比亚洲国家的资本充足率高。其次，对拉美国家银行系统不良贷款的分析表明，墨西哥、阿根廷、巴西等国家银行系统的不良资产占总资产的比例都呈现出明显下降的趋势。其中，墨西哥银行系统的不良资产占总资产的比例由 2003 年的 2.8%下降到 2008 年的 2.1%；阿根廷银行系统的不良资产占总资产的比例由 17.7%下降至 2.8%，下降幅度较大；巴西银行系统的不良资产占总资产的比例由 4.1%下降到 2.9%。以上说明拉美国家银行业的改革对银行系统不良资产有较大影响，并且各国的风险管理措施也都起到了一定作用。最后，关于银行效率指数的对比。银行效率指数主要包括资产收益率和净利润率，其中资产收益率反映了每单位资产创造多少净利润。在此期间，阿根廷的资产收益率由负数涨到正数，说明阿根廷银行系统的资金利用率有所提高。同时银行系统利润率也不断上升，收入水平提高。巴西和阿根廷银行系统的资产收益率涨幅均小于阿根廷，说明银行系统盈利能力的提升可能与引入大量外资银行有关。外资银行在带来资本的同时，也将先进的管理体系和管理经验带入阿根廷，使其银行系统的资金利用效率和盈利能力不断提高，以至于其银行系统在面对金融危机时都没有表现出大的失误，经济仍然稳步增长。

三、拉美国家金融调控体系的完善

墨西哥政府从 1982 年到 1994 年经历了货币政策的改变，由钉住美元制变动为浮动汇率制。巴西政府在经历 1982 年的金融危机时，开始转变原来的扩张货币政策，直到 1999 年巴西政府转变为通胀目标制的货币政策。拉美国家在经历了 20 世纪 90 年代金融危机以及 2008 年次贷危机后，2020 年的新冠疫情再次冲击了拉美国家的经济金融系统。在 2020 年，拉美地区的 GDP 下降近 7%。

在银行业进行大幅度改革后，面对新一轮的金融危机，拉美国家政府采取了货币政策和财政政策相结合的调控手段。在财政政策方面，阿根廷、玻利维亚、智利、巴西等国家增加家庭转移支付额度，并且将家庭债务进行延期，同时降低或推迟征税，增加对中小企业的帮扶。在货币政策方面，巴西、智利、墨西哥为了保持货币的稳定进行了货币降息，阿根廷、巴西、智利等国家利用外汇储备实施市场干预。此外，巴西、智利、墨西哥等几个代表性国家模仿美国央行的做法，通过购买公共或者私人证券来充当最后贷款人，向市场注入流动性。

四、对我国健全金融监管的启示

结合拉美国家经历多次金融危机的情况可以发现，拉美国家的金融自由化进程过快，导致在银行系统方面，法律条文的颁布和实际的实施不能很好地匹配，法律条例有滞后性。同时金融自由化太快，也导致拉美国家出现货币主权监管能力受损的现象，僵化的汇率制度也使得拉美国家货币贬值、股市大跌等现象发生。此外，拉美国家和东南亚国家选择实施资本自由流动和固定汇率制度，使得国家失去了货币政策的独立性，最终引发金融危机。在这基础上，再叠加美元加息，伴随着美元货币政策的松紧转换对世界各地区造成不同的影响，出现经济增长和物价走势不同的情况，进一步推动了拉美和其他国家金融危机的发生。为防范化解系统性金融风险，我国应注意以下几点。

（1）强化货币政策独立性。在货币发行方面，央行可以自主选择用何种方式进行发行。同时需要具备自主决定本国汇率的机制，始终在货币政策上保持独立。在金融监管方面，国家应该加强金融监管部门的控制力，并对金融监管部门进行督促，设置监管机制。

（2）坚持货币主权原则。在货币主权方面，我国已做出了诸多努力，比如逐步实现人民币汇率市场化，设立多元化投资渠道，为国内经济增长带来更多空间。但是需要注意的是，我国外汇储备以美元为主，应加强央行多元化资产配置，更好地保证自身的独立性。在此基础上，做好对外汇进入我国市场的监管工作。政策法规要与实际情况相匹配，以避免资产泡沫、债务危机等情况。

（3）强化人民币主权。在保证货币独立性的基础上，应当不断强化人民币主权。美国自第二次世界大战以来始终影响着全球经济，美元作为全球流通的货币，多个国家采取了钉住美元的汇率制度。当美国货币政策发生变化时，很多国家限于汇率制度依然需要随着美国货币政策进行调整，进而对国家经济形势造成了一定影响。我国应当强化人民币的货币主权，推进本国货币国际化，顺应国际货币体系多元化的趋势。

第七节　各国经验对我国"双支柱"调控框架的借鉴与启示

一、以服务实体经济为最终目标

在货币政策方面，通胀目标制值得借鉴，通过增强货币政策透明度，以稳定物价为最终目标，来更好地为实体经济服务。此外，货币错配也需要引起关注。在金融全球化的年代，新兴国家存在货币错配的现象是很常见的。随着我国对外开放程度的加大，有效的债务管理以及有效的外汇储备管理可以更有效地增强货币的独立性。在财政政策方面，通过积极推动财政政策来提高企业生产水平和创新能力，改善企业生存环境，推动转变经济发展的模式和方式。对于居民来说，可以提高个人所得税起征点，来更好地切实提升居民的生活水平。

二、完善金融监管的基础建设

我国在进行金融市场改革过程中，应当加大法治建设。在《中华人民共和国中国人民银行法》修订的过程中，可以借鉴东南亚国家的经验保持央行的独立性。

同时进一步完善金融稳定法制框架和金融委员会机制，对金融稳定措施的实施进行监督、落实。特别地，针对不同的金融机构和不同业务进行风险管理机制的设置，做到有所专攻，有针对性地防范化解系统性金融风险。在"一行一局一会"的金融监管框架下，明确宏观和微观审慎监管部门的职责构成。

三、健全风险评估体系

国际清算银行在 2016 年的报告中指出，中国银行业的信贷业务依然是其核心业务，但是综合来看中国银行业的稳定性指标整体偏低。因此应当注重完善银行业风险评估体系，增加行业活跃程度。我国应当强化风险专题研究，提出相关风险监测指标，及时反馈风险信息。同时我国可以进一步升级银行业的压力测试框架，实现对其发展过程的动态监测，以及在实践中的多样化测试。建立有效的风险评估体系可以及时发现金融机构中存在的风险，减少向其他金融机构的传染，降低系统性金融风险发生的可能性。

四、强化金融监管的去杠杆效应

积极建立多融资渠道机制，加强国家精细化管理，提高资金使用的效率。各大商业银行应当精准对接国家供给侧结构性改革需求，深化普惠金融机制的改革，加大信贷投放力度，科学合理地进行银行资源的配置。充分开展国际业务，引入外资的同时把控好外资市场的管控，引入先进的管理机制。根据市场需求，及时进行信贷结构、信贷政策的调整，紧跟市场，为实体经济服务。尤其是针对重点企业、重点区域、重点客户做到深度挖掘，尽可能地提供政策红利。需要关注的是，在去杠杆的过程中可能会新增不良资产。对于新增的不良资产，应有针对性地制定相应的管控策略，使用专业的监管政策和工具，使金融风险降到最低。

五、增强金融监管的内外沟通

在应对不断变化的国际形势时，我国需要及时更新宏观审慎政策的理论研究，同时向其他能够在短时间内有效完成从理论到实践转化的国家吸取经验。运用发达国家或者其他新兴国家的经验来分析我国金融风险发展的情况，为实现金融稳定打下坚实的基础。此外，我国需要加强宏观审慎部门、微观审慎部门的沟通交流与协作，促进相互协调。我国还需要站在全球治理的角度，积极构建我国与其他国家的宏观审慎机制，增强我国国际地位与话语权。更多地参与国际金融监管新秩序的重构，更好地促进全球经济共同发展。

第八节　本　章　小　结

本章梳理了 2008 年次贷危机引发的全球金融危机、由次贷危机引发的欧洲主权债务危机、20 世纪 90 年代日本金融危机、1997 年亚洲金融危机以及拉美国家金融危机。针对这些经典案例，系统分析了相关国家的金融稳定治理框架。从各国积极应对金融危机的经验中，总结对我国防范化解系统性金融风险的启示，主要涉及货币政策与财政政策的结合、金融监管体制的完善、微观审慎监管向宏观审慎监管的转变、保持央行独立的重要性等。可见，在经济增长转换的过程中，系统性金融风险的防控需要在实践中不断探索，及时采取与本国国情相适宜的金融稳定政策，促使金融系统更好地为实体经济服务至关重要。

第九章　系统性金融风险的防范化解对策体系

　　系统性金融风险不仅会影响金融稳定，还会给国家的经济和社会带来巨大的资产损失。因此，防范化解系统性金融风险是维护金融工作的根本任务。党的十九大以来，对防范化解金融风险的制度及政策体系的不断完善，使得我国较好地预防和控制了金融风险，有效地维护了国家的金融安全。接下来，在防范化解系统性金融风险方面，我国还可以从完善金融体系功能与调节机制、培育经济增长动能、完善金融市场监管、提高金融服务实体经济能力、完善社会保障制度等方面进一步推进改革。

第一节　完善金融体系功能与调节机制

一、加强金融生态恢复力

　　金融生态恢复力是生态系统受到扰动后，恢复到稳定状态的能力，包括维持其重要特征（如金融系统功能、结构及恢复速率）的能力，可以分为自愈性恢复力、更新性恢复力、适应性恢复力（姜波克和张卫东，1999）。

　　加强金融生态恢复力是优化金融体系、实现金融发展的关键所在，尤其需要关注优化金融系统功能和完善高风险金融机构处置机制。积极构建和谐的金融生态恢复力不仅有利于防范系统性金融风险，更能促进经济迅速发展。

（一）优化金融系统功能

　　金融风险在一定程度上体现了现有管理体系的不足，表明金融系统的深化改革依然面临着很多困难和挑战。因此，建立适应金融市场复杂局势的风险管理体系，并形成良好的组织框架，优化金融资源配置、提升风险吸收与冲击抵御能力、健全金融市场反馈机制是金融风险管理的重点。

1. 优化金融资源配置

　　中央金融监管部门需依据金融风险的各项特征，对金融资源配置实施有效整合并构建多样化的金融管理体系，尽可能降低金融风险，积极促进经济的科学、稳定发展。要加强对当前风险形势下的人员管理，建立一支了解实际风险管控情况的管理队伍，并创建相应的管理系统，合理、有效地发挥其管理能力。除此之外，通过对传统金融风险管控的了解和经验总结，促使金融系统的基础建设不断完善，提高对新型风险的管控效果。鉴于我国的内外部环境，应考虑短期稳定内需与中长期供给侧结构性改革相结合，利用信贷政策引导更多的金融资源流向民营企业、中小企业等，达到提高金融市场发展、稳定就业、促进供需平衡发展的作用效果。

2. 提升风险吸收与冲击抵御能力

在我国金融体系中，国有金融机构占据着重要的位置，其在所有金融资产中占比近 70%。因此，应持续优化国有金融资本布局。在面对金融风险时，可扩大国有金融机构的市场参与度，促使其找准符合现代化经济转型的发展方向。同时，推动金融机构在新兴领域的公平竞争，支持新兴领域在政策允许范围内的灵活发展，并加强对新兴领域的重要性监管。此外，积极鼓励金融体系市场主体的多元化。例如，通过强化外资引入，使得各类金融机构在竞争中不断进步，从而提升金融系统的风险吸收以及冲击抵御能力。

3. 健全金融市场反馈机制

建立高效率的金融市场反馈机制，完善金融市场运行体系，从而促进金融融资平台的发展。在提高各金融机构的综合竞争力方面，积极加强对金融中介、服务机构和金融监管机构的发展。在大力宣传金融产品和服务的同时，引导资金使用者充分运用金融中介和服务机构的咨询功能，以及金融监管机构的监督作用，以形成高效的金融市场反馈机制，达到完善金融风险管理体系的目的。

（二）完善高风险金融机构处置机制

在 2008 年次贷危机后，宽松的货币政策和滞后的金融监管导致一些企业盲目扩张，脱离实体经济，形成虚拟经济的自我循环。在这种情况下，企业风险不断积累，企业负债率也出现了明显的上升趋势。然而，金融风险较高的企业难以从大型商业银行获得贷款，因此企业将贷款需求转向了中小商业银行。随着我国GDP 增长率的调整和货币政策的不断收紧，一些重债企业在经营环境恶化、资金不足等不利条件下进行破产清算或破产重组，这加剧了中小商业银行的贷款损失。虽然"一企一策"做法较好地遏制了金融风险的爆发，但针对金融机构存在的高风险问题，应进一步完善相应的解决机制，以激发金融体系的活力，使其更好地服务于实体经济的发展。

1. 建立高风险机构流程化的处置体系和制度框架

在债务判定、恢复和处置方面，应明确构建完整的体系和流程，明确各主体的责任。如银行在债务处置过程中，若出现无法正常完成债务判定和恢复的情况，可以通过存款保险基金和破产清算机制来清偿债务。当其他债务对社会公共利益和社会稳定有重大影响时，相关部门可以设立风险补偿基金予以清偿，并对风险补偿基金无法覆盖的债务启动进一步的清算程序。另外，加强对高风险机构的早期识别和干预。一方面，升级国家金融监督管理总局和中国人民银行现有的预警模式，提高风险预警能力。根据对重大风险事件的分析，逐步确定高风险金融机构的判断标准。另一方面，借鉴国外经验，不断细化风险等级，做到提早干预。

扩大恢复和处置计划的机构数量，对金融机构面临的急剧恶化且无法挽回的风险果断进行处置。根据金融机构的不同性质，制定适合金融机构特点的恢复和处置方案。对于具有系统重要性的非银行金融机构，要更好地利用存款保险资金的关键功能。总之，有效整合各行业担保资金，使其在完善高风险机构处置框架方面发挥作用。此外，对不同类型的机构或地方金融风险处置责任，需根据具体内容实行审批、监督和处置。

2. 提升高风险金融领域的监测效率

在完善高风险金融机构处置机制方面，还需要加强金融机构和相关金融市场的监测效率，做到对高风险的早期觉察、辨识和干预。高风险处置机制要应用于日常的监管中，并推动政府与市场协调发力。

此外，加强金融生态环境动态监测评估，确保金融生态环境总体平衡、安全和稳定。健全系统性金融风险评估和监测机制，建立维护金融生态环境稳定的长效机制，推动形成金融生态环境监管、监测、反馈和改进体系，做好金融生态环境风险分析工作，尤其需要注重金融创新过程中金融生态环境失衡的相关治理（孙东亮等，2016）。

二、健全宏观审慎监管政策

党的二十大报告指出"加强和完善现代金融监管，强化金融稳定保障体系"[①]。近年来的一个普遍共识是，宏观审慎监管在目标制定、机构关联性与政策实施等方面均具有突出的全局性，侧重宏观和逆周期的调控方法，对微观审慎监管起到了关键的补充作用。因此，完善宏观审慎监管体系，以及强化宏观审慎政策与货币政策协调关系，对防范化解系统性金融风险至关重要。

---

① 引自 2022 年 10 月 26 日《人民日报》第 1 版的文章：《高举中国特色社会主义伟大旗帜　为全面建设社会主义现代化国家而团结奋斗》。

（一）完善宏观审慎监管体系

资本市场是一个拥有股票、债券等交易的多样形态金融体系。为保证对资本市场的全方面监管，需要政府和相关部门协同防范各类金融风险，切实做到系统性监管。监管机制要全面考察系统性金融风险，为金融生态创造健康、稳定的发展环境。这需要从多个方面给予国家金融监督管理总局支持，改进我国监管体系的组织框架，贴合我国金融监管的具体需求，以有效面对金融监管中的问题。其核心在于，针对当前监管中存在的问题，制定高效的金融政策，完善并推动金融调控监管机制的改革。建立金融生态法治理念和环境，减少监管盲区，有效调控各区域金融的监管方式。对现有金融风险监管的法律法规进行完善，增强监管法律法规的权威性。特别是，以政策或者法律的形式明确风险管理中的各项权力，以及对相关处置机构之间信息获取和共享等方面的要求，从而形成各相关机构之间的分工合作，构建有效解决问题的处置体系，并保障该体系的高效执行。

1. 合理定位职责范围

金融监管机构需要合理定位职责范围。从我国金融监管职责演变来看，最开始的分业改革将中央银行的监管职责分给了中国银行业监督管理委员会，削弱了中央银行的监管权力。然而，中央银行却在银行业务中承担着风险管理和操控的最后一道防线。这种权力和职责范围的不匹配会削弱中央银行在金融监管领域的影响力。因此，我国已对中央银行监管职责进行了调整，针对不同情况和不同环节规范其所拥有的监管权力。今后，还应进一步完善"一行一局一会"的金融监管格局。另外，还可借助行业协会等组织在金融市场中的信息优势，来进一步加强市场监管，并对政府金融监管做到有效补充，从而实现全面金融监管。

2. 设定导向性的金融市场监管机制

根据金融风险的特定情况，设定具有宏微观协调发力、保护市场参与者权益等导向性的监管政策，减少金融投资的风险。通过加强导向性的监管机制，有序稳步地处置个别重大风险隐患，促进金融市场健康稳定发展。一方面，协调宏观审慎与微观监管，发挥协同监管的作用。在增强微观管理能力、约束资本市场行为的同时，突出中国人民银行的监管作用，并在当前工具基础上完善逆周期调节机制。另一方面，在对金融市场风险进行处置的过程中，积极协调风险处置与金融市场参与者权益保护之间的关系，维护市场参与者的合理权利。

（二）强化宏观审慎政策与货币政策协调关系

根据"双支柱"调控政策，强化宏观审慎政策与货币政策的协调性，将金融活动、金融市场、金融机构和金融基础设施等均纳入宏观审慎政策范围，以完善宏观调整政策体系。特别需要加强宏观审慎政策与货币政策的协同发展，以及提高货币政策的前瞻性，来强化宏观审慎政策与货币政策之间的协调关系。

1. 加强宏观审慎政策与货币政策的协同发展

建立高层次的金融信息聚合中心是促进宏观审慎政策与货币政策协同发展的基础。通过搭建信息共享平台，增强两者的协同共进，共同保持金融市场的稳定。具体而言，根据实际情况对监管信息进行及时披露，并利用两者的监管信息网络来调控金融市场的预期，这样有助于缓解相关政策给金融市场带来的冲击。此外，基于现实情况，宏观审慎政策与货币政策的协同还需关注企业高杠杆所蕴含的潜在风险。这是因为适度的货币政策能够保持社会融资规模和流动性的合理水平。同时，根据货币信贷政策传导机制，强化对中小民营企业的金融支持，可以反过来推进宏观审慎政策与货币政策的稳定实施。因此，在两者协同发展的过程中，还要加强宏观审慎政策对企业去杠杆、控杠杆的引导能力，创设风险权重类宏观审慎工具，对地方国有企业和特定类型国有企业实施差异化的风险权重和信贷管理机制。

2. 提高货币政策的前瞻性

根据我国实际国情，提高货币政策的前瞻性，可以有效地稳定货币政策，保持合理的流动性，进而更好地发挥"双支柱"跨周期和逆周期的调控作用。首先，增强人民币汇率弹性，保持人民币币值的稳定，这有助于提高货币政策的可预测性和前瞻性。我国当前既要防范国际货币体系下的输入型风险，又需积极提升人民币的价值，以适应经济国际化的发展，快速有效地加深人民币国际化的程度。其次，中央银行要重视前瞻性指引的透明度，充分发挥指引作用。例如，中央银行利用货币政策的前瞻性向中小型企业融资释放积极信号，引导社会各界对中小型企业的投资。同时，货币政策应便于中小型企业充分了解中央银行在未来会实施的政策，以及合理预测未来的经济情况。因此，中央银行要重视货币政策对企业的可操作性，确保货币政策前瞻性的实施效果。如此，通过提高货币政策的前瞻性，可以合理引导各主体行为，有利于开展宏观审慎监管，以及强化宏观审慎政策与货币政策的协调关系。

第二节　培育经济增长动能

在经济增长动能培育方面，要进一步实行金融供给侧结构性改革。通过稳定金融从而达到稳定经济的目的，掌握好稳定增长与防范风险的尺度，高效处理重要领域的金融风险。

一、加强市场主体培育与稳定杠杆

2008 年美国次贷危机之后，大部分国家开始实行宽松的货币政策，这引发了杠杆率的普遍高企。在此背景下，我国推进"三去一降一补"的实施，优化了去杠杆政策，逐渐突出稳定杠杆率和防范金融风险的重点。中央财经委员会接着提出结构性去杠杆，并针对各部门及各债务类型采取了不同的政策措施，尤其是国有企业需快速降低杠杆率，以达到宏观稳定。目前，在去杠杆政策实施后，杠杆率虽得到了明显的控制，但仍有缓慢上升的趋势。鉴于此，应进一步加强市场主体活力并积极稳定杠杆率。

（一）加强对杠杆率的认知

虽然高杠杆率不一定意味着经济或金融危机，但是宏观杠杆率的持续升高却是负债型增长趋势加强的表现。因此，去杠杆是一项需要长期坚持的工作。当全球金融周期处于加杠杆阶段时，根据实际情况适当进行杠杆率的上升调整是可接受的。事实上，在此情况下，进行逆势的降杠杆是很难实现的。而当经济处于减速期时，稳定杠杆则能够有助于稳定经济增长。

在实行去杠杆政策时，不能简单以融资紧缩的形式直接将杠杆率降低，即去杠杆并不是去债务。随着国家的不断发展，去杠杆的内涵将根据实际情况不断进行更新、调整，这也使得去杠杆的任务更加艰巨。此外，鉴于高杠杆极易引发金融风险，因此去杠杆应该更加常态化。

（二）实现从微观去杠杆到宏观稳杠杆

从微观去杠杆到宏观稳杠杆的过程中，涉及地方政府、企业（特别是国有企业）和金融机构等多个部门。在地方政府去杠杆方面，应适当给予地方政府相应的财力和权力，明确地方政府相应的职责。建立地方与中央之间稳定的财政体系，同时鼓励地方政府建立稳定的主体税种，并控制土地财政和债务融资的使用，有效减少地方政府对其依赖。在国有企业去杠杆方面，要进一步实行国有企业改革，优化经济发展的环境，稳妥处置"僵尸企业"，降低国有企业杠杆率，防范"灰犀牛"风险的出现。积极加强国有企业市场化，构建其与民营企业和外资企业公平竞争的市场主体平台，加快国有企业与地方融资平台的市场化改革。在金融机构去杠杆方面，要减少信贷资源的浪费，避免金融机构通过套利使杠杆率加剧提升。运用宏观监管和微观监管相结合的方式，大幅降低金融机构的套利空间，确保去杠杆政策的稳定性。鉴于房地产市场和融资平台与上述各部门杠杆率的密切联系，优化房地产市场的管理及其金融机制，以及推进融资平台的市场化改革，在实现从微观去杠杆到宏观稳杠杆的过程中具有重要意义。

1. 优化房地产市场的管理及其金融机制

房地产市场的稳定有利于宏观杠杆率的平稳。因此，应加强城市房屋供需平衡，使房价稳定合理，房屋质量更有保障。通过明确当地城市居民数量、土地使用情况和房屋具体数据，详细了解各城市的房地产供需情况。当供大于求时，当地政府应根据实际情况控制土地使用量。当供不应求时，可适当加大商品住房供给的数量。从这两方面的调控来缓解房地产供需压力，实现当地房地产市场的稳定。

在房地产市场金融机制构建方面，需加强房地产市场稳定发展的政策落实，以实现有效的房地产市场风险管理。首先，要考虑购房者对房屋价格的预期，实施稳定的中性住房金融政策，达到防范金融风险的效果。其次，调整住房信贷的结构。银行机构要以普通居民商品住房为主进行融资，减少投机性房屋的融资支持（吴振宇等，2020）。此外，还要预估居民住房贷款的长期风险，对房地产金融风险进行监测，加强宏观审慎管理，防止房地产价格波动与金融周期叠加所产生的金融风险。

2. 推进融资平台的市场化改革

对经济发展潜力大和风险管理能力强的地方政府融资给予支持。将地方政府债务和风险交由市场机制决定，加快地方债发行体制改革。同时，优化地方政府的考核机制，发挥市场监督作用。对经济发展潜力和风险管理能力受限的地方政府，更要明确融资平台市场化的基本标准和规范，加大对新金融产品的监管力度，引导创新性金融产品规范化发展，防范改革目标不清晰导致的融资风险。在推进融资平台市场化改革的同时，还需促进金融资源向实体经济转移，加大支持金融在乡村振兴、低碳转型等方面的力度。积极发挥金融机构与企业之间的平台建设，促进金融资源供需的高效匹配（刘立新和李鹏涛，2019）。

（三）完善市场主体的激励机制

加强市场主体培育与稳定杠杆，还需要增强市场活力，完善市场主体的激励机制。一方面可以通过引入中长期资金的方式，提升市场的活力。另一方面，应稳定、持续地做好市场主体的高质量发展，保持宏观政策跨周期的良好调节。在资金链和就业率方面，积极运用政策工具，通过财税政策、货币政策等形式提高惠企政策的兑现率，提高各企业追求高质量发展的积极性。

二、深化结构性经济和金融改革

在经济增长动能转换期间，金融风险的产生与经济金融体制有很大的关系。通过将短期风险应对与长期体制改革相结合的方式，积极打好风险攻坚战，深化结构性经济和金融改革。

（一）降低间接融资杠杆

融资杠杆的负债经营方式可以有效地提高财务杠杆比率，带来高额的投资回报率，相应地也极易产生财务风险。当放大杠杆效应，负债比率上升时，企业不仅要承担大额的债务压力，还要定期付息。若企业没有充分的现金流量，将无法应对归还本息的财务危机。因此，应降低间接融资杠杆，控制杠杆比率，做到有效处置不良债务，为银行减少隐性不良资产的隐患，对高风险金融机构进行合理处置。同时，还应加强资本市场的发展，加大直接融资比例，鼓励轻资产、低负债的企业迅速发展。

（二）推进资本对新兴产业的自由选择

运用资本市场推进新兴产业的发展，利用股票市场和债券市场为其提供低成本融资。激励符合条件的新兴产业企业上市，为新兴产业提供更广阔的融资平台。借助我国资本市场的快速发展，推动新兴产业证券的稳定流通。在资本市场的作用下，鼓励中小新兴产业企业发行集合式债券，打造具有自身特色的债券模式，以吸引投资者，从而实现多渠道融资，助力中小企业提高核心竞争力，满足其融资和流动性的需求。当然，在间接融资仍占主导的背景下，作为金融机构的主要组成部分，银行依然发挥着重要的融资作用。因此，当新兴产业融资遇到困难时，政府应积极鼓励银行业务的创新，为新兴产业的发展提供针对性的融资渠道。银行为新兴产业提供创新业务的同时，也能够实现自身的提升和发展。此外，新兴产业还可以通过场外交易市场，进一步拓宽融资渠道，实现健康发展。

（三）扩大各金融部门间信用信息共享

完善社会信用体系，扩大中央银行征信的广度和深度，促进各金融部间的信用信息共享，进一步推进政府信息共享一体化的进程。根据跨部门信用信息共享机制，推动企业和个人信息的真实性以及信息披露的规范性。

针对现有金融信用信息基础数据库中的信息缺陷，建立信息共享机制。这一信用信息共享机制需要实现几个目标：其一，满足金融系统对信息输出的需求；

其二，通过各部门协同合作，不断优化信息质量和相关的信息管理技术。随着信息质量和技术的发展，信用信息共享系统不仅可以扩大中央银行的市场影响力，还可以推动其他部门的信息系统改造，有利于进一步提升信用信息标准和共享效率。

（四）改善收入分配与赋税成本

在深化结构性经济和金融改革方面，还应考虑收入分配制度的改善，切实提升居民收入。为提高居民收入在国民收入分配中的比例，需要有效落实减税降费政策，同时降低企业成本（吴振宇等，2020）。随着居民收入和企业利润的增加，各主体参与经济增长动能转换的积极性和能力也将大幅提升。

三、积极完善货币体系改革

在国际货币体系的变革中，建立多元化的国际货币体系，有利于增加全球安全资产，有效防范跨国资本流动的金融风险，以稳定全球货币金融体系。我国积极完善货币体制改革，也有助于自身在国际货币体系中的地位和发展。从以美元为主的金融体系和各主要经济体之间的资本流动网络可知，人民币国际化可以与美元形成竞争性的国际货币格局，降低因激进的国际货币政策调整所引发的金融危机风险，维护全球经济的稳定发展，防范逆全球化的趋势。渐进式发展的人民币国际化体系能够很好地维护全球金融市场结构的稳定，同时助力我国资本走向国际化。为实现这一目标，需要提升货币政策的有效性、优化有弹性的汇率制度，以及强化货币政策的调控力。

（一）提升货币政策的有效性

我国货币在国际化的进程中，容易出现升值情况。因此，货币政策的制定要掌控好汇率与产业竞争力的关系，合理运用汇率对相对价格的作用，加强资源的优化配置。这有助于提升货币政策的有效性，并形成调节我国和其他国家之间资源配置优化的价格信号。

（二）优化有弹性的汇率制度

灵活的汇率政策，能够稳定金融市场、提升经济发展的质量。根据以往经验，新兴市场经济体系不适合固定的汇率制度，也不适合完全浮动的汇率制度，而弹性的汇率制度更能够适应当前经济形势的不断变化。通过完善人民币汇率形成机制，以市场供求为基础，实施有管理的浮动汇率制度，增强人民币汇率的弹性。当外汇市场显现顺周期特征时，既要保障汇率弹性，又要借助宏观审慎政策对外汇供求进行逆周期调节，以此稳定人民币汇率的均衡效果。当国际金融环境进入不稳定时期，在汇率改革中，新兴市场经济体要重视跨国金融因素的作用。例如，加大对跨国银行流入资本的宏观审慎监管，以降低此类资本流动带来的金融风险。

（三）强化货币政策的调控力

强化货币政策的调控力需结合供给侧结构性改革的方向。在货币政策的调控方面，要保障货币政策的稳健性。通过货币政策工具的合理运用，鼓励资金向中小微企业流入，提高金融市场的发展活力。除此之外，在货币政策的创新方面，还应加快推动货币政策从数量型到价格型的转变，以达到金融稳定的目标。强化货币政策调控力的重要体现是制定合理的利率水平。在经济增长动能转换过程中，可运用货币政策的调控力将利率调低，这有利于促进居民消费和企业的扩大与创新，达到刺激经济增长的作用。例如，通过"三去一降一补"的导向性调控，实行差别化利率，淘汰落后企业，发展高质量产业；鼓励实施刚需购房人群首套房优惠等补贴政策，减小房地产库存压力；加强政府债务发行和债券利率市场化，促进经济增长；通过合理确定贷款利率水平，降低社会融资成本，引导企业贷款，加强经济发展活力；基于普惠金融等政策，提供融资平台，支持企业迅速发展。

第三节　完善金融市场监管

金融市场监管是指对金融市场和金融市场规则的监管，是一种具有普遍性的监督管理，需要随着经济的发展而进步。在金融市场监管过程中，需要通过保障金融市场安全、维护金融市场稳定、促进金融市场发展、有效规范金融市场秩序等，积极推动金融市场监管的完善，做到合理防范金融风险。

完善金融市场监管能够为经济社会的发展提供更加公平和舒适的市场环境。对于占据社会资源的"僵尸企业"，可以加快完善市场主体的注销程序；对于损害消费者权益的企业或无法达到行业标准的企业，应进一步完善退出机制；对于有发展前景，却在发展过程中有困难的企业，应为其优化资源配置，提供支持和帮助。从多角度完善金融市场监管，通过弥补金融监管短板、强化风险监管的内部机制与外部约束、创新多元化的金融监管方式等，做到有效防范化解市场风险。

一、弥补金融监管短板

随着金融体系的发展，我国在政策和制度改革方面不断提升。完善金融监管制度，加快弥补金融监管短板，有利于防范化解系统性金融风险。因此，有必要严格执行金融监管政策的实施，将金融监管范围扩大至所有金融主体，制定统一的金融监管标准。持续推进系统重要性金融机构的建设，加强重点金融制度的创新，提升金融政策的可操作性，并能够及时根据实施情况完善相关细则。具体而言，需要进一步推进逆周期风险监管制度、完善社会监督机制、构建市场金融风险预警及纠错机制，以有效防范系统性金融风险。

（一）推进逆周期风险监管制度

推动中央银行与各金融监管机构之间的合作，合理进行信息共享，加强宏观政策逆周期调节，促进货币政策与财政政策之间的有效协调，保持经济运行的稳定（郭春松，2013）。支持推进逆周期监管的实施，并适时进行监管指引，加强逆周期风险监管工具的运用。特别是，针对系统重要性银行业机构，加大监管的力度，保证监管资源的充沛，提升监管的有效性。

（二）完善社会监督机制

社会监督更加具有广泛性，大致可分为媒体监督和群众监督，可进一步补充现有的金融监管体系。合理完善社会监督机制，能够为金融监管提供更佳的环境，因为良好的社会监督机制有利于经济主体之间的公平竞争和政府廉政。完善社会监督机制能够真正了解公众需求，为公众提供相应的金融产品和服务、制定合理的金融资产价格，从而对金融机构提供信誉保障，而且对于政府工作效率的提升也有一定的促进作用。因此，需要扩展社会监督的途径，保障公众和媒体能够对发生的事件给予及时反馈。完善社会监督的奖惩制度，促进公民正确行使社会监督的权利，避免无效监督和恶意监督。

（三）构建市场金融风险预警及纠错机制

在金融市场监管过程中，加强对金融风险的预警和纠错，是防范化解金融风险非常重要的环节。从各区域实情出发，运用大数据等前沿技术手段，建立高效的风险预警机制，结合监管部门的实时监控，做到及早发现、及时纠错，保障社会经济健康发展。

构建市场金融风险预警体系的关键是提升对各金融行业风险信息的评估和判断能力。在金融系统运行初期，面对突发性的金融风险做到及时监测，并根据预警结果进行有效分析和处理。当金融风险系统发出预警时，可根据风险预警的不同等级，使用相对应的处理方法。例如，当金融风险预警指标显示异常时，建立起科学的纠错机制。通过加强各监管机构合作，整合监管资源，根据实际情况采取纠错措施，有效降低金融风险导致的不良后果。

二、强化风险监管的内部机制与外部约束

加强风险监管的内部机制和外部约束，为市场监管营造良好的环境，有利于提升金融系统的风险监管能力。在内部机制方面，积极构建责任制度，有效管理金融机构的经营风险。通过内部监管，及时有效地解决金融机构经营中存在的违规违法情况，有效避免风险的产生。在外部约束方面，持续推进利率市场化改革。通过替代性金融产品的开放，实现各类产品市场化定价，促使市场在利率决定中发挥重要的作用（郭春松，2013）。引导中央银行适当调节定价能力，推动市场定价基础设施的完善。

（一）推动金融基础设施统筹监管

在分业监管体系的金融基础设施监管中，金融基础设施机构之间是相对独立的，且需要通过市场发挥作用。推动金融基础设施统筹监管，需要建立统一的监管标准和规范化的金融基础设施体系。基于合理的评估检查机制，根据系统重要性程度对金融机构进行层级监管。同时，明确各部门的监管职责和管理权限，加快推进统筹监管中的公共征信体系，提升金融数据保护措施，加强信息和网络安全。在做到维护个人资料安全的同时，进行信息共享和交流，有效降低金融风险。

（二）完善利益保护机制

对于中小企业来说，在市场化监管中，完善利益保护机制，有利于改善其管理和经营。通过多元化的投资主体，改变企业的股权结构，将大股东的股权进行合理分散，有效降低投资者利益的减少程度，增强投资者继续回购的信心。完善企业的信息披露制度，保证企业在规定的时间内进行信息披露，使投资者明确了解公司的运营状态、信用水平、财务状况等相关信息。对披露内容进行规范化审核，做到市场监管中的公平、公正和公开原则，进一步加强中小企业健全相关的风险管理。支持对损害投资者利益的企业进行相应的处罚，完善中小企业的经营责任制度，从多方面减少风险的发生。

（三）制定流动性监管制度

制定合理流动性监管制度，可以优化流动性风险管理系统的操作功能，提高数据识别和统计的准确性，有效减少人工复核的过程。此外，应将影子银行划分到流动性风险监管的范围，加大监管力度，达到有效稳定金融环境的效果。推动建立流动性监管的风险预警机制，加强对风险的监测。通过对银行资产负债表的分析，预测流动性风险的变化，并根据风险的反应机制提前介入，及时防范流动性风险。对商业银行定期进行流动性压力测试，提升防范流动性风险的能

力。推动国际间的流动性监管，加强对跨境资本异常流动的协调和监控，有效稳定金融市场的安全。

三、创新多元化的金融监管方式

推动立体多元化的监管方式以满足当前经济快速发展的市场需求，形成政府与多部门协作的监管格局，全面发挥监管的作用。通过有效的市场监管分化政府职能，支持公众与舆论的共同监督，维护市场秩序的稳定。面向社会设定合理的举报奖惩制度，鼓励公众参与市场监管，同时减少恶意举报行为。市场主体的自律是金融风险防范的基础，将之与有效的监管机制相结合，能够更好地发挥风险监管作用。对于金融机构的现场监管，实行责任制，即责任到人；对于非现场监管，加强风险监测预警功能。此外，推动信用评级的市场化管理，对不同层级采取相应的监管措施。因此，创新多元化的监管方式，能够明确各监管部门的职责范围，提升投资者风险教育等，有利于科学防范区域金融风险。

（一）推动资本监管与透明度监管并重

充分运用政府监管和民间自律相结合的监管体系。在新金融业态中，随着互联网金融的迅速发展，透明度风险特征愈加明显。积极推动我国金融监管改革方向转变为资本监管与透明度监管并重发展。加强对透明度监管的重视，推动动态匹配机制和逆周期调节机制的建立，从而完善宏观审慎监管。在保护消费者权益的金融监管框架中，逐渐降低政府参与市场化经济的管理力度，增强市场监管的自觉性，提升市场主体的交易效率，为市场的透明度监管创造更有利的社会投资环境。

（二）实行网络化监管信息系统

在实施监管过程中，信息对称及信息完备对决策的影响非常重要，各监管部门应在法律许可的范围内对其他部门进行信息披露。推动实行网络化监管数据信息系统，实现科学的信息共享，达到提高金融监管效率的作用。支持各监管机构与中国人民银行进行定期的信息沟通，使公众通过网络、媒体等正规途径了解金融信息，提高信息的透明度。加强各金融领域对网络数据信息的收集、整理和上报等统计工作，推动数据运行中的全面监管，并合理进行公开披露。

（三）提升区域金融风险的监管效力

加强区域金融风险的监管，可以有效防范区域金融风险。一方面，应促进地方金融机构之间的协调；另一方面，也要加强中央金融监管部门对区域金融风险的监管。根据我国不同区域经济发展的特点，在保持经济发展整体稳定的情况下，采取差异性监管策略。发挥各区域金融机构和资源的优势，鼓励实行风险评级等措施，保障区域经济的协调发展，降低区域金融风险。此外，完善区域金融监管的组织体系，明确各监管部门的职责，做到合理有效监管。

（四）加强投资者风险教育

随着金融市场的快速发展，出现了种类繁多的创新性金融产品。这不仅增加了投资者的选择，也增加了投资者在众多金融产品中的选择困难。部分金融产品的高复杂性使投资者在专业知识和风险辨别方面处于相对的弱势。为避免盲目投资和投资纠纷的出现，应提高投资者的自身素质，特别是加强金融风险教育，保障金融机构与投资者之间的公平交易。金融监管机构可以进行定期的知识推广或举办相关金融知识的教育课程，通过提供多种方式、多种层次的学习机会，提升投资者对金融风险的正确认知。帮助投资者更加专业地了解金融产品，增强风险防范意识和风险应对的能力。

第四节　提高金融服务实体经济能力

稳定金融业的关键是要坚持以服务实体经济为主。因此，需要落实服务实体经济导向，构建应对债务风险的监管体系，持续推进存量金融风险的处置等措施，基于金融市场机制的作用进行自我修复，使金融体系富有活力，促进金融更好地服务于实体经济。

一、落实服务实体经济导向

我国多次在中央金融工作会议中提到，要将金融服务于实体经济发展作为金融改革和发展的重要目标，抑制金融领域"脱实向虚"。鼓励银行业向实体经济倾斜，做好各实体经济行业的支持工作。维护银行体系稳定，预防资金空转，持续支持民营企业的基础设施建设，以防范系统性金融风险。

（一）引导金融回归服务实体

防范化解金融领域的风险，要以服务实体经济为基础，为实体经济的可持续发展提供更高效的金融服务。加强推进供给侧结构性改革，以更好地运用市场机制来保障交易过程中的透明、开放和公平性。根据市场的实际需求，优化资源配置，形成以市场需求为导向的金融产品结构，更好地服务实体经济。对于市场无法掌控的形势，应积极发挥政府的调控与管理作用，促使政府与市场形成有效的合力。此外，可适当提高企业直接融资的比例，支持金融产品的多样化供给。同时也要规范信贷对实体经济的影响，并严格控制资金过度流入房地产领域，以更有效地满足实体企业对资金的需求。

（二）维护银行体系稳定

作为金融系统中的重要组成部分，银行体系的稳定性对防范金融风险具有关键意义。因此，在进一步发展银行金融业务的同时，必须保障银行体系的稳定，提高银行抵御风险的能力。其一，完善银行体系的风险管理能力，增强对风险预防管理的规范化，建立可预测的管理系统。完善银行业的安全评估体系，推动银行提高科技应用水平的针对性和有效性。明确金融监管协调机制的法律地位，提高协调机制的权威性。其二，做到以市场为导向、以顾客为中心的金融服务提升，强化银行体系对金融消费者的保护。其三，加强影子银行信息披露，严格控制影子银行的杠杆率，提升金融产品与金融市场的透明度，使交易商的行为得到监督，保障金融资产价格趋于合理且平稳的状态。

（三）支持民营企业基础设施建设

支持高质量民营企业的基础设施建设有利于我国经济的平稳增长。我国民营企业已经成为创业就业、技术创新和国家税收等方面重要的支撑力量，在我国市场经济发展中起到越发重要的作用。因此，应积极推进金融机构对民营企业基础设施建设与创新发展的支持。针对民营企业的融资困难，需综合运用银行贷款、股权融资等方式为其提供多种融资选择，拓宽融资渠道。此外，进一步完善风险分担机制，促进民营企业参与基础设施建设的积极性。完善相关法律法规，为民营企业的风险分担提供更好的法律环境和制度上的支持。

二、构建应对债务风险的监管体系

加快构建应对债务风险的监管体系是做好金融风险防控的根本。随着我国经济的较快增长，我国有必要利用专门的债务管理机构来合理有效地控制债务结构，并采取预测性的债务处置措施。在政府债务风险监管方面，及时关注政府的负债规模和偿债能力，监控政府在风险预警指标上的变化，严格控制外债规模，为债务情况变化提前做好防范准备。在国有企业债务风险监管方面，科学降低国有企业资产负债率，提升国有企业的技术和管理能力，积极解决债务上的历史遗留问题。此外，构建各主体债务风险的预警和处置机制，提高债务风险预测的准确性，有效防范由债务情况恶化引发的金融风险。根据真实的数据情况做到早预防、早处理，有效降低债务风险。在债务风险监管过程中，除了前文已涉及的降低间接融资杠杆等措施之外，还需关注股质融资业务机制的规范，以及企业债券违约处置机制的完善。

（一）规范股质融资业务机制

随着我国股票质押融资业务的发展，合理约束股质融资活动，有效规范股质融资业务，推动股质融资市场健康稳定发展，也是应对债务风险的必要一环。各地方政府可支持建立以国有资金为主的纾困基金，鼓励其为上市公司纾困，提升上市公司的经营效率，进一步加强对股票质押风险的化解。根据上市公司的实际情况制定相应的质押率上限，对于新股东可设置一年左右的观察期，完善股质融资的高风险业务体系。对于银行保险信托资金进入股市，注重制定资金投入上限的约束，优化质押信息共享和信息披露制度。

（二）完善企业债券违约处置机制

为应对债券违约的潜在风险，应加快推动民营企业的改革和升级，并为债务多且风险高的民营企业提供必要的融资工具支持。首先，针对高负债的重点企业进行监测，排查资金流动和债务结构，找出可能违约的具体风险点。对杠杆高或融资渠道窄的企业，做好高频监测和应急处置方案，有效防范系统性金融风险的发生。加强企业债券主体的经营能力和治理能力，能够及时处理自身的融资问题，并完善财务信息的披露制度。其次，运用市场化违约处置机制对主要债券市场进行债务重组。通过债务重组为债务人解决财务上的困境，恢复其继续经营的能力。同时，完善责任追究机制，对于债券发行中的违法行为，加大相应的查处力度。当风险和收益都转移到资本市场时，有利于激活债务存量。

三、持续推进存量金融风险的处置

目前，我国金融体系的存量风险仍需持续关注，特别是高风险金融机构涉及的清产核资、责任界定、后续经营等问题，都是存量金融风险处置的关键。为此，需要及时查找现有监管模式中的监管空白或漏洞，推动对称监管的实施，以改进监管方式。科学发挥风险预警的能力，加强对跨行业、跨领域等交叉性金融风险的防范。其中，有效化解不良资产风险、建立市场化退出机制与风险分担机制和推进地方政府隐性债务风险化解等是处置存量金融风险的必要举措。

（一）有效化解不良资产风险

近年来，我国运用多种手段有效处置了大批的不良资产。为预防不良资产的反弹，应继续加快对不良资产处置的改革，加强监管，逐渐将银行的隐性不良资产显性化，提高资产质量。完善市场机制和社会信用体系，推动银行做好不良资产分类，并真实披露相关的金融风险。针对中小银行的不良资产化解，地方政府需加强对中小银行的引导，以适合的监管指标、灵活的补充资金或债转股等方式，化解中小银行的不良资产风险。同时，加强国有企业的不良资产改革，推行并购重组，以多渠道方式化解不良资产。

（二）建立市场化退出机制与风险分担机制

在市场化退出机制方面，发挥市场主体的作用，推进市场化退出机制的实施，对高风险金融机构展开有效监控，并以破产清算、并购重组等方式实现对高风险金融机构的出清。在风险分担机制方面，明确各主体的责任。其中，对于各地方监管部门，积极履行及时协调风险处置方案的职责，合理减免不良资产处置中的相关税收。对于金融机构，在损失的资金上及时承担补充的责任，有效调整资产负债结构，严控相关违法行为。

（三）推进地方政府隐性债务风险化解

对于地方政府隐性债务风险，我国需进一步有效防范增量、积极化解存量。在防范增量方面，推动政府调整投资基金，严格监管政府在金融服务中的违规行为。在当地经济稳定发展的前提下，有效遏制通过隐性债务变相举债的行为。在化解存量方面，应合理细化各级政府的财政职责，全面把握各地方政府隐性债务的存量，不断积累隐性债务管理的经验，逐渐推进融资平台的市场化改革，有效提升政府偿债能力，保障政府落实债务担保。严格控制违规举债，逐步将隐性债务风险显性化，加强对债务的监测与监管，推动各地方政府隐性债务风险的化解。

第五节　完善社会保障制度

社会保障制度作为我国在经济发展过程中的一项重要配套制度，可以有效防范社会风险引发的危害，合法保障公民的权益。随着我国人口老龄化不断加深、流动人口增多，完善的社会保障制度、成熟的社会保障体系能够促进社会稳定和经济发展。更重要的是，完善社会保障制度有助于平稳降低居民部门杠杆率，进而为优化其他部门杠杆率提供动力，最终为有效防范系统性金融风险提供支撑。

一、完善政府管理体制改革

我国在社会保障制度方面不断改革，为职工、自由职业者等群体加大了保障力度，然而在覆盖面上还有待改进。为保障公民的生活稳定，要协同政府在经济金融领域的管理体制改革，进一步完善社会保障制度，以防范社会保障制度缺失而导致的经济波动，进而助推金融风险的防范化解。对政府财政支出进行必要的结构调整，将社保支出及时计入政府预算，鼓励公民缴纳社保，从而保障社会经济的平稳。在流动人口管理方面，政府应建立针对流动人口的专项社会保障平台。在人口老龄化管理方面，强化社会公众的风险意识，改善体制改革的可预见性。有效推进社会保障的政府管理体制改革，有利于我国经济的可持续性发展，以及防范经济金融风险。

（一）改善流动人口社会保障制度

适度规模的人口流动能够通过劳动力传导机制推动经济发展（顾嵩楠和万解秋，2020），而社会保障制度在一定程度上影响了流动人口的数量。因此，有必要通过建立流动人口相关的社会保障管理平台，完善社会保障制度。例如，利用网络技术进行科学管理，共享各地的社会保障信息和资源，精准观测流动人口参与社保的情况。当人员出现跨地区流动时，可根据共享信息实现社保的快速转接，充分简化操作流程，保障流动人员社保转接效率，稳定流动人口积极缴纳社保的状态，有效防范大量流动人口社保断缴等引发的社会和金融风险。在此过程中，健全城乡一体化、重视社会保障执行监督机制都能够推动流动人口社会保障制度的改善。

1. 健全城乡一体化

城乡一体化是我国现代化和城市化发展的新阶段，社会保障制度应根据新阶段的发展需求推进农村与城市之间的标准统一（董武全，2015）。推动社会保障制度的完善，鼓励农民工向城市转移，促进农村人力资源在城市通过市场化配置充分发挥劳动优势，使其获得与城市公民同等的社会保障待遇，包括保障其子女能够进入所在城市的学校就读，享有与城市居民子女同等的受教育权利。通过健全城乡一体化，可以稳定和扩大农民工就业，也可以推动农民工市民化，这对推动当地消费起到积极的促进作用，从而进一步稳定经济金融发展环境。随着社会的不断发展与进步，部分农民工或毕业生可能难以快速适应新形势下的就业要求，可以为其提供社会保障补助金用以学习新的劳动技能。将传统的劳动力培养成符合现代经济发展所需的人力资本，使以往社会救济的被动方式转变为更积极的发展方式，以促进我国经济潜在增长率的提升。

2. 重视社会保障执行监督机制

社保监管涉及我国全体公民的切身利益，以及经济的持续健康发展，维系着社会的和谐与稳定，是防范化解金融风险的重要支撑。完善社会保障执行监督机制，提高各监督机构在社保基金监管方面的执行效力，做到社会保障有法可依，平稳实现社会保障基金的增值与保值。有效结合政府和社会监督的力量，对社保资金的监督明确责任范围，确保监督工作具体落到实处，做到对社保资金进行客观公正的监督，保障公民享受到应有的社保权益。另外，充分运用网络信息化监督，对监督资源进行科学整合，通过信息化的精确分析提高监督的效率和质量。

（二）落实人口老龄化管理战略

人口老龄化导致劳动年轻人口比例下降，甚至可能影响金融体系中的可用资金，因而可能会对我国产业经济产生不利影响（崔惠颖，2017）。为有效防范我国人口老龄化日益突出带来的经济金融影响，应加快完善人口老龄化管理战略，主要包括推进应对人口老龄化的新政策、缓解延迟退休与就业之间的矛盾、提高社保运营信息的透明度等方面。

1. 推进应对人口老龄化的新政策

近年来，针对人口老龄化问题，国家相继推行一系列政策。例如，根据不同行业工种实施差别化延迟法定退休年龄、实行有弹性的退休制度、领取养老金可"早减晚增"。渐进式延迟法定退休年龄有效缓解了社会抚养比过高等人口老龄化问题。在此基础上，中央政府可以财政补贴等方式，进一步支持各地区执行国家应对人口老龄化的各项政策。此外，还需持续优化生育政策，提高我国人口出生率，进而改善人口年龄结构。通过对生育多孩的家庭提供生活和教育等方面的补贴，有效调整生育结构，激发社会活力。

2. 缓解延迟退休与就业之间的矛盾

渐进式的延迟退休模式在提高养老基金的给付能力上有较好的效果，然而对我国青年人的就业压力可能产生一定影响。对于延迟退休与就业之间的矛盾，可从国家就业政策、鼓励青年人创业等方面进行缓解。首先，政府可加大对落后地区实行人才补贴政策的力度，鼓励青年人才到偏远地区就业。在为青年人才提供就业机会的同时，也能够为偏远地区输送人才。其次，鼓励青年人创业。近年来，新兴产业发展迅速，相比于老年人口，青年人能够更快地适应新兴产业在劳动技能方面的发展需求。因此，可推动青年人在新兴产业方面的创新与发展。除此之外，也可引导青年人关注老年产业。这既增加了青年人的创业机会，也可满足老年人的生活所需，从多维度拉动经济稳定增长。总之，有效处理延迟退休与青年人就业之间的矛盾，可以保障社会和经济稳定，为防范化解金融风险提供重要的基础。

3. 提高社保运营信息的透明度

在社保运营的过程中，建立专业化社保监管机构，提高社保运营信息的透明度，有助于明确各运营主体职责，强化社保运营信息的监督和规范，有效降低社保运营管理中的金融风险。其一，创设社保基金运营信息的专项管理部门，以便对基金投资进行预测并提供科学的投资建议。其二，完善社保运营信息的披露系统，提高社保投资过程的透明度和安全性。推进"分权式"运营管理，将管理权和运营权分离，完善个人账户与社会统筹账户信息的分账管理，能够进一步加强社保基金投资运营的监管，杜绝"空账"现象发生，科学降低相关金融风险。

二、完善社会保障基金的投资环境

全国社会保障基金是专门用于人口老龄化高峰时期养老保险等社会保障支出的补充、调剂，由全国社会保障基金理事会负责管理运营。为维护养老金投资的安全及保值增值，有效防范养老金在市场化过程中的风险，需要进一步完善社会保障基金的投资环境。健康且多样化的投资平台有利于养老金投资的风险防控与保值增值。可从拓宽投资运营渠道和鼓励企业进入养老产业等两个方面，推进社会保障基金在安全运营的前提下，获得较好的投资收益。

（一）拓宽投资运营渠道

实现社保基金投资运营渠道的多样化和市场化发展，能够保障社保基金投资运营在保值的基础上，更好地获得增值收益。首先，积极完善社保的投资策略，提高社保基金的保值增值力度。在投资运作时，首要是保障基金的平稳运行，同时根据专业机构的预测找到最佳的投资组合，有效防范投资风险。通过财政政策的支持，鼓励企业推出保本型的社保投资项目，引导企业开发多样化的基金投资产品。其次，对于优质的企业债券和公司债券，鼓励社保基金投入到此类高收益的金融债券中。此外，积极探索多样化的金融工具，探寻开放式基金的投资项目渠道，以满足社保基金对流动性的需求。各地政府还可根据实际情况，基于安全性原则，支持商业保险的运行，保障社保基金在商业保险中的保值增值，促进社会融资多方位发展，提高我国社保投资运营中抵御风险的能力。

（二）鼓励企业进入养老产业

鼓励企业大力创新与研发养老相关的新型科技产品，加大对老年人产业链的投资，挖掘老年人消费潜力（金浩和李宇佳，2021）。围绕老年人的衣食住行，有针对性地发展相关产业。鼓励企业建立供老年人日常娱乐或活动的场所，增进老年人之间的互动与沟通；设计为老年人定制的旅游计划，根据老年人不同年龄段，规划适宜的旅游路线和目的地；建立老年大学，提供多样化的学习课程，尤其是适应新时代的电子产品使用教学；强化高品质老年公寓的建设，为老年人打造科学、健康、便捷的生活环境；提升保健品研发力度，增加产品种类和提高保健品品质等。扩大老年人产业的范畴，为企业创新和改革提供机遇。政府应发挥引导作用，积极支持优质企业，利用市场调节机制，确保老年人产业的持续健康发展。鼓励企业进入养老产业，促进企业参与金融改革，优化社会保障基金的投资环境，有助于社会经济的发展，并有效减少金融风险。

第六节　本章小结

我国正处于经济结构的转型期，守住不发生系统性金融风险的底线，稳定金融体系对于当前经济转型至关重要（刘锡良和董青马，2018）。系统性金融风险对我国金融稳定和经济发展会产生极为不利的影响，并且随着社会经济的发展，风险的程度也会随之变化。因此，应积极且长期地防范化解系统性金融风险。

本章首先从金融生态恢复力和宏观审慎监管政策两方面考虑，如何完善金融体系的功能与调节机制。其次，从供给侧结构性改革方面来看，应加强经济增长动能培育，提高金融风险防控的能力。具体可以通过加强市场主体培育和稳定杠杆、深化结构性经济和金融改革、积极完善货币体系改革等措施，实现经济增长动能培育。最后，本章还从完善金融市场监管、提高金融服务实体经济能力，以及完善社会保障制度等三个维度展开讨论，旨在为金融风险防控提供稳定健康的经济社会环境。总之，系统性金融风险的影响重大、关联甚广，因此它的防范化解对策需要一个整体性的综合设计。

参 考 文 献

阿尔布罗 F, 向来. 2000. 亚洲金融危机和菲律宾的反应: 长期的见解(上)[J]. 南洋资料译丛, (3): 8-14.

安礼伟, 张二震. 2021. 中国经济新旧动能转换的原因、基础和路径[J]. 现代经济探讨, (1): 9-15.

巴曙松, 王凤娇, 孔颜. 2011. 系统性金融风险的测度方法比较[J]. 湖北经济学院学报, 9(1): 32-39.

巴曙松, 左伟, 朱元倩. 2013. 金融网络及传染对金融稳定的影响[J].财经问题研究, (2): 3-11.

白俊伟, 刘晓人. 2000. 区域性金融风险的表现形式[J]. 武汉金融, (10): 7-8.

白雪梅, 石大龙. 2014. 中国金融体系的系统性风险度量[J]. 国际金融研究, (6): 75-85.

包全永. 2005. 银行系统性风险的传染模型研究[J]. 金融研究, (8): 72-84.

曹晓飞, 赵芬芬, 万月亮. 2020. 房地产价格波动与系统性金融风险[J]. 技术经济与管理研究, (2): 71-76.

陈麟, 谭杨靖. 2016. 互联网金融生态系统发展趋势及监管对策[J]. 财经科学, (3): 49-57.

陈彦达, 隋学深, 王玉凤. 2021. 我国金融基础设施运营与监管存在的问题及政策建议[J]. 企业经济, 40(5): 121-129.

陈雨露, 马勇. 2008. 社会信用文化、金融体系结构与金融业组织形式[J]. 经济研究, (3): 29-38.

陈雨露, 马勇. 2009. 金融体系结构与金融危机[J]. 金融评论, 1(1): 3-14, 115, 122.

成思危. 2015. 虚拟经济不可膨胀[J]. 资本市场, (1): 8.

程昆, 刘仁和. 2005. 投资者情绪与股市的互动研究[J]. 上海经济研究, (11): 86-93.

程雪军, 李心荷. 2021. 居民杠杆率的发展、风险与应对建议: 基于法律金融学研究视角[J]. 西南金融, (10): 20-31.

崔惠颖. 2016. 博彩型股票的市场特征分析: 来自中国股市的经验证据[J]. 东北财经大学学报, (3): 56-64.

崔惠颖. 2017. 人口、金融与产业结构的动态关系研究[J]. 统计与决策, (3): 172-175.

崔惠颖. 2019. 股市投资者赌博行为研究综述[J]. 金融理论与实践, (7): 77-83.

崔惠颖, 王志强. 2016. 博彩型股票的识别分析: 来自中国股票市场的经验证据[J]. 商业经济与管理, (5): 86-96.

崔建军, 张佩瑶. 2021. 系统性金融风险的动态演进: 一个制度金融学的分析范式[J]. 经济学家, (5): 56-64.

崔俊富, 陈金伟. 2021. 中国经济增长新旧动能转换研究[J]. 管理现代化, 41(4): 47-50.

戴赜, 彭俞超, 马思超. 2018. 从微观视角理解经济"脱实向虚": 企业金融化相关研究述评[J].

外国经济与管理, 40(11): 31-43.

邓向荣, 曹红. 2016. 系统性风险、网络传染与金融机构系统重要性评估[J]. 中央财经大学学报, (3): 52-60.

董武全. 2015. 经济"新常态"下完善我国社会保障制度的几点思考[J].理论导刊, (9): 13-15.

董小君. 2017. 我国杠杆率水平、系统性风险与政策体系设计[J]. 理论探索, (2): 5-15.

董志, 李秀婷, 董纪昌. 2016. 基于系统动力学的我国融资结构仿真研究[J]. 系统工程理论与实践, 36(5): 1109-1117.

范从来, 张前程, 彭明生. 2021. 经济金融共生共荣：理论、测度与实现路径[J]. 现代财经(天津财经大学学报), 41(1): 3-17.

范小云. 2002. 金融结构变革中的系统性风险分析[J]. 经济学动态, (12): 21-25.

范小云. 2018-03-09. 部分非金融企业"金融化"成风险防控薄弱环节[N]. 21 世纪经济报道, (7).

方芳, 林海涛. 2017. 系统性金融风险再认识：演化、测量与检验[J]. 经济理论与经济管理, (11): 45-57.

方蕾, 粟芳. 2017. 全球银行业系统性风险的成因：内忧还是外患？——基于 74 个国家的比较分析[J]. 国际金融研究, (8): 65-74.

方先明, 谢雨菲. 2016. 影子银行及其交叉传染风险[J]. 经济学家, (3): 58-65.

方意, 和文佳, 荆中博. 2019. 中美贸易摩擦对中国金融市场的溢出效应研究[J]. 财贸经济, 40(6): 55-69.

冯超, 王银. 2015. 我国商业银行系统性风险处置研究：基于银行间市场网络模型[J].金融研究, (1): 166-176.

傅钧文. 2013. 日本金融宏观审慎监管体制建设及其启示[J]. 世界经济研究, (12): 9-13, 66,84.

干春晖, 郑若谷, 余典范. 2011. 中国产业结构变迁对经济增长和波动的影响[J]. 经济研究, 46(5): 4-16,31.

高嘉璘, 王雪标, 周鑫. 2021. 杠杆率对银行系统性风险的影响[J]. 统计与决策, 37(21): 150-153.

高蒙蒙, 汪冲. 2018. 民营资本参与基础设施项目的风险分担问题研究[J]. 学习与探索, (8): 143-148.

高志亮, 李忠良. 2004. 系统工程方法论[M]. 西安：西北工业大学出版社.

戈德史密斯. 1994. 金融结构与金融发展[M]. 周朔, 郝金城, 肖远企, 等译. 上海：上海三联书店.

葛志强, 姜全, 闫兆虎. 2011. 我国系统性金融风险的成因、实证及宏观审慎对策研究[J]. 金融发展研究, (4): 57-60.

龚明华, 张晓朴, 文竹. 2011. 影子银行的风险与监管[J]. 中国金融, (3): 41-44.

龚强, 张一林, 林毅夫. 2014. 产业结构、风险特性与最优金融结构[J]. 经济研究, 49(4): 4-16.

顾海峰, 于家珺. 2019. 中国经济政策不确定性与银行风险承担[J]. 世界经济, 42(11): 148-171.

顾嵩楠, 万解秋. 2020. 我国省域人口流动对经济发展的传导机制研究：基于门槛效应模型的分析[J]. 西北人口, 41(4): 58-71.

郭春松. 2013. 金融危机、影子银行与中国银行业发展研究[M]. 北京：经济管理出版社.

郭福春, 潘锡泉. 2015. 欧洲央行量化宽松货币政策的有效性分析[J]. 浙江学刊, (6): 176-181.

郭敏, 姚依宁. 2021. 地方政府债务和企业杠杆：基于高质量发展视角[J]. 现代经济探讨, (11): 1-14.

郭娜, 祁帆, 张宁. 2018. 我国系统性金融风险指数的度量与监测[J]. 财经科学, (2): 1-14.

韩冬萌. 2020. 日本应对国际金融危机的经验与启示：基于金融监管改革和宏观审慎管理的分析[J]. 武汉金融, (7): 55-62.

韩剑. 2009. 流动性冲击与金融危机传染[J]. 上海金融, (4): 52-55.

韩健. 2017. 美国国债市场高流动性的成因分析与借鉴[J]. 学习与实践, (2): 14-20.

韩廷春, 雷颖絜. 2008. 金融生态环境对金融主体发展的影响[J]. 世界经济, (3): 71-79.

韩廷春, 周佩璇. 2010. 金融生态系统失衡及调节机制的实证研究[J]. 理论学刊, (8): 31-36, 127.

韩心灵, 韩保江. 2017. 供给侧结构性改革下系统性金融风险：生成逻辑、风险测度与防控对策[J]. 财经科学, (6): 1-13.

韩珣, 田光宁, 李建军. 2017. 非金融企业影子银行化与融资结构：中国上市公司的经验证据[J]. 国际金融研究, (10): 44-54.

何斌, 刘雯. 2019. 经济政策不确定性、股权质押与股价崩盘风险[J]. 南方金融, (1): 40-48.

何德旭. 2015. 注重防范区域金融风险[J]. 中国金融, (5): 44-45.

何德旭, 王朝阳. 2017. 中国金融业高增长：成因与风险[J]. 财贸经济, 38(7): 16-32.

胡冰, 王晓芳. 2019. 投资导向、东道国金融生态与中国对外投资效率：基于对"一带一路"沿线国家的研究[J]. 经济社会体制比较, (1): 126-136.

胡聪慧, 张勇, 高明. 2016. 价格时滞、投机性需求与股票收益[J]. 管理世界, (1): 44-53, 187.

胡德宝, 王晓彦. 2016. 巴塞尔协议III框架下的流动性风险监管：机理、影响与国际经验[J]. 南方金融, (2): 53-59.

胡海峰, 窦斌, 王爱萍. 2020. 企业金融化与生产效率[J]. 世界经济, 43(1): 70-96.

胡奕明, 王雪婷, 张瑾. 2017. 金融资产配置动机："蓄水池"或"替代"？——来自中国上市公司的证据[J]. 经济研究, 52(1): 181-194.

胡宗义, 黄岩渠, 喻采平. 2018. 网络相关性、结构与系统性金融风险的关系研究[J]. 中国软科学, (1): 33-43.

花贵如, 刘志远, 许骞. 2010. 投资者情绪、企业投资行为与资源配置效率[J]. 会计研究, (11): 49-55,97.

黄汉权. 2018. 推进产业新旧动能转换的成效、问题与对策[J]. 经济纵横, (8): 32-40,2.

黄启才, 王世杰. 2021. 中国金融压力指数测度与金融风险识别[J]. 亚太经济, (3): 25-34.

黄维海, 张晓可. 2021. 教育人力资本积累、分布与经济增长动能的转换：来自新中国 70 年的经验证据[J]. 教育与经济, 37(1): 29-38,49.

黄小鹏. 2019-09-11. 康德拉季耶夫与"康波"[N]. 证券时报, (A03).

黄燕芬, 赵永升, 夏方舟. 2016. 中国房地产市场居民加杠杆：现状、机理、风险及对策[J]. 价格理论与实践, (8): 12-16.

黄莺, 郭江. 2018. 强监管、去杠杆背景下银行经营策略调整分析[J]. 西南金融, (7): 20-25.

黄智淋, 董志勇. 2013. 我国金融发展与经济增长的非线性关系研究: 来自动态面板数据门限模型的经验证据[J]. 金融研究, (7): 74-86.

纪洋, 王旭, 谭语嫣, 等. 2018. 经济政策不确定性、政府隐性担保与企业杠杆率分化[J]. 经济学(季刊), 17(2): 449-470.

江红莉, 刘丽娟, 程思婧. 2018. 系统性金融风险成因、测度及传导机制: 基于文献综述视角[J]. 金融理论与实践, (11): 49-55.

江曙霞, 陈青. 2013. 赌博特征股票的收益预测及解释[J]. 财贸研究, 24(3): 99-107,116.

姜波克, 张卫东. 1999. 金融改革与金融业发展[M]. 上海:复旦大学出版社.

金成晓, 马丽娟. 2010. 信贷政策效应的非对称性、信贷扩张与经济增长[J]. 统计研究, 27(9): 9-15.

金浩, 李宇佳. 2021. 人口老龄化对我国居民消费水平的影响及区域差异[J]. 经济与管理, 35(6): 23-32.

金仁淑. 2010. 经济全球化背景下的日本金融监管体制改革[J]. 广东金融学院学报, 25(5): 72-79.

金雪军, 钟意, 王义中. 2014. 政策不确定性的宏观经济后果[J]. 经济理论与经济管理, (2): 17-26.

靳玉英. 2001. 泰国、韩国、马来西亚、印度尼西亚四国现行汇率制度分析[J]. 国际金融研究, (9): 31-36.

孔东民, 代昀昊, 李捷瑜. 2010. 知情交易与中国股市博彩溢价[J]. 金融评论, 2(2): 61-72,124.

雷立坤, 余江, 魏宇, 等. 2018. 经济政策不确定性与我国股市波动率预测研究[J]. 管理科学学报, 21(6): 88-98.

黎贵才, 赵峰, 卢荻. 2021. 金融化对经济增长的影响:作用机理与中国经验[J]. 中国人民大学学报, 35(4): 60-73.

李长英, 周荣云, 余淼杰. 2021. 中国新旧动能转换的历史演进及区域特征[J]. 数量经济技术经济研究, 38(2): 3-23.

李春红, 彭光裕. 2011. 投资者情绪、股票市场流动性和经济增长[J]. 技术经济, 30(5): 105-108, 123.

李稻葵, 陈大鹏, 石锦建. 2019. 新中国 70 年金融风险的防范和化解[J]. 改革, (5): 5-18.

李峰. 2009. 亚洲金融危机以来泰国的金融部门改革[J]. 东南亚研究, (3): 11-16.

李凤羽, 杨墨竹. 2015. 经济政策不确定性会抑制企业投资吗? ——基于中国经济政策不确定指数的实证研究[J]. 金融研究, (4): 115-129.

李福柱, 田爽. 2020. 我国经济增长中供给侧与需求侧新旧动能转换效应研究[J]. 长沙理工大学学报(社会科学版), 35(6): 81-96.

李国红, 王晓东, 郑李彬. 2011. 区域性信用体系的建设与完善研究[J]. 商业时代, (32): 110-111.

李佳. 2019. 金融结构变迁与银行资产证券化发展: 影响机制及经验证据[J]. 金融经济学研究, 34(1): 67-82.

李建军, 韩珣. 2019. 非金融企业影子银行化与经营风险[J]. 经济研究, 54(8): 21-35.

李建军, 薛莹. 2014. 中国影子银行部门系统性风险的形成、影响与应对[J]. 数量经济技术经济研究, (8): 117-130.

李健, 贾玉革. 2005. 金融结构的评价标准与分析指标研究[J]. 金融研究, (4): 57-67.

李培馨, 刘悦, 王宝链. 2014. 中国股票市场的赌博行为研究[J]. 财贸经济, (3): 68-79.

李绍芳, 刘晓星. 2018. 中国金融机构关联网络与系统性金融风险[J]. 金融经济学研究, 33(5): 34-48.

李巍, 邓允轩. 2017. 德国的政治领导与欧债危机的治理[J]. 外交评论(外交学院学报), 34(6): 74-104.

李扬, 王国刚, 刘煜辉. 2005. 中国城市金融生态环境评价（2005）[M]. 北京：人民出版社.

李洋, 佟孟华, 褚翠翠. 2021. 经济政策不确定性与系统性金融风险传染：基于中国上市金融机构微观数据的经验证据[J]. 金融经济学研究, 36(4): 31-47.

李媛媛, 陈文静. 2022. 基于系统动力学的区域金融生态系统稳定性研究：以河北省为例[J]. 系统科学学报, (3): 125-130.

李正辉, 彭涅, 谢梦园. 2017. 区域性系统性金融风险影响因素研究：基于空间面板数据的实证分析[J]. 财经理论与实践, 38(1): 36-41.

李政, 梁琪, 涂晓枫. 2016. 我国上市金融机构关联性研究：基于网络分析法[J].金融研究,(8): 95-110.

梁琪, 李政, 郝项超. 2013. 我国系统重要性金融机构的识别与监管：基于系统性风险指数 SRISK 方法的分析[J]. 金融研究, (9): 56-70.

梁永礼, 李孟刚. 2017. 新常态下系统性金融风险度量与防范研究[J]. 西南民族大学学报(人文社科版), 38(8): 125-134.

林岗, 王一鸣, 马晓河, 等. 2016. 中国经济改革与发展研究报告：经济增长新动力选择（2016）[M]. 北京：中国人民大学出版社.

林欣. 2016. 中国金融生态与经济增长关系研究[J]. 统计与决策, (1): 119-123.

林毅夫, 李志赟. 2005. 中国的国有企业与金融体制改革[J]. 经济学(季刊), (3): 913-936.

刘贯春, 张军, 刘媛媛. 2018. 金融资产配置、宏观经济环境与企业杠杆率[J]. 世界经济, 41(1): 148-173.

刘海申. 2020. 我国地方政府隐性债务风险状况及化解建议[J]. 地方财政研究, (1): 20-23.

刘辉. 2017. 中央银行宏观调控与金融稳定职能的法治保障:以马来西亚和泰国央行法为样本[J]. 东南亚研究, (6): 50-66,154.

刘金全, 潘长春. 2016. 金融稳定对经济增长的非线性影响机制研究[J]. 求是学刊, 43(4): 45-50.

刘景卿, 李璐. 2021. 实体企业金融化对金融稳定的影响研究[J]. 经济学家, (3): 82-90.

刘珺, 盛宏清, 马岩. 2014. 企业部门参与影子银行业务机制及社会福利损失模型分析[J]. 金融研究, (5): 96-109.

刘立新, 李鹏涛. 2019. 金融供给侧结构性改革与系统性金融风险的防范[J]. 改革, (6): 84-91.

刘亮. 2011. 美国次贷危机对欧洲主权债务危机的传导效应研究[J]. 南方金融, (12): 60-63, 69.

刘瑞超, 刘鹏程, 路兰. 2017. 产权视角下的中国区域制度研究[J]. 经济体制改革, (6): 52-58.

刘瑞明, 金田林. 2015. 政绩考核、交流效应与经济发展：兼论地方政府行为短期化[J]. 当代经济科学, 37(3): 9-18,124.

刘圣尧, 李怡宗, 杨云红. 2016. 中国股市的崩盘系统性风险与投资者行为偏好[J]. 金融研究, (2): 55-70.

刘士余. 2013. 守住不发生系统性区域性金融风险的底线[J]. 求是, (23): 42-44.

刘崴. 2009. 浅析次贷危机背景下各国货币政策工具的变化：以美国及亚洲主要国家货币政策工具变化为例[J]. 人文杂志, (1): 66-69.

刘伟, 李绍荣. 2002. 产业结构与经济增长[J]. 中国工业经济, (5): 14-21.

刘西涛, 王盼. 2021. 黑龙江省人口分布与经济格局研究：基于人口流动与经济增长的实证分析[J]. 学术交流, (5): 82-92, 192.

刘锡良, 董青马. 2018. 防范系统性和区域性金融风险研究：基于金融适度分权的视角[M]. 北京：中国金融出版社.

刘习习, 魏鹏. 2018. 杠杆率、金融风险与政策选择[J]. 经济体制改革, (1): 190-194.

刘玚, 蔡松婕, 王学龙. 2019. 外部不确定性对中国系统性金融风险的影响研究：基于跨境资本流动视角与渠道[J]. 西南民族大学学报(人文社科版), 40(11): 136-143.

刘莹. 2021. 区域金融风险空间关联网络、传染效应与应对路径：以山东省为例[J]. 金融理论与实践, (6): 55-63.

刘园丽. 2017. 基于区间分析的金融生态环境评价及其实证[J]. 统计与决策, (11): 166-168.

柳如眉, 刘淑娜, 柳清瑞. 2021.人口变动对东北地区经济增长的影响研究[J].中国人口科学 (5): 63-76，127.

罗朋伟, 曹希广, 吉亚辉. 2021. 城市经济联系、空间网络与区域经济差距：基于中国西北地区五省份的经验证据分析[J]. 地域研究与开发, 40(3): 37-42, 49.

吕秋红. 2013. 泰国和马来西亚汇率制度发展新特征[J]. 亚太经济, (3): 32-37.

马蔡琛. 2018. 基于政府预算视角的地方隐性债务管理[J]. 财政科学, (5): 18-23.

马海涛, 高珂. 2018. 经济增长动能转换的财政政策研究[J].社会科学文摘,(5): 50-52.

马君潞, 范小云, 曹元涛. 2007. 中国银行间市场双边传染的风险估测及其系统性特征分析[J]. 经济研究, (1): 68-78, 142.

马凌霄, 徐成贤. 2006. 金融生态、市场调节与金融安全[J]. 改革, (3): 43-49.

马守荣, 许涤龙. 2014. 区域金融风险对宏观金融的危害与对策研究[J]. 调研世界, (3): 53-56.

宁朝山. 2019. 工业革命演进与新旧动能转换：基于历史与逻辑视角的分析[J]. 宏观经济管理, (11): 18-27.

庞超然, 杜奇睿. 2019. 经济政策不确定性、金融周期及宏观经济效应：基于 TVP-SV-VAR 模型的分析[J]. 经济问题探索, (8): 16-25, 36.

庞加兰, 王倩倩, 吴露露. 2021. 金融开放背景下系统性金融风险测度与防范[J]. 征信, 39(5): 84-92.

裴长洪, 倪江飞. 2020. 习近平新旧动能转换重要论述的若干经济学分析[J]. 经济学动态, (5):

3-14.

彭佳颖, 郑玉航. 2021. 实体企业金融化行为的逆周期效应及"脱实向虚"风险研究[J]. 财经理论与实践, 42(2): 27-35.

彭俞超, 韩珣, 李建军. 2018. 经济政策不确定性与企业金融化[J]. 中国工业经济, (1): 137-155.

彭俞超, 倪骁然, 沈吉. 2018. 企业"脱实向虚"与金融市场稳定: 基于股价崩盘风险的视角[J]. 经济研究, 53(10): 50-66.

皮天雷, 段宇信. 2006. 金融生态中的法律制度探讨: 一个新制度经济学的角度[J]. 财经科学, (3): 16-22.

钱雪松, 杜立, 马文涛. 2015. 中国货币政策利率传导有效性研究: 中介效应和体制内外差异[J]. 管理世界, (11): 11-28, 187.

任康钰, 曾辉. 2015. 欧元区量化宽松货币政策的演进及探讨[J]. 南方金融, (7): 42-51.

荣梦杰, 李刚. 2020. 区域金融风险的空间关联、传染效应与风险来源[J]. 统计与决策, 36(24): 119-124.

邵汉华, Liu Y B. 2018. 金融结构与经济增长的非线性门槛效应: 基于最优金融结构的视角[J]. 审计与经济研究, 33(3): 119-127.

沈红芳, 刘月容, 程博. 2009. 美国金融危机阴影下的东南亚经济[J]. 和平与发展, (1): 47-51,68,70-71.

沈悦, 李博阳, 张嘉望. 2017. 系统性金融风险:测度与时空格局演化分析[J]. 统计与信息论坛, 32(12): 42-51.

施华强. 2005. 国有商业银行账面不良贷款、调整因素和严重程度: 1994—2004[J]. 金融研究, (12): 25-39.

司登奎, 李小林, 赵仲匡. 2021. 非金融企业影子银行化与股价崩盘风险[J]. 中国工业经济, (6): 174-192.

宋军, 陆旸. 2015. 非货币金融资产和经营收益率的 U 形关系: 来自我国上市非金融公司的金融化证据[J]. 金融研究, (6): 111-127.

孙德超, 钟莉莉. 2019. 70 年"中国式防范化解金融风险"的基本经验、面临挑战及前景展望: 基于主体—内容—方式的三维视角[J]. 学习与探索, (9): 21-31, 190.

孙东亮, 姚伟, 徐荣贞. 2016. 金融生态恢复力的作用机理及提升对策[J]. 商业经济研究, (10): 167-170.

孙树强. 2020. 系统性金融风险测度、发展和演变: 一个综述[J]. 金融市场研究, (10): 14-28.

谈儒勇. 1999. 中国金融发展和经济增长关系的实证研究[J]. 经济研究, (10): 53-61.

陶玲. 2016. 系统性金融风险的传导[J]. 中国金融, (13): 19-21.

陶玲, 朱迎. 2016. 系统性金融风险的监测和度量: 基于中国金融体系的研究[J]. 金融研究, (6): 18-36.

佟孟华, 李洋, 于建玲. 2021. 影子银行、货币政策与商业银行系统性金融风险[J]. 财经问题研究, (1): 53-63.

童相彬, 张书华. 2021. 跨境资本流动、系统性风险与宏观经济波动[J]. 经济体制改革, (4):

132-139.

汪伟.2012. 人口老龄化、养老保险制度变革与中国经济增长：理论分析与数值模拟[J]. 金融研究, (10): 29-45.

王爱东, 刘扬.2013. 系统动力学视角下的区域金融生态优化研究[J]. 理论探讨, (1): 89-93.

王朝阳, 王文汇.2018. 中国系统性金融风险表现与防范：一个文献综述的视角[J]. 金融评论, 10(5): 100-113, 125-126.

王朝阳, 张雪兰, 包慧娜.2018. 经济政策不确定性与企业资本结构动态调整及稳杠杆[J]. 中国工业经济, (12): 134-151.

王国刚.2019. 中国银行业70年：简要历程、主要特点和历史经验[J]. 管理世界, 35(7): 15-25.

王国刚, 张扬.2015. 互联网金融之辨析[J]. 财贸经济, (1): 5-16.

王红建, 李青原, 邢斐.2014. 经济政策不确定性、现金持有水平及其市场价值[J]. 金融研究, (9): 53-68.

王擎, 刘军, 毛锐.2019. 杠杆率视角下的区域性金融风险防控[J]. 改革, (10): 75-84.

王帅.2015. 投资者情绪对商业银行风险承担影响实证研究[J]. 中南财经政法大学学报, (4): 95-101.

王晓亮, 田昆儒, 蒋勇.2019. 金融生态环境与政府投融资平台企业投资效率研究[J]. 会计研究, (6): 13-19.

王晓青, 李涛.2011. 后危机时代金融体系的完善与创新：银行主导型和市场主导型金融体系的比较研究[J]. 审计与经济研究, 26(4): 94-101.

王永钦, 刘紫寒, 李嫦, 等.2015. 识别中国非金融企业的影子银行活动：来自合并资产负债表的证据[J]. 管理世界, (12): 24-40.

魏杰, 董进.2006. 改革开放后中国经济波动背后的政府因素分析[J]. 中央财经大学学报, (6): 52-57.

魏伟, 陈骁, 张明.2018. 中国金融系统性风险：主要来源、防范路径与潜在影响[J]. 国际经济评论, (3): 125-150,7.

魏志华, 曾爱民, 李博.2014. 金融生态环境与企业融资约束：基于中国上市公司的实证研究[J]. 会计研究, (5): 73-80,95.

文穗.2021.海南自由贸易港离岸金融风险防范监管制度研究[J].海南大学学报(人文社会科学版), 39(3): 82-88.

吴迪, 徐政.2021. 新动能引领制造业高质量发展[J]. 中南财经政法大学学报, (5): 123-134.

吴立力.2020. 宏观杠杆率、影子银行规模与银行体系稳定性：基于TVP-VAR模型的实证研究[J]. 商业研究, (3): 74-84.

吴婷婷, 项如意.2020. 系统性金融风险防控：国别经验与政策启示[J]. 金融理论与实践, (11): 36-44.

吴贤坚, 侯雅文.2017. 我国的金融开放与经济增长：1982—2014年：基于非线性STR模型实证分析[J]. 金融理论与实践, (4): 53-59.

吴晓求.2017. 中国金融监管改革：逻辑与选择[J]. 财贸经济, 38(7): 33-48.

吴悠悠. 2017. 散户、机构投资者宏微观情绪：互动关系与市场收益[J]. 会计研究, (11): 86-92,97.

吴振宇, 王洋, 等. 2020. 防范化解金融风险：进展和挑战[M]. 北京：中国发展出版社.

吴中超. 2015. 深化国有企业改革背景下中国金融结构变迁：逻辑与路径[J]. 经济体制改革, (3): 106-113.

西绕甲措. 2017. 西藏金融业供给侧结构性改革的必要性及路径选择[J]. 西藏大学学报（社会科学版）, 32(3): 144-149.

谢平, 邹传伟. 2012. 互联网金融模式研究[J]. 金融研究, (12): 11-22.

谢世清, 修忆. 2017. 希腊主权债务危机的演变和援助效果评析[J]. 宏观经济研究, (7): 184-191.

谢太峰. 2006. 关于金融生态内涵与评价标准的思考[J]. 金融理论与实践, (4): 26-28.

熊学萍, 何劲, 陶建平. 2013. 农村金融生态环境评价与影响因素分析[J]. 统计与决策, (2): 100-103.

徐驰, 王海军, 刘权兴, 等. 2020. 生态系统的多稳态与突变[J]. 生物多样性, 28(11): 1417-1430.

徐荣贞, 姚伟, 展望. 2017. 金融生态视角下系统性风险研究[M]. 天津：南开大学出版社.

徐小君. 2010. 公司特质风险与股票收益：中国股市投机行为研究[J]. 经济管理, 32(12): 127-136.

徐则荣, 屈凯. 2021. 历史上的五次经济长波：基于熊彼特经济周期理论[J]. 华南师范大学学报(社会科学版), (1): 49-59, 194-195.

许涤龙, 陈双莲. 2015. 基于金融压力指数的系统性金融风险测度研究[J]. 经济学动态, (4): 69-78.

闫斐. 2017. 金融结构是否存在对经济增长的"非线性"影响：基于 GMM 对跨国面板样本的经验检验[J]. 财贸研究, 28(10): 1-18.

杨德勇, 郭慧君, 马凤鸣. 2015. 基于系统动力学的农村金融生态环境研究[J]. 经济问题, (12): 56-61.

杨帅, 温铁军. 2010. 经济波动、财税体制变迁与土地资源资本化：对中国改革开放以来"三次圈地"相关问题的实证分析[J]. 管理世界, (4): 32-41,187.

杨松令, 牛登云, 刘亭立, 等. 2021. 行为金融视角下投资者情绪对实体企业金融化的影响研究[J]. 管理评论, 33(6): 3-15.

杨威, 宋敏, 冯科. 2018. 并购商誉、投资者过度反应与股价泡沫及崩盘[J]. 中国工业经济, (6): 156-173.

杨艳, 刘慧婷. 2013. 从地方政府融资平台看财政风险向金融风险的转化[J].经济学家, (4): 82-87.

杨子晖, 陈里璇, 陈雨恬. 2020. 经济政策不确定性与系统性金融风险的跨市场传染：基于非线性网络关联的研究[J]. 经济研究, 55(1): 65-81.

叶显, 曹直, 向海凌. 2020. 企业金融资产配置如何影响股价崩盘风险？——基于期限结构异质性视角下的机制检验[J]. 金融评论, 12(4): 67-83,125.

叶馨蔚. 2012. 金融危机前后中日货币政策工具比较研究[J]. 新金融, (10): 52-57.

易纲. 1996. 中国金融资产结构分析及政策含义[J]. 经济研究, (12): 26-33.

易纲, 宋旺. 2008. 中国金融资产结构演进: 1991—2007[J]. 经济研究, (8): 4-15.

余典范. 2017. 2017 中国产业发展报告: 新旧动能转换[M]. 上海: 上海人民出版社.

俞树毅, 袁治伟. 2012. 区域系统性金融风险监测研究[J]. 武汉金融, (10): 36-40.

袁纯清. 1998. 共生理论及其对小型经济的应用研究（上）[J]. 改革, (2): 100-104.

张长征, 黄德春, 马昭洁. 2012. 产业集聚与产业创新效率: 金融市场的联结和推动: 以高新技术产业集聚和创新为例[J]. 产业经济研究, (6): 17-25.

张成思, 刘贯春. 2015. 经济增长进程中金融结构的边际效应演化分析[J]. 经济研究, 50(12): 84-99.

张成思, 刘泽豪, 罗煜. 2014. 中国商品金融化分层与通货膨胀驱动机制[J]. 经济研究, 49(1): 140-154.

张成思, 张步昙. 2016. 中国实业投资率下降之谜:经济金融化视角[J]. 经济研究, 51(12): 32-46.

张国林, 任文晨. 2015. 金融生态多样性与出口结构优化[J]. 技术经济, 34(9): 68-74.

张杰. 2019. 中国经济新旧动能转换中的新问题和新对策[J]. 河北学刊,39(5): 159-169.

张亮, 周志波. 2018. 完善中国宏观审慎金融监管框架研究: 基于德英日三国的比较分析[J]. 宏观经济研究, (2): 30-43.

张强, 董佳, 刘善存. 2023. 绿色基金投资风格漂移与基金业绩评价[J]. 北京航空航天大学学报(社会科学版), 36(3): 157-167.

张帅. 2020. 基于 VARX 模型的我国区域金融风险传染效应分析[J]. 金融发展研究, (10): 29-35.

张晓朴. 2010. 系统性金融风险研究: 演进、成因与监管[J]. 国际金融研究, (7): 58-67.

张辛雨, 马野驰. 2020. 东北三省区域金融生态环境评价[J]. 工业技术经济, 39(8): 107-115.

张永恒, 郝寿义, 杨兰桥. 2016. 要素禀赋变化与区域经济增长动力转换[J]. 经济学家, (10): 46-52.

张志元, 李娟娟. 2021. 新旧动能转换视角下东北制造业高质量发展研究[J]. 长白学刊, (3): 109-119.

赵昌文, 陈春发, 唐英凯. 2009. 科技金融[M]. 北京: 科学出版社.

赵建, 李奇霖, 冯素玲. 2019. 货币供给、流动性波动与系统性金融风险: 微观行为、宏观结构与传导机理[J]. 金融评论, 11(6): 15-35,120-121.

赵军, 李艳姗, 朱为利. 2021. 数字金融、绿色创新与城市高质量发展[J]. 南方金融, (10): 22-36.

赵磊, 刘永, 李玉照, 等. 2017. 湖泊生态系统稳态转换驱动因子判定方法研究进展[J]. 水生态学杂志, 38(1): 1-9.

赵丽娜. 2017. 产业转型升级与新旧动能有序转换研究: 以山东省为例[J]. 理论学刊, (2): 68-74.

赵文举, 张曾莲. 2021. 地方政府债务风险会加剧区域性金融风险聚集吗[J]. 当代财经, (6): 38-50.

赵忠世. 2007. 商业银行内部控制力研究[J]. 金融理论与实践, (5): 27-29.

郑联盛. 2020. 金融风险与政策应对: 国际经验[M]. 北京: 中国金融出版社.

郑联盛, 胡滨, 王波. 2018. 我国引发系统性金融风险的潜在因素与化解之策: 基于时间和空间维度的分析[J]. 经济纵横, (4): 87-93.

郑振龙, 孙清泉. 2013. 彩票类股票交易行为分析: 来自中国 A 股市场的证据[J]. 经济研究, 48(5): 128-140.

周吉人. 2013. 重新认识流动性和流动性风险管理[J]. 宏观经济研究, (9): 3-7,31.

周立, 王子明. 2002. 中国各地区金融发展与经济增长实证分析: 1978—2000[J]. 金融研究, (10): 1-13.

周茂清. 2014. 互联网金融的特点、兴起原因及其风险应对[J].当代经济管理, 36(10): 69-72.

周上尧, 王胜. 2021. 中国影子银行的成因、结构及系统性风险[J]. 经济研究, 56(7): 78-95.

朱凯, 王君. 2020. 影子银行发展、金融结构演进与系统性金融风险: 基于 1997—2017 年全球系统性银行危机的分析[J]. 金融监管研究, (3): 19-34.

朱向东, 周心怡, 朱晟君, 等. 2021. 中国城市绿色金融及其影响因素: 以绿色债券为例[J]. 自然资源学报, 36(12): 3247-3260.

朱小川. 2010. 宏观审慎监管的国际趋势及对我国的启示[J]. 南方金融, (3): 35-37,48.

朱小川. 2010. 金融宏观审慎监管的国际发展及在我国的适用[J]. 现代经济探讨, (5): 61-65.

Acharya V V, Pedersen L H, Philippon T, et al. 2017. Measuring systemic risk[J]. The Review of Financial Studies, 30(1): 2-47.

Akkemik K A, Özen Ş. 2014. Macroeconomic and institutional determinants of financialisation of non-financial firms: case study of Turkey[J]. Socio-Economic Review, 12(1): 71-98.

Allen F, Gale D. 2001. Comparing Financial Systems[M]. Cambridge: The MIT Press.

Amyx J A. 2004. Japan's Financial Crisis: Institutional Rigidity and Reluctant Change[M]. Princeton: Princeton University Press.

Armstrong C S, Vashishtha R. 2012. Executive stock options, differential risk-taking incentives, and firm value[J]. Journal of Financial Economics, 104(1): 70-88.

Arouri M, Estay C, Rault C, et al. 2016. Economic policy uncertainty and stock markets: long-run evidence from the US[J]. Finance Research Letters, 18:136-141.

Baker S R, Bloom N, Davis S J. 2016. Measuring economic policy uncertainty[J]. The Quarterly Journal of Economics, 131(4): 1593-1636.

Bakkar Y, Nyola A P. 2021. Internationalization, foreign complexity and systemic risk: evidence from European banks[J]. Journal of Financial Stability, 55:100892.

Bali T G, Cakici N, Whitelaw R F. 2011. Maxing out: stocks as lotteries and the cross-section of expected returns[J]. Journal of Financial Economics, 99(2): 427-446.

Banerjee A V. 1992. A simple model of herd behavior[J]. The Quarterly Journal of Economics, 107(3): 797-817.

Barberis N, Huang M. 2008. Stocks as lotteries: the implications of probability weighting for security prices[J]. American Economic Review, 98(5): 2066-2100.

Beck T, Degryse H, Kneer C. 2014. Is more finance better? Disentangling intermediation and size effects of financial systems[J]. Journal of Financial Stability, 10:50-64.

Bencivenga V R, Smith B D. 1993. Some consequences of credit rationing in an endogenous growth model[J]. Journal of Economic Dynamics and Control, 17(1/2): 97-122.

Bernanke B. 2009. Financial reform to address systemic risk[R]. Washington DC: Council on Foreign Relations.

Blackburn K, Hung V T Y. 1998. A theory of growth, financial development and trade[J]. Economica, 65(257): 107-124.

Blau B M, Bowles T B, Whitby R J. 2016. Gambling preferences, options markets, and volatility[J]. Journal of Financial and Quantitative Analysis, 51(2): 515-540.

Boyer B, Mitton T, Vorkink K. 2010. Expected idiosyncratic skewness[J]. The Review of Financial Studies, 23(1): 169-202.

Brunnermeier M K, Parker J A. 2005. Optimal expectations[J]. American Economic Review, 95(4): 1092-1118.

Castrén O, Kavonius I K. 2009. Balance sheet interlinkages and macro-financial risk analysis in the Euro area[R]. Frankfurt: European Central Bank.

Chakravorti S. 2000. Analysis of systemic risk in multilateral net settlement systems[J]. Journal of International Financial Markets, Institutions and Money, 10(1): 9-30.

Chen J, Hong H, Stein J C. 2001. Forecasting crashes: trading volume, past returns, and conditional skewness in stock prices[J]. Journal of Financial Economics, 61(3): 345-381.

Chen K J, Ren J, Zha T. 2018. The nexus of monetary policy and shadow banking in China[J]. American Economic Review, 108(12): 3891-3936.

Demir F. 2009. Financial liberalization, private investment and portfolio choice: financialization of real sectors in emerging markets[J]. Journal of Development Economics, 88(2): 314-324.

Denis D J, Sibilkov V. 2010. Financial constraints, investment, and the value of cash holdings[J]. The Review of Financial Studies, 23(1): 247-269.

Diamond D W, Dybvig P H. 1983. Bank runs, deposit insurance and liquidity[J]. Journal of Political Economy, 91(3): 401-419.

Dicks D L, Fulghieri P. 2019. Uncertainty aversion and systemic risk[J]. Journal of Political Economy, 127(3): 1118-1155.

Diebold F X, Yilmaz K. 2012. Better to give than to receive: predictive directional measurement of volatility spillovers[J]. International Journal of Forecasting, 28(1): 57-66.

Du J L, Li C, Wang Y Q. 2017. A comparative study of shadow banking activities of non-financial firms in transition economies[J]. China Economic Review, 46:S35-S49.

Fujita M, Thisse J F. 2002. Economics of Agglomeration: Cities, Industrial Location and Reginal Growth[M]. Cambridge: Cambridge University Press :433-452.

Funke M, Kirkby R, Mihaylovski P. 2018. House prices and macroprudential policy in an estimated DSGE model of New Zealand[J]. Journal of Macroeconomics, 56:152-171.

Harrington S E. 2009. The financial crisis, systemic risk, and the future of insurance regulation[J]. Journal of Risk and Insurance, 76(4): 785-819.

Hirakata N, Sudo N, Takei I, et al. 2016. Japan's financial crises and lost decades[J]. Japan and the World Economy, 40:31-46.

Hong H, Stein J C. 2003. Differences of opinion, short-sales constraints, and market crashes[J]. The Review of Financial Studies, 16(2): 487-525.

Hsieh C T, Klenow P J. 2009. Misallocation and manufacturing TFP in China and India[J]. The Quarterly Journal of Economics, 124(4): 1403-1448.

IMF. 2009. Global financial stability report: responding to the financial crisis and measuring systemic risks[R]. Washington DC: IMF.

Kinateder M, Kiss H J. 2014. Sequential decisions in the Diamond-Dybvig banking model[J]. Journal of Financial Stability, 15: 149-160.

Kregel J A. 1997. Margins of safety and weight of the argument in generating financial fragility[J]. Journal of Economic Issues, 31(2): 543-548.

Kumar A. 2009. Who gambles in the stock market?[J]. The Journal of Finance, 64(4): 1889-1933.

Laeven L, Valencia F. 2020. Systemic banking crises database: a timely update in COVID-19 times[R]. Paris: CEPR Discussion Papers No.14569.

Leary M T, Roberts M R. 2014. Do peer firms affect corporate financial policy? [J]. The Journal of Finance, 69(1): 139-178.

Minsky H P. 1978. The financial instability hypothesis: a restatement[EB/OL]. https://digital commons.bard.edu/cgi/viewcontent.cgi?article=1179&context=hm_archive[2024-07-08].

Mitton T, Vorkink K. 2007. Equilibrium underdiversification and the preference for skewness[J]. The Review of Financial Studies, 20(4): 1255-1288.

Nakajima J. 2011. Time-varying parameter VAR model with stochastic volatility: an overview of methodology and empirical applications[R]. Institute for Monetary and Economic Studies, Bank of Japan.

Pástor L, Veronesi P. 2012. Uncertainty about government policy and stock prices[J]. The Journal of Finance, 67(4): 1219-1264.

Polk C, Sapienza P. 2009. The stock market and corporate investment: a test of catering theory[J]. The Review of Financial Studies, 22(1): 187-217.

Pozsar Z, Adrian T, Ashcraft A, et al. 2013. Shadow banking[R]. New York: Federal Reserve Bank of New York Staff Reports.

Primiceri G E. 2005. Time varying structural vector autoregressions and monetary policy[J]. The Review of Economic Studies, 72(3): 821-852.

Scharfstein D, Stein J C. 1990. Herd behavior and investment[J]. American Economic Review, 80(3): 465-479.

Shaw E S. 1973. Financial Deepening in Economic Development[M]. New York: Oxford University Press.

Shin H S, Zhao L Y. 2014. Firms as surrogate intermediaries: evidence from emerging economies[R].

Princeton: Princeton Working Paper.

Simu G, Crisan M, Stugren C, et al. 1978. Correlations between lactate dehydrogenase activity and breast tumour malignancy[J]. Cellular and Molecular Biology, Including Cyto-Enzymology, 23(2): 145-154.

Smith C W, Stulz R M. 1985. The determinants of firms' hedging policies[J]. Journal of Financial and Quantitative Analysis, 20(4): 391-405.

So A Y. 1999. China under the shadow of Asian financial crisis: retreat from economic and political liberalization?[J]. Asian Perspective, 23(2): 83-109.

Stiglitz J E. 1985. Credit markets and the control of capital[J]. Journal of Money, Credit and Banking, 17(2): 133-152.

Suh S. 2019. Asset correlation and bank capital regulation: a macroprudential perspective[J]. International Review of Economics & Finance, 62:355-378.

Tansley A G. 1935. The use and abuse of vegetational concepts and terms[J]. Ecology, 16(3): 284-307.

Walkshäusl C. 2014. The MAX effect: European evidence[J]. Journal of Banking & Finance, 42: 1-10.